Hans Magnus Enzensberger
Das Verhör von Habana

Suhrkamp Verlag

edition suhrkamp 553
3. Auflage, 16.–18. Tausend 1978
© Suhrkamp Verlag, Frankfurt am Main 1970. Der Text folgt der
Ausgabe *Verhör von Habana* Suhrkamp Verlag 1970. Printed in Ger-
many. Alle Rechte vorbehalten insbesondere das der Übersetzung, des
öffentlichen Vortrags und der Übertragung durch Rundfunk und Fernsehen, auch einzelner Teile. Druck: Nomos Verlagsgesellschaft, Baden-
Baden. Gesamtausstattung Willy Fleckhaus.

Für Heberto Padilla

Inhalt

Einleitung. Ein Selbstbildnis der Konterrevolution

1. Historische Prämisse

Dies, auf ihre knappste Form gebracht, ist die Vorgeschichte der Invasion am Strand von Girón oder, wie die Nordamerikaner sagen, der Landung an der Schweinebucht im April des Jahres 1961: [1]

Es war das Ziel der Operation Pluto (so der Deckname des geheimen Unternehmens), die Revolutionäre Regierung Cubas mit Waffengewalt zu stürzen und durch ein Regime zu ersetzen, das dem Imperialismus der USA genehm war. Ihr ausführendes Organ war der amerikanische Geheimdienst CIA, in dessen Händen die politische und militärische Leitung der Invasion lag. Ihre Hilfstruppe war eine Brigade von etwa 1500 cubanischen Söldnern, die der Geheimdienst unter den emigrierten Konterrevolutionären auf dem Territorium der USA anwarb.

Nach einer Schätzung des International Rescue Committee hielten sich gegen Ende des Jahres 1960 über 40 000 Cubaner im amerikanischen Exil auf; allein in Miami lebten 30 000 dieser Leute. Der erste cubanische Flüchtling hatte das Land am 1. Januar 1959 verlassen. Er hieß Fulgencio Batista. Nach dem Sieg der Revolution folgte ihm zunächst derjenige Teil der cubanischen Bevölkerung, den man in aller Sachlichkeit als den Abschaum bezeichnen kann: eine durchaus funktionslose, parasitäre Elite von korrupten Politikern, Militärs und Großgrundbesitzern samt ihrem Troß von professionellen Mördern, Folterknechten und Polizeispitzeln. Diesen Leuten und ihren Familien folgten im Lauf des Jahres 1960 andere Fraktionen der Oligarchie, die von der Agrar- und der Stadtreform betroffen waren, sowie große Teile der abhängigen *middle class,* hauptsächlich Bürokraten, Angestellte und Mitglieder der ohnehin schwachen Produktionsintelligenz. Insgesamt gehörten 69 % der Emigranten, die Cuba bis Ende 1960 verlassen hatten, der Bourgeoisie an. (Seither hat sich die Zusammensetzung der Auswanderer erheblich verändert.) Die Flüchtlinge entfalteten in Miami eine hektische konspirative Aktivität. Damit verfügte die CIA über ein ideales Potential für ihre Pläne.

Die Vorarbeiten des Geheimdienstes reichen bis in den Herbst 1959, also in eine Zeit zurück, zu der von einer sozialistischen Revolution in Cuba noch keine Rede sein konnte. Die Vereinigten Staaten unterhielten damals noch normale diplomatische Beziehungen zu Cuba; an eine Streichung der Zuckerquote war ebensowenig gedacht wie an eine ökonomische Blockade; der Ausbau des cubanischen Handels mit den sozialistischen Ländern lag in weiter Ferne; die amerikanischen Monopole konnten immer noch offen in Cuba operieren. Die amerikanischen Interessen waren also von der Revolution nicht unmittelbar betroffen; mit einer Ausnahme: Die Agrarreform hatte die großen Zuckerproduzenten enteignet, deren Lobby auch für einen großen Teil der Propaganda gegen Fidel Castro aufkam.

Ende 1959 hat der National Security Council in Washington Allan Dulles, den Direktor der CIA, offiziell mit der Planung subversiver Aktionen gegen die cubanische Revolution beauftragt. Dabei war von vornherein an die systematische Rekrutierung cubanischer Konterrevolutionäre gedacht. Dulles übertrug die Leitung des Projekts seinem Stellvertreter Richard M. Bissell, der die technische Durchführung seinerseits an einen seiner Agenten delegierte, eine obskure Figur, die unter dem Decknamen Frank Bender aufgetreten ist. Es soll sich dabei um einen geborenen Österreicher handeln. Dieser Bender, der die Verhandlungen mit den cubanischen Emigranten führte und alle Fäden der Konspiration in seiner Hand hielt, war ein unfähiger Hochstapler, der weder die cubanischen Verhältnisse kannte, noch nennenswerte Kenntnisse über Lateinamerika besaß; er sprach nicht einmal spanisch. Die CIA stattete diesen Mann mit umfassenden Vollmachten und mit praktisch unbegrenzten finanziellen Mitteln aus.

Das Projekt des Geheimdienstes war in seiner ersten Phase, vermutlich aus taktischen Gründen, nur ganz vage formuliert worden. Von einer Invasion mit massierten Kräften war zunächst keine Rede. Im Vordergrund der Überlegungen standen Untergrundaktionen, Sabotage und Waffenschmuggel. Konterrevolutionäre Gruppen auf der Insel wurden mit Geld und Waffen unterstützt, Kurzwellensender eingerichtet, Brandbomben auf Zuckerrohrfelder geworfen, Agenten mit Fallschirmen abgesetzt. Als Basen dienten der CIA die nordamerikanische Botschaft in Habana und der nordamerikanische Flottenstützpunkt bei Guantánamo an der Südostküste Cubas. Diese Operationen aus dem banalen Repertoire der Geheimdienst-Routine erlaubten es Dulles und seinen Leuten, das Terrain zu sondieren und Kontakte mit allen Fraktionen der Konterrevolution anzuknüpfen. Es lohnt sich nicht, die Namen der zahllosen Castro-feindlichen Gruppen aufzuzählen, die im Unterholz der Emigration tätig und allesamt untereinander verfeindet waren; die meisten davon hielten sich ohnehin nur durch die Subventionen der CIA über Wasser.

Im Laufe des Frühjahrs 1960 begann der Geheimdienst, seine Karten aufzudecken und bei einflußreichen Mitgliedern der Regierung für ein Unternehmen weit größeren Stiles zu werben. Der Ehrgeiz Allan Dulles' ging dahin, eine regelrechte Söldnertruppe anzuwerben und mit ihr einen Krieg gegen Fidel Castro und die cubanische Revolution zu entfesseln. Der amerikanische Präsident Dwight D. Eisenhower gab diesem Vorhaben am 17. März 1960 seine prinzipielle Zustimmung. Noch im selben Monat begann die CIA mit dem Aufbau des beträchtlichen Apparates, der für die Verwirklichung des Planes nötig war.

Die cubanische Abwehr, deren Agenten alle nennenswerten Gruppierungen der Konterrevolution infiltriert hatten, leistete gute Arbeit. Bereits am 1. Mai 1960 sagte Fidel in einer Rede auf dem Platz der Revolution die kommende Invasion voraus. Seine Prognose, daß die Landung von der CIA organisiert und von militärischen Stützpunkten in Guatemala aus unternommen werden würde, sollte sich als richtig erweisen. (Auf demselben Meeting wurde zum erstenmal ein Ruf laut, der um die ganze Welt gegangen ist: *¡Cuba sí, Yanqui no!*)

Die Verhandlungen mit dem guatemaltekischen Diktator Ydígoras kamen faktisch erst Ende Mai 1960 zum Abschluß. Er stellte dem amerikanischen Geheimdienst ein ausgedehntes Gelände bei Retalhuleu zur Verfügung. Dort wurden im Laufe des Sommers ein Trainingslager und ein Flugplatz für die Invasionsarmee erbaut. Die US Air Force flog alle nötigen Ausrüstungs- und Versorgungsgüter, Baumaterialien, Waffen und Brennstoffvorräte ein. Die Ausbildung der Cubaner lag in den Händen nordamerikanischer Instrukteure.

Im Sommer 1960 unterrichtete Präsident Eisenhower L. B. Johnson, John F. Kennedy und Richard Nixon von den Invasions-Vorbereitungen. Diese Tatsache wirft ein bezeichnendes Licht auf den Wahlkampf vom Herbst desselben Jahres, bei dem die beiden Spitzenkandidaten ein Schattenboxen über die Cuba-Frage austrugen; was den Wählern als Konfrontation verkauft wurde, war in Wirklichkeit ein geheimes Einverständnis zu dem abenteuerlichen Versuch, über Cuba herzufallen.

Ende 1960 waren die Vorbereitungen der CIA sehr weit fortgeschritten. Das Unternehmen hatte unter der Hand immer größere Dimensionen angenommen. Im Frühjahr war von einer Truppenstärke von 500 Mann die Rede gewesen; jetzt war an eine konventionelle Armee von 1500 bis 2000 Mann gedacht, die mit Panzern, rückstoßfreien Geschützen und Panzerabwehrraketen ausgerüstet werden sollte. Die Luftwaffe der Invasionsbrigade war auf 24 Bomber vom Typ B-26 und zwölf Transporter angewachsen; die Maschinen wurden mit den Insignien der cubanischen Luftwaffe bemalt.

Außer Retalhuleu hatte die CIA sechs weitere Basen in Guatemala, einen Stützpunkt in Nicaragua, je einen Flugplatz und ein Trainingslager in Florida und in Louisiana eingerichtet; darüber hinaus wurden die amerikanischen Basen Fort Gulick in der Panama-Kanalzone und Vieques vor Puerto Rico für die Ausbildung von Sabotage-Spezialisten und Froschmännern herangezogen.

Am 4. Januar 1961 brach Eisenhower die diplomatischen Beziehungen zur cubanischen Regierung ab; es war dies eine seiner letzten Amtshandlungen. Etwa zur gleichen Zeit sagte er zu seinem Nachfolger Kennedy: »In Cuba sieht es übel aus. Es ist gut möglich, daß sie dorthin Truppen schicken müssen.«

Etwa um die gleiche Zeit stieß der Geheimdienst mit seinem Projekt auf die ersten Schwierigkeiten. Die Spielverderber saßen weder im State Department noch im Kongreß, sondern in den Redaktionsstuben der amerikanischen Zeitungen und in den Baracken von Retalhuleu. Mit den widerspenstigen Cubanern wurde die CIA schnell fertig, sie wurden gewaltsam zum Schweigen gebracht. Der Grund des Konfliktes war recht einfach. Der Geheimdienst hatte sich von Anfang an auf den reaktionärsten Flügel der Konterrevolution gestützt und stets die Anhänger Batistas, also die extreme Rechte bevorzugt. Aber in der cubanischen Emigration gab es auch andere Tendenzen. Besonders die Abtrünnigen aus Fidel Castros eigener Bewegung vom 26. Juli vertraten eine Art von aufgeklärtem Antikommunismus, der reformistische Ziele verfolgte und auf keinen Fall die Wiederkehr von Verhältnissen wünschte, wie sie unter Batista geherrscht hatten. Ihre Losung war: Fidelismo ohne Fidel. Diese Gruppen verfügten auch in Cuba selbst über eine gewisse Basis. Die CIA ist ihnen von Anfang an mit Drohungen begegnet und hat ihre Operationen in Florida und in Cuba aktiv sabotiert. Die Vorliebe des Geheimdienstes für Batistas Mordspezialisten ist allerdings nicht verwunderlich. Sie ist nicht nur durch die innere

Geistesverwandtschaft der beiden Partner zu erklären. Die Batistianer wurden auch deshalb ideale Bundesgenossen, weil Dulles sie vollkommen in der Hand hatte; je krimineller die Vergangenheit eines Agenten, desto leichter läßt er sich erpressen. Außerdem waren diese Leute schon auf Grund ihrer beruflichen Erfahrung unentbehrlich; die CIA hatte nämlich innerhalb der Invasionsbrigade eine Spezialeinheit eingerichtet, die mit der Liquidierung aller revolutionären Kader in Cuba beauftragt war. Sie bestand aus Fachleuten, in der Hauptsache ehemaligen Mitgliedern von Batistas Gestapo, dem berüchtigten SIM. Unter ihnen befand sich auch ein Mann namens Calviño. Dieses ganz besondere Projekt der CIA lief unter dem Decknamen Operation Forty.

Im Januar 1961 kam es in den guatemaltekischen Ausbildungslagern zu einer Revolte des reformistischen gegen den faschistischen Flügel. Die CIA reagierte mit einer Säuberung. Zweihundert Freiwillige, die sich dem Protest angeschlossen hatten, wurden kurzerhand verhaftet; sie blieben teilweise monatelang in eigens eingerichteten Gefängnissen. Noch eine Woche vor der Invasion wurden weitere hundert Cubaner, die der CIA als unzuverlässig galten, isoliert und auf eine entlegene Farm nach Florida deportiert.

Weniger erfolgreich war der Geheimdienst im Umgang mit der amerikanischen Presse. Nach vereinzelten Andeutungen im Herbst 1960 hatten zwei führende Blätter der USA, das Nachrichtenmagazin *Time* und die *New York Times* im Januar 1961 detaillierte Berichte über die Invasionsvorbereitungen publiziert. Über Nacht war das Projekt der CIA zu einem offenbaren Geheimnis geworden. In den Bars von Miami wurde ganz unverblümt über die geplante Operation gesprochen.

Kennedys Amtsantritt verzögerte den Beginn der Aggression gegen Cuba. Erst durch massive Pressionen gelang es dem Geheimdienst, eine Entscheidung der neuen Administration herbeizuführen. Sie fiel am 4. April 1961. Unter dem Vorsitz von John F. Kennedy trat an diesem Tag der Nationale Sicherheitsrat zusammen. Unter den Teilnehmern waren: der Chef der CIA, Allan Dulles; sein Stellvertreter Richard Bissell; Außenminister Dean Rusk; Verteidigungsminister Robert McNamara; Schatzminister Douglas Dillon; die Staatssekretäre Thomas Mann und Paul Nitze; der General Lemnitzer; die persönlichen Berater Kennedys, Arthur M. Schlesinger, McGeorge Bundy und Adolf Berle; ferner der Vorsitzende des Senatsausschusses für Auswärtige Angelegenheiten, William Fulbright. Der Plan der CIA, der die Billigung der Vereinigten Generalstabschefs der Armee, der Marine und der Luftwaffe hatte, wurde von allen Anwesenden, bei einer Gegenstimme, gutgeheißen. Der Rufer in der Wüste hieß Fulbright. Noch vor dieser Entscheidung hatte die CIA ihre Operation politisch abgesichert und am 22. März eine provisorische Regierung für Cuba gebildet. Dieses Marionettenkabinett, das die formelle politische Verantwortung für die Invasion übernahm, sollte nach der Landung auf die Halbinsel Zapata im Süden Cubas eingeflogen werden. Als Präsident der Republik war José Miro Cardona, als Ministerpräsident Manuel Antonio de Varona vorgesehen.

Auf einer Pressekonferenz gab John F. Kennedy am 12. April 1961 die folgende Erklärung ab:
»1. Eine Invasion Cubas durch die Streitkräfte der USA wird nicht stattfinden.
2. Die Regierung der USA wird alles tun, was in ihren Kräften steht, um zu verhindern, daß nordamerikanische Bürger in irgendwelche Aktionen auf cubanischem Boden verwickelt werden.
3. Unsere Behörden werden gegen alle diejenigen vorgehen, die in Cuba ein Regime vom Schlage Batistas errichten wollen.
4. Die Auseinandersetzung über die Zukunft Cubas findet nicht zwischen den USA und Cuba, sie findet zwischen den Cubanern selbst statt.

5. Die Regierung der USA wird nicht zulassen, daß eine Invasion gegen Cuba von den Vereinigten Staaten aus organisiert wird.«

Zur gleichen Stunde war die Invasionsflotte unter dem Geleitschutz amerikanischer Zerstörer und Flugzeugträger bereits ausgelaufen.

Drei Tage später, am Samstag, dem 15. April, gegen sechs Uhr morgens, erschien am cubanischen Himmel die Luftwaffe der CIA. Es wurden Angriffe auf die Flugplätze von Habana, San Antonio de los Baños, Cienfuegos und Santiago de Cuba geflogen. Das Ziel des Überfalls war es, die cubanische Luftwaffe auszuschalten. Wenige Stunden später erklärte der cubanische Außenminister Raúl Roa vor den Vereinigten Nationen in New York: »Die Verantwortung für diesen imperialistischen Überfall liegt ganz und gar bei der Regierung der Vereinigten Staaten. ... Es handelt sich ohne Zweifel um das Vorspiel zu einer Invasion großen Stils, die mit der Beihilfe ihrer Satelliten, der Diktatoren Mittelamerikas, von den USA organisiert, ausgerüstet und finanziert wird.«

Der amerikanische Chefdelegierte begegnete diesen Feststellungen mit einer Reihe von Lügen, die so blödsinnig waren, daß sie in der amerikanischen Presse noch am gleichen Tage widerlegt werden konnten.

Der Luftüberfall vom 15. April war taktisch ein Erfolg (fast die Hälfte der cubanischen Luftwaffe wurde außer Gefecht gesetzt); sie war jedoch politisch ein Desaster, weil sie die direkte Beteiligung der amerikanischen Regierung an der bevorstehenden Invasion unwiderleglich erwies. Damit war Kennedy vor die Wahl gestellt, ob er einen offenen Überfall auf Cuba und damit einen Weltkrieg riskieren, oder aber der Invasionstruppe jede weitere Luft- und See-Unterstützung versagen sollte.

Als im Morgengrauen des 17. April, wenige Minuten vor zwei Uhr, die ersten Froschmänner am Strand von Girón an Land gingen, um die Positionslichter für die Landungsfahrzeuge der Invasoren aufzustellen, hatte Fidel ganz Cuba mobilisiert; die Armee, die Luftwaffe und die Miliz befanden sich in höchster Alarmbereitschaft.

Die »Provisorische Regierung«, die dem Namen nach die politische Führung der Invasion übernommen hatte, saß zur gleichen Stunde in einer Baracke unweit von einem verlassenen Militärflugplatz in den Sümpfen von Florida unter Hausarrest. Am Nachmittag des 16. April hatte »Frank Bender«, begleitet von zehn bewaffneten CIA-Agenten, sie in New York verhaftet und ohne Kommentar abtransportieren lassen. Auf die empörten Fragen des »Präsidenten der Republik« antworteten die Wachen nicht. Die »Provisorische Regierung« erfuhr von der Invasion, die ihr zu Amt und Würden verhelfen sollte, erst am andern Tag zufällig durch das Radio.

Die Kriegsberichterstattung hatte inzwischen ein Mann namens Lem Jones übernommen, der ein Public-Relations-Büro in Madison Avenue unterhielt. Die Bulletins, die er der Weltpresse übergab, waren von der CIA verfaßt. Sie verkündeten den bevorstehenden Sieg der Konterrevolution.

Vierzig Stunden nach dem Beginn der Landoperationen am Strand von Girón versammelten sich im Weißen Haus zu Washington über tausend Gäste. Der Präsident gab einen Empfang für die Kongreßabgeordneten und ihre Frauen. »Mrs. Kennedy trug ein elegantes ärmelloses und fußlanges Kleid mit rosa Spitzen sowie dazu passende rosa Abendschuhe. Ein gefiedertes Diamantendiadem glitzerte in ihrer Frisur. Die Marinekapelle spielte ›Mr. Wonderful‹.«

Zur gleichen Zeit war der Strand von Girón von versenkten Landefahrzeugen und ausgebrannten Panzern bedeckt. Die Söldner verbluteten in den Sümpfen der Zapata-Halbinsel unter dem konzentrierten Feuer der Revolutionären Streitkräfte und Milizen. Um Mitternacht unternahmen der CIA-Agent Bissell, der General Lemnitzer und der Admiral Burke einen letzten Versuch, die Invasion zu retten und eine direkte militärische Intervention der USA zu erwirken; sie verlangten das Eingreifen von Düsenjägern der US Navy, die auf einem Flugzeugträger fünfzig Seemeilen vor Girón bereitstanden. Kennedy lehnte diese Forderung ab.

Am Morgen des nächsten Tages gab Fidel bekannt: »Die Invasoren sind vernichtet. Die Revolution ist aus dieser Schlacht siegreich hervorgegangen. Innerhalb von 72 Stunden hat sie eine Armee vernichtet, die über viele Monate hinweg von der imperialistischen Regierung der USA aufgebaut worden ist.«

Auf amerikanischer Seite zog der Pressesekretär des Weißen Hauses, Pierre Salinger, eine Woche später den Schlußstrich unter eine lange Reihe von Beschwichtigungsversuchen, Lügen und Dementis. Er erklärte am 26. April vor der Presse, Präsident Kennedy nehme die volle Verantwortung für die gescheiterte Invasion am Strand von Girón auf sich.

Man hat seither des öfteren die Frage gestellt, was die Regierung der USA zu dem abenteuerlichen Versuch bewogen haben mag, zwölfhundert ad hoc geworbene Söldner in einen konventionellen Krieg gegen eine mindestens hundertfach stärkere reguläre Armee zu schicken. Die militärische Aussichtslosigkeit eines solchen Unternehmens ist offenkundig. Nun wirft das Desaster an der Schweinebucht zwar ein Licht auf die groteske Unfähigkeit der CIA. Aber wer sich damit begnügen wollte, aus dem konspirativen Kaffeesatz der Geheimdienstleute zu lesen und im Müll der Kolportage nach einer Erklärung zu suchen, der ließe sich von eben jenen Kräften noch einmal dupieren, die den Überfall auf Cuba organisiert haben. Die Dummheit der CIA darf nicht verharmlost werden. Es ist eine lebensgefährliche Dummheit, deren Kalküle weiter reichen als bis in die Sümpfe von Zapata. Es ist nicht wahr, daß der amerikanische Geheimdienst mit spontanen Aufständen in Cuba gerechnet und seine Hoffnungen auf die Konterrevolution im Innern des Landes gesetzt hätte. Die militärische Absurdität der Invasion war ihren Initiatoren völlig klar; aber ihr unausgesprochener

Grundgedanke war nicht der Bürgerkrieg, sondern die direkte bewaffnete Intervention der nordamerikanischen Streitkräfte. Die Operation Pluto sollte nur zur Bildung eines Brückenkopfes dienen. In die okkupierte Zone gedachte der Geheimdienst dann die von ihm ernannte Marionettenregierung einzufliegen. Die einzige Aufgabe dieser Regierung, die aus Gefangenen der CIA bestand, bestand darin, die militärische »Hilfe« der Regierung der USA zu erbitten. Es handelt sich also um eine großangelegte Provokation, die dem Charakter eines Staatsstreiches nahekommt: eines Coups, der sich gegen die verfassungsmäßigen Organe der USA selber richtete. Der Präsident sollte in eine Zwangslage versetzt werden, in der ihm keine andere Lösung übrig bliebe als der Krieg.

Die erste militärische Niederlage des Imperialismus in Amerika war zugleich das Fiasko der borniertesten und reaktionärsten Fraktion des amerikanischen Monopolkapitals. Playa Girón wird nicht ihr letztes Desaster bleiben. Es wird noch viele lebensgefährliche Krisen geben, und Tausende von Söldnern werden für die Konterrevolution ins Gras beißen, bis dieser Fraktion und ihrem Instrument, der CIA, endgültig das Genick gebrochen ist.

2.

Die Befragung der Gefangenen von Playa Girón, die an vier April-Abenden des Jahres 1961 in Habana stattgefunden hat, ist ein exemplarischer Vorgang, das heißt, ein Vorgang, dessen Bedeutung über seinen Anlaß hinausgeht. Wenn ich vorschlage, ihn zu studieren, ja sogar ihn zu wiederholen – als Rekonstruktion auf der Bühne oder auf dem Fernsehschirm –, so habe ich dabei nicht seinen lokalen Aspekt im Sinn. Als Material zum Verständnis der cubanischen Geschichte lassen diese Dialoge sich nicht archivieren. Die Struktur, die in ihnen zum Vorschein kommt, kehrt nämlich in jeder Klassengesellschaft wieder. Daß sie an einem cubanischen statt an einem näher liegenden Exempel dargestellt wird, ist aber kein Kunstgriff, der es auf Verfremdung abgesehen hätte. Das Verhör von Habana ist ein heuristischer Glücksfall, zu dem ich in Europa kein Gegenstück finden kann. Das hat seine Gründe. Sie sollen angegeben werden.

Die Einzigartigkeit des Vorgangs liegt nicht in den Personen, die dabei auftreten. Im Gegenteil: die Gefangenen sind austauschbar. Sie ließen sich in jeder westdeutschen, schwedischen oder argentinischen Stadt wiederfinden. (Das gilt auch für die Fragesteller, von denen man freilich viele aus den Gefängnissen holen müßte.) Außerdem zielen die Fragen, die gestellt, und die Antworten, die gegeben werden, nicht auf individuelle Handlungen oder Eigenschaften, sondern auf das Verhalten eines Kollektivs. Sie stellen, mit äußerster Schärfe, den Charakter einer Klasse bloß.

Was das Verhör von Habana zu einer unerhörten Begebenheit macht, was dem Dialog seine eigentümliche Dichte, Durchsichtigkeit und Schwere verleiht, ist die Situation, in der alle Beteiligten sich finden. Diese Situation ist revolutionär. Dadurch ermöglicht sie überhaupt erst den Vorgang, mit dem wir es zu tun haben. Eine herrschende Klasse läßt sich nämlich nicht rückhaltlos befragen, bevor sie besiegt ist. Vorher stellt sie sich nicht, legt keine Rechenschaft ab, gibt die Struktur ihres Verhaltens nicht preis, es wäre denn indirekt oder aus Versehen: als Fehlleistung, als Indiskretion, im Zynismus der Eingeweihten, in der Mehrdeutigkeit des falschen Zungenschlages oder in der naiven Brutalität des Befehls. Erst wenn die Machtfrage gestellt ist, tritt die ganze Wahrheit über eine Gesellschaft ans Licht. Die herrschende Klasse kann nur als geschlagene Konterrevolution vollends zum Sprechen gebracht werden.

Eine solche Klasse, die cubanische Bourgeoisie, tritt hier auf die Bühne: nicht im Maßanzug, sondern in schmutziger Fallschirm-Uniform, in löchrigen Schuhen, mit dem Arm in der

Schlinge, entwaffnet, müde und besiegt. Ihr gegenüber, als Antagonist und Zuschauer, nimmt das Volk Platz, das sie geschlagen hat und immer noch schlägt. Denn der Augenblick ist von äußerster Prägnanz: Während das Verhör seinen Lauf nimmt, geht in den Sümpfen der Zapata-Halbinsel, zweihundertfünfzig Kilometer vor den Türen des Theaters, der bewaffnete Kampf weiter. Hier wie dort wird um die gleiche Wahrheit gekämpft. Der diskursive Dialog vor dem Mikrophon setzt eine Begegnung anderer Art fort, die zur gleichen Stunde mit der Maschinenpistole ausgetragen wird. Die Waffen der Kritik führen zu Ende, was die Kritik der Waffen begonnen hat. Jedes Wort, das hier fällt, läßt sich an einer materiellen Erfahrung messen. Aus ihr zieht das Verhör seine Energie, sie prägt jeden Satz und jede Geste.

Der Unterschied zum akademischen Disput ist eklatant; auch das Klima der bloßen Podiumsdiskussion, bei der Meinungen feilgeboten werden, kann hier nicht aufkommen. Dazu steht zuviel auf dem Spiele, und der konkrete Zusammenhang mit der Praxis ist zu offensichtlich. Die Flucht in die schiere, unverbindliche Meinung ist abgeschnitten; denn die Invasion war nicht nur gemeint, sie ist unternommen worden. Dabei ging es um Leben und Tod. Es gibt keine Unbeteiligten, auch kein Publikum, das das Ereignis lediglich passiv betrachtet und konsumiert.

Andererseits hat das Verhör aber keinerlei juristischen Status und keine prozessuale Form; es ist nicht Bestandteil eines Gerichtsverfahrens. Deshalb unterläuft es den Formalismus, die Spitzfindigkeiten und taktischen Winkelzüge eines Tribunals. Am Ende des Hearings werden keine Strafen verhängt, das ist nicht seine Aufgabe. Die Gefangenen sind keine Angeklagten. Sie treten freiwillig auf. Was hat sie dazu bewogen? Aus vielen ihrer Aussagen spricht das Gefühl, zwar besiegt, aber gleichwohl im Recht zu sein; ihr Bewußtsein, unfähig, die katastrophale Wahrheit aufzunehmen, igelt sich in den Resten einer alten Naivetät ein, die von jeder zur Rüstung der Herrschenden gehört. Dazu treten Motive aus der kulturellen Tradition Lateinamerikas: feste Vorstellungen davon, wie ein Mann sich in aussichtslosen Lagen zu verhalten habe, mit *dignidad* und *valor*, Bruchstücke aus dem Repertoire des *machismo*. Schließlich wissen die Gefangenen sich beobachtet. Ihr wahres Publikum sind nicht die Sieger, sondern ihresgleichen: ihre Freunde und Verwandten in Miami und México. Auch deshalb müssen sie ihre Haltung bewahren und verteidigen. Die globale Konterrevolution, deren Werkzeuge sie sind, ist Ohren- und Augenzeuge des Verhörs.

Denn die prägnante Situation, in der das Verhör sich abspielt, erfährt eine weitere Zuspitzung durch die totale Öffentlichkeit des Vorgangs, eine Öffentlichkeit, die noch im russischen Oktober oder im Spanischen Bürgerkrieg undenkbar gewesen wäre. Sie ist durch die Anwesenheit der Medien gegeben. Das Verhör wird durch den Rundfunk und das Fernsehen live übertragen.

Ein solches Verfahren bricht mit einem schlechtem Herkommen, das sich tief in die Geschichte der Revolutionen eingenistet hat, und kehrt es um. Die gefangenen Konterrevolutionäre werden nicht in den Kellern der politischen Polizei isoliert oder in Konzentrationslager eingesperrt, sondern dem Volk gegenübergestellt, das sie besiegt hat. Deshalb sind auch die Fragesteller keine Inquisitoren, weder Polizisten, noch Untersuchungsrichter, noch Schöffen. Sie lassen sich auch durch ihre Eigenschaft als Journalisten nicht definieren. Sie vertreten überhaupt keine Institution, auch nicht die des intellektuellen Stars, der *television personality*, sondern unmittelbar das cubanische Volk.

Das Verhör von Habana geht also nicht nur aus einer revolutionären Situation hervor, es ist selbst ein revolutionärer Akt. Revolutionär ist auch das Selbstbewußtsein der Sieger. Es erlaubt ihnen, den Gefangenen mit einer Fairness zu begegnen, die von terroristischen Momenten völlig frei ist. Die internationale Öffentlichkeit ist ein Moment, das den Aggressoren

bewußt eine propagandistische Chance zuschiebt (die wahr-
zunehmen sie freilich nicht fähig sind.) Die Fragesteller begegnen den Invasoren mit einer Großzügigkeit und einer
Geduld, die beispiellos sind. Die moralische Überlegenheit
der Revolutionäre ist klar.

Ebenso klar ist, daß es den Siegern nicht um den Schuldbe-
weis geht. Dieser Beweis ist längst erbracht. Jede Verschleie-
rung, jede Manipulation ist ausgeschlossen; die Bourgeoisie
als Handlangerin des Imperialismus ist auf frischer Tat
gefaßt worden; das Tuch, das die Gefangenen auf dem Leib
tragen, ist Indiz genug. Ihre Schutzbehauptungen, ihre Aus-
flüchte, ihre gelegentlichen Ausbrüche und Anklagen wirken
hilflos und eher lächerlich. Was das Verhör erbringen will, ist
nicht ein Geständnis, sondern ein Selbstbildnis, und zwar das
Selbstbildnis eines Kollektivs. Wir werden sehen, auf welchen
Wegen und Umwegen dieses Ziel erreicht wird, und welche
Wahrheit dabei zum Vorschein kommt.

3.

»Was waren das für Leute, die gegen die Arbeiter und Bauern
Cubas zu kämpfen hierhergekommen sind? Das werden wir
klarstellen. Unter den ersten tausend Gefangenen, die wir gemacht haben – ich muß hinzufügen, daß sich bis zur Stunde
in der Hand der Revolutionären Streitkräfte etwa elfhundert
gefangene Söldner befinden, nicht gerechnet die Schiffsbe-
satzungen –; wir haben die soziale Zusammensetzung dieser
ersten tausend analysiert und festgestellt, daß sich unter
ihnen etwa achthundert Söhne aus reichen Familien befinden.
Diese achthundert Personen besaßen, zusammengenommen,
372 000 ha Land, das die Revolution enteignet hat, 9666
Mietshäuser, 70 Industriebetriebe, zehn Zuckerwerke, zwei
Banken, fünf Bergwerke und zwei Zeitungen. Mehr als zweihundert der selben achthundert Personen gehörten den ex-

klusivsten und teuersten Clubs von Habana an. Vom Rest
der tausend Gefangenen waren 135 Berufssoldaten aus der
Batista-Armee; die übrigen 65 kamen aus dem deklassierten
Kleinbürgertum und aus dem Lumpenproletariat.

Sie werden sich vielleicht an das Gespräch erinnern, das ich
mit den Gefangenen geführt habe. Dabei fragte ich sie, ob es
professionelle Zuckerrohrschläger unter ihnen gebe. Es hat
sich kein einziger gemeldet, bis am Ende ein Mann die Hand
hob und sagte, er habe früher hie und da einmal Zuckerrohr
geschnitten. Hätte ich statt dessen gefragt, wer unter ihnen
Großgrundbesitzer war, so hätten siebenundsiebzig die Hände
heben müssen. So sieht also die soziale Zusammensetzung der
Invasionstruppen aus.«[2]

Diese Angaben hat Fidel Castro in seiner Rede vom 1. Mai
1961 gemacht. Es ist ihnen nicht viel hinzuzufügen. Selbstverständlich ließe sich die hier gegebene Klassenanalyse
verfeinern. Die cubanische Bourgeoisie ist nie eine homogene
Klasse gewesen. Selbst innerhalb der Oligarchie im engeren
Sinn, die unter den Invasoren sehr stark repräsentiert ist, gab
es deutliche Interessengegensätze. (Unter den Eltern der gefangenen Söldner befanden sich vier Minister, ein Vizepräsi-
dent der Republik und ein Premierminister der vergangenen
Regimes.) Zwischen Viehzüchtern und Zuckerbaronen, Han-
dels- und Industriekapital, direkten und indirekten Nutz-
nießern des Imperialismus gab es zahlreiche Unterschiede,
die sich auch im Exil bemerkbar machten; aber es ist über-
flüssig, auf sie einzugehen. Zur Stunde des Angriffs kannte
die Konterrevolution keine Parteien mehr, nur noch den gemeinsamen Feind: das cubanische Volk, und den gemeinsamen Schirmherrn: den amerikanischen Imperialismus. Dif-
ferenzierungen ließen sich auch am untern Ende der sozio-
logischen Skala vornehmen. Unter den Gefangenen waren nicht
nur das abgesunkene Kleinbürgertum und das Lumpenproletariat vertreten, sondern auch die für Cuba und besonders
für Habana typische Arbeiteraristokratie, die sich durchaus

nicht einhellig auf die Seite der Revolution geschlagen hat. Dieser Teil des ohnehin schwach entwickelten Industrieproletariates, meist bei den nordamerikanischen Monopolgesellschaften beschäftigt, hatte sich nicht nur ökonomische Vorteile, sondern auch gesicherte Arbeitsbedingungen erkämpft und von der unterentwickelten Basis des Landes relativ weit entfernt.

Alle Analysen und Auskünfte dieser Art können für das Verständnis des Verhörs von Habana nützlich sein; sie bleiben aber im Vorfeld dieses Dialoges und treffen nicht seinen Kern. Dieser Kern bleibt für die empirische Soziologie unerreichbar; er läßt sich nicht in statistische Daten auflösen. Die Gefangenen, die da befragt worden sind, stellen keine Stichprobe im Sinn der Demoskopen dar; sie erinnern eher an eine parlamentarische Repräsentation der bürgerlichen Gesellschaft. Aus ihrem »Pluralismus« spricht die Einhelligkeit jener räsonierenden Ausschüsse der herrschenden Klasse, die im republikanischen Cuba Senat und Repräsentantenhaus hießen, und die sich allemal mit ein paar ausnahmsweise eingelassenen Kleinbürgern und Arbeitern ein demokratisches Alibi gegeben haben.

Die Aufgabe des Verhörs ist freilich der einer bürgerlich-parlamentarischen Verhandlung konträr: was diese zu verschleiern da ist, deckt das Verhör auf. Es enthüllt, wie die von der herrschenden Klasse delegierte Gruppe der Invasoren funktioniert, und legt deren politische Dynamik bis in die feinsten Verästelungen hinein bloß. Das Selbstbildnis dieses Kollektivs zeigt nicht nur den äußeren Mikrokosmos der bürgerlichen Gesellschaft, von seiner Führungsinstanz, dem amerikanischen Imperialismus, bis zu den Hilfswilligen aus dem Subproletariat, es stellt vor allem den Innenbau einer herrschenden Klasse dar. Der Begriff des Klassenbewußtseins reicht für das, was da zum Vorschein kommt, nicht aus. Als geschlagene Konterrevolution verleugnet die Bourgeoisie ja gerade ihre manifeste Klassensolidarität. Sie will gewissermaßen von sich selber, als Klasse für sich, nichts wissen. Das Verhör sondiert weniger das Bewußtsein als das kollektive Unbewußte der Gruppe und erforscht dessen Strukturen. Die Verdrängungen, Abwehrmechanismen und Projektionen, die dabei zutage treten, sind für uns von unmittelbarem Interesse. Wir kennen sie aus Erfahrung und erkennen sie wieder. Hier, wo das Verhör an seinen springenden Punkt kommt, verdampft die cubanische Lokalfarbe. Das Muster, das darunter sichtbar wird, läßt sich verallgemeinern. Es ist auch unserer eigenen Gesellschaft auf den Leib geschrieben.

4.

Worüber die Gefangenen die sie befragen und die ihnen zuhören zuerst und ohne jeden Vorbehalt unterrichten, das sind ihre Prinzipien. Ohne Ideale kommt keine herrschende Klasse aus. Die Männer im Fallschirmjäger-Dreß sind fast ausnahmslos Idealisten. In ihren Aussagen wimmelt es von Reminiszenzen an die Erklärung der Menschenrechte. Die Söldner sprechen mit Vorliebe die Sprache der Aufklärung und der Französischen Revolution:

Frage Können Sie uns sagen, was Sie dazu bewogen hat, an dieser Aggression gegen Ihr eigenes Land teilzunehmen?
Antwort Meine Motive sind völlig klar. Ich war immer daran interessiert, mir war immer daran gelegen, daß in Cuba eine Regierung ans Ruder käme, die sowohl in politischer als auch in ökonomischer und sozialer Beziehung Garantien dafür bietet, daß sich sowohl die Nation im ganzen wie auch jeder einzelne vernünftig weiterentwickeln kann; mit anderen Worten, eine Regierung des individuellen und sozialen Fortschritts für ganz Cuba.[3]

Es wird niemanden wundernehmen, daß Leute von so untadeligen Grundsätzen ihre Hauptaufgabe darin sehen, für eine »wirkliche Demokratie« einzutreten:

Frage Mit welchem Programm sind Sie nach Cuba gekommen?

Antwort [...] Nun, wir hatten vor, eine verfassungsmäßige Regierung zu bilden, die innerhalb von 18 Monaten durch freie Wahlen bestätigt werden sollte. [...] In meinen Augen ist der beste Beweis dafür, daß Demokratie herrscht, die Existenz freier Wahlen.[4]

Wie immer, wenn es ums Prinzip geht, dürfen materielle Interessen keine Rolle spielen. Die Gefangenen stimmen darin überein, daß ihnen der Gedanke an ihre verlorenen Güter, Fabriken und Bergwerke gänzlich ferne lag:

Ich kann mir nicht vorstellen, daß jemand schäbig genug wäre, sich von seinem Vaterland loszusagen und eine Verschwörung gegen das eigene Land anzuzetteln bloß wegen irgendwelcher materieller Einbußen, die er erlitten haben mag.[5]

Nur ein einziges Mal im Verlauf des Verhörs äußert sich eine so unvorstellbare Schäbigkeit:

Frage Es sieht ganz so aus, als seien Sie hierhergekommen, um im Fall eines Gelingens Ihren Besitz zurückzugewinnen.

Antwort Das glaube ich auch.

Aber dieser Mißklang bleibt nicht ohne Korrektur. Wenige Sätze weiter springt ein Bruder und Genosse des Gefangenen, der so niedrige Beweggründe anführt, in die Bresche:

Entschuldigen Sie einen Augenblick, wir haben nicht gesagt, daß wir hierhergekommen sind, um unsere Güter zurückzuerlangen. Vielleicht hätten wir sie im Fall eines Sieges wiederbekommen. Aber das war nicht unser wahrer Beweggrund.[6]

Im Grunde ihres Herzens hängen die Kapitalisten gar nicht an ihrem Kapital. Sie sind sogar indigniert, wenn man das Gegenteil unterstellt:

Frage Wir haben die Bergwerke, an denen Sie als Aktionär beteiligt waren, nationalisiert. Wir haben den ganzen Besitz der Familie Rivero nationalisiert.

Antwort Aber das interessiert mich nicht.

Frage Was, die Familie Rivero interessiert Sie nicht?

Antwort Natürlich interessiert mich die Familie Rivero! Was mich nicht interessiert ist, daß sie ihren Besitz verloren hat.[7]

Es ist gar keine Frage, daß so fortschrittliche Leute jede vernünftige Reformbestrebung auf das selbstloseste unterstützen werden. Immer wieder erklären die Gefangenen sich für kühne Pläne zur Erneuerung der Gesellschaft, die sie mit Hilfe der CIA zu befreien gedachten:

> Zunächst muß gesagt werden, daß die Agrarreform für Cuba eine unabdingbare Notwendigkeit ist. Sie hätte deshalb auf jeden Fall weitergeführt werden müssen.[8]

Die Invasoren scheuen nicht einmal den Vergleich mit ihrem Widersacher, wenn es darum geht, Reformen zu proklamieren:

> Es wurde uns mitgeteilt, daß unsere Leute die Absicht hatten, zahlreiche Reformen durchzuführen, Reformen von der Art, wie sie gegenwärtig auch von Fidel unternommen werden.[9]

Ja, die verblüffende Radikalität der Aktionäre macht nicht einmal vor dem Privatbesitz halt, und ihre Vorschläge zur Vermögensbildung in Arbeiterhand gehen zum Teil weit über das hinaus, was dem linken Flügel einer sozialdemokratischen Partei zumutbar schiene:

> So wie ich die Dinge sehe, ist es heute nötig geworden, die Reichtümer aller Länder der Welt gleichermaßen und gerecht zu verteilen. [...] Ich halte es für unmoralisch, wenn ein einziger Mensch über allzu große Geldsummen verfügt. Ich glaube, daß der persönliche Besitz beschränkt werden muß. [...] Also in dieser Hinsicht sind wir ganz einer Meinung.[10]

Wer die Revolver-Helden der Konterrevolution solche Töne anschlagen hört, wird vielleicht mit dem Urteil schnell bei der Hand sein, es handle sich hier um infamen Opportunismus und zynische Lügen. Ich fürchte, dies wäre ein voreiliger Schluß. Wenn die Gefangenen nur so sprächen, um ihre eigene Haut zu retten vor dem Hinrichtungskommando – das ginge ja noch. In Wirklichkeit sieht es wohl viel ärger mit ihnen aus. Ich halte, was da fortschrittlich stottert und reformistisch radebrecht, für subjektiv durchaus ehrlich, und gerade diese Aufrichtigkeit scheint mir bedeutsam. Sie hat ihr Gegenstück in jeder kapitalistischen Gesellschaft, die nicht ganz von gestern ist, und sie besagt, daß die Klasse, die da an der Herrschaft ist, ihre gesellschaftliche Funktion nicht nur vor den Ausgebeuteten, sondern auch vor sich selbst verschleiert. Sie verleugnet sich als Klasse und verinnerlicht diese Leugnung so weitgehend, bis sie buchstäblich nichts mehr von sich weiß. Die Manipulateure sind zum Opfer ihrer eigenen Manipulation geworden.

Natürlich ist das Bild, das sie sich von sich selber machen, außerordentlich empfindlich gegen jede Berührung mit der Wirklichkeit. Jedesmal, wenn das Verhör den Zusammenhang mit einer konkreten Situation, den die Gefangenen unaufhörlich zu zertrennen suchen, wiederherstellt, brechen eklatante Widersprüche auf. Die Befragten reagieren dann mit einer intellektuellen und moralischen Berührungsangst, die durch und durch neurotisch ist. Die Forderung nach »wirklicher Demokratie« zum Beispiel läuft sich alsbald in einem tautologischen Zirkel tot:

Die Regierung sollte von uns gebildet werden.

Frage Und was sollte diese vorläufige Regierung tun?

Antwort Freie Wahlen sollte sie ausschreiben.

Frage Und weiter nichts?

Antwort Doch, natürlich. Im Verlauf dieser achtzehn Monate hätte diese Regierung ihre Pläne ausarbeiten müssen. [. . .]

Frage Was für Pläne waren das?

Antwort Das habe ich Ihnen doch bereits gesagt: eine verfassungsmäßige Regierung bilden. [. . .][11]

31

Verdrängt wird auch die Frage nach der eigenen Legitimationsgrundlage. Sie scheint der Konterrevolution gleichsam von selbst zuzufallen, als wäre es ein Naturgesetz, daß die Bourgeoisie zur Herrschaft bestimmt ist:

Frage Sie sprechen immer von einer verfassungsmäßigen Regierung. Aber wer hat eigentlich die provisorische Regierung gewählt, die in den Vereinigten Staaten sitzt?

Antwort Ach, *diese* Regierung! Nein, diese Regierung ist natürlich von niemand gewählt worden. Aber was wollen Sie mit diesem Einwand beweisen?[12]

Überhaupt führt jede Konfrontation der abstrakten Forderung nach freien Wahlen mit einer konkreten historischen Lage, die der cubanischen vergleichbar wäre, sofort in ein Dilemma. Vergeblich versucht der Gefangene sich aus der selbstgestellten Falle zu befreien, indem er den Normalfall als Abweichung vom Ideal preisgibt und sich auf das Terrain bloßer Wunschvorstellungen zurückzieht.

Frage Hat Batista Wahlen ausgeschrieben?

Antwort Batista hat Wahlen ausgeschrieben, aber Wahlen auf einen Staatsstreich hin sind keine freien Wahlen. Das war Betrug.

Frage [...] Sie sind in Guatemala ausgebildet worden. Ydígoras hat dort Wahlen abgehalten. Sind Sie der Meinung, daß sich in diesen Wahlen der Wille des Volkes von Guatemala ausgedrückt hat?

Antwort Vermutlich nicht. Es waren Wahlen, die nichts taugten. Es gibt Wahlen, die etwas taugen, [...] es gibt andere Wahlen, die taugen nichts.

Frage Sie wissen doch, daß auch Trujillo Wahlen ausgeschrieben hat?

Antwort Aber die Wahlen Trujillos taugen nichts.

Frage Sie wissen, daß auch Somoza in Nicaragua Wahlen abgehalten hat?

Antwort Na und? Was wollen Sie damit sagen? [...]

Frage Glauben Sie, daß die Demokratie, an der Ihr Vater

im vorrevolutionären Cuba teilhatte, eine Demokratie war, die im Volk verwurzelt war? [...] War das die Demokratie, die Sie nach Cuba bringen wollten?

Antwort Nein, das war keine wirkliche Demokratie. [...] Oder meinen Sie vor 1952? Vor Batista ja. Das war Demokratie.[13]

Endlich scheint ein in der Wirklichkeit verwurzeltes Beispiel gefunden. Aber auch dieser Modellfall gilt nur in abstracto, nämlich »im Prinzip«; er verträgt keine Nachprüfung. Sobald der spezifische Manipulationszusammenhang aufgedeckt wird, der die cubanischen Wahlen beherrschte und der für unterentwickelte Gesellschaften mit parlamentarischen Systemen typisch ist (in weiter entwickelten Industriegesellschaften treten dafür andere Steuerungsmechanismen ein), bricht diese Affirmation zusammen, und die »wirkliche Demokratie« löst sich in eine Praxis der Korruption, des Wahlbetrugs und des Stimmenkaufs auf. Diesen Tatsachen begegnet der Idealist auf zweierlei Weise: durch Konzessivsätze, die der unvollkommenen Natur des Menschen einzelne »Mißgriffe« einräumen, und durch eine massive Ignoranz:

Davon wußte ich nichts. [...]

Ich jedenfalls habe nichts davon gewußt. [...]

Das habe ich nicht untersucht.[14]

Daß hier Demokratie bloß formal verstanden wird, daß ihr Verfechter vom realen politischen Gehalt der Regierungsform, für die er eintritt, nichts weiß, nämlich nichts wissen will, ist offensichtlich. Um so zwingender die Notwendigkeit, die Form zu wahren, je mehr Dreck sich hinter ihr verbirgt. Der Fetisch wird selbst um den Preis eines Geständnisses wie des folgenden festgehalten:

Frage Das halten Sie also für Demokratie? Ein Wahlsystem, das auf Stimmenkauf, auf den Säbelhieben der Militärs und auf der Korruption des politischen Bewußtseins beruht?

Antwort Wenn es aber so war ... Wenn aber doch das

Volk selbst diese Regierungen gewählt hat, was soll daran undemokratisch sein?[15]

Damit allerdings ist die Katze aus dem Sack. Das Pochen auf freie Wahlen will nicht auf die Erweiterung, sondern auf die Beschränkung der politischen Freiheit hinaus. Die Abgabe eines Stimmzettels alle vier Jahre ist in dieser Demokratie die einzige legitime Form politischer Betätigung, und ihr Sinn besteht darin, dem was ist, gleichgültig wie es aussieht, zu akklamieren. Dem Volk muß die Gelegenheit gegeben werden, in regelmäßigen Abständen seiner eigenen Unterdrückung zuzustimmen. Alles andere geht den Wähler nichts an.

Aber nicht nur für die Entmündigung der andern, auch für die eigene tritt der Konterrevolutionär mit großer Entschiedenheit ein. Sowenig wie dem letzten Slumbewohner will er sich irgendeinen Einfluß auf politische Entscheidungen zubilligen, die jeden betreffen. Ausdrücklich erklärt der Demokrat sich für unzuständig. Zur Frage der Nationalisierung großer nordamerikanischer Monopolunternehmen:

> Es dreht sich darum, was für Cuba das beste ist. Das kann ich nicht entscheiden. Das müssen *die* Leute entscheiden, die über die wirtschaftliche Seite der Sache Bescheid wissen.[16]

Zu der chronischen Unterschlagung von Steuergeldern durch frühere cubanische Regierungen:

> Ich kann diese Sache im einzelnen nicht beurteilen, weil ich die Interna des administrativen Apparats nicht kenne.[17]

Zur Frage einer direkten militärischen Intervention der USA in Cuba:

> Das ist eine politische Frage, die nur auf höchster Ebene entschieden werden kann.[18]

Die Gutsbesitzer, Grubenherren und Industriellen schließen sich also ausdrücklich ein, wenn sie von der Ohnmacht der Wähler reden. Auch sie können nicht entscheiden, stehen außerhalb des Apparats und sehen sich von allen Entscheidungen ausgeschlossen. Sie suchen eine Art Gleichheit in Ohnmacht zu suggerieren. Das ist natürlich weiter nichts als eine liberale Fiktion, besten (oder schlimmsten) Falles eine blödsinnige Selbsttäuschung. Die Vertreter der herrschenden Klasse leisten sich, als Individuen, so lange und nur so lange eine scheinbare politische Abstinenz, als die »zuständigen« Berufspolitiker ihre Geschäfte besorgen; ihr »unpolitisches« Verhalten ist ein Schläfchen, das sie sich nur gönnen, solange ihre materiellen Interessen nicht bedroht sind.

Hellwach dagegen werden sie in dem Augenblick, da man ihren verbalen Reformismus beim Wort nimmt. Die radikalen Prinzipienerklärungen bröckeln bei der geringsten Berührung mit der sozio-ökonomischen Wirklichkeit ab.

> Zunächst muß gesagt werden, daß die Agrarreform für Cuba eine unabdingbare Notwendigkeit ist. [...] Wir waren allerdings der Meinung, daß sie ziemlich übereilt zustande gekommen ist.[19]

> Es kann gut sein, daß der Kommunismus die vollkommenste Gesellschaftsform ist, die es gibt. Jedenfalls bin ich dieser Meinung. [...] Nur halte ich Ihre radikalen und übertriebenen Methoden für verkehrt.[20]

> So wie ich die Dinge sehe, ist es heute nötig geworden, die Reichtümer aller Länder gleichermaßen und gerecht zu verteilen. [...] Was ich aber nicht einsehen kann, ist das: Warum soll zum Beispiel ein Industriebetrieb, der eine nützliche soziale Funktion erfüllt, der soundso viele Arbeiter ernährt [!] und der gut geführt wird, warum soll ein solcher Betrieb sozialisiert werden? Schließlich gibt es Unternehmer und Unternehmer.[21]

Der Sinn solcher Einwände bleibt zunächst einigermaßen dunkel. Was heißt hier »übereilt« und »übertrieben«? Ginge es langsamer schneller voran? Und was ist der Unterschied zwischen »Unternehmern« und »Unternehmern und Unternehmern«? Aber je näher das Verhör den Dialog an die konkrete Situation heranführt, desto deutlicher werden die Antworten:

Wenn ich auch der Meinung bin, daß eine Agrarreform dringend nötig war, so hätte man doch mehr Rücksicht auf den nordamerikanischen Besitz hier im Lande nehmen müssen.[22]

Frage Haben Sie jemals irgendwelche Schritte zugunsten einer Bodenreform in unserm Land unternommen?

Antwort Nun, ich hätte es begrüßt, wenn ich Gelegenheit dazu gehabt hätte. [...] Allerdings bin ich der Ansicht, daß speziell im Fall Cubas bei der Einrichtung der Genossenschaften schwerwiegende Fehler begangen worden sind. [...] Die ursprünglichen Eigentümer sind nämlich nicht angemessen entschädigt worden.[23]

Eine etwas plumpere Version desselben Einwands macht vollends klar, worum es diesen Reformern geht:

Frage Im Prinzip finden Sie es also richtig, daß Ihre 4000 Hektar unter denen, die kein Land besitzen, aufgeteilt werden?

Antwort Ja, aber nur auf dem Verkaufswege.[24]

Ein anderer Gefangener schildert seine sozialreformerischen Fernziele bis ins saftigste Detail. Er definiert dabei recht genau die Grenze, an der sein Altruismus endet: sie liegt bei einer Rendite von jährlich 20 %.

Unsere Leute [hatten] die Absicht, zahlreiche Reformen durchzuführen, Reformen von der Art, wie sie gegenwärtig auch von Fidel unternommen werden.

Frage Und warum sind Sie dann nicht für die Reformen Fidel Castros eingetreten?

Antwort Ich habe gesagt, viele Reformen, nicht alle. [...] Nehmen wir zum Beispiel den Fall, Sie sind Fabrikherr und investieren eine Million Dollars; dann ist es nicht mehr als recht und billig, daß Sie Ihre Million in soundsoviel Jahren, sagen wir zum Beispiel in fünf Jahren, wieder herausholen dürfen. Aber danach, sobald das Kapital amortisiert ist, müssen Sie Ihre Gewinne mit Ihren Arbeitern teilen.[25]

Da der Kapitalist uneingeschränkter Besitzer der Fabrik bleibt, hat sich sein eingebrachtes Kapital innerhalb von fünf Jahren mindestens verdoppelt. Von seinen Arbeitern erwartet der Reformer selbstverständlich, daß sie genügend Respekt für die natürliche Ordnung der Dinge aufbringen, um diese wunderbare Geldvermehrung abzuwarten. Danach wäre der Fabrikbesitzer in Fallschirmjägeruniform ihnen gewiß entgegengekommen, in gewissen Grenzen, ohne Übertreibungen und ohne Übereilung. Kurzum, der Kern seiner Utopie ist und bleibt die Maximierung seiner Gewinne.

Die Struktur eines solchen Reformismus läßt sich bis in die Syntax hinein verfolgen. »Wenn auch – so doch«; »zwar – aber«; »im Prinzip ja – aber nur«; »es kann gut sein – bloß«; »das schon – allerdings«: jedesmal wird im Nebensatz zurückgenommen, was der Hauptsatz verspricht. Mit diesen Taschenspielertricks wollen die Gefangenen wiederum nicht allein das Volk täuschen, vor dem sie sprechen, sondern allererst sich selber: der Hauptsatz soll ihnen ihre Prinzipienfestigkeit garantieren und der Nebensatz ihre Gewinne. Der Kommunismus, der ihnen als »die vollkommenste Gesellschaftsform« vorschwebt, die es gibt, hat die Rechtsform einer Aktiengesellschaft; und die Notwendigkeit, »die Reichtümer aller Länder der Welt gleichermaßen und gerecht zu verteilen«, stellt sich bei genauerer Betrachtung als ein längst erreichtes Ziel heraus:

Der eine hat fünf Aktien, der andere zehn, fünfzehn, zwanzig; aber jeder von ihnen ist, je nachdem, was ihm zusteht, am Gewinn beteiligt. Mit anderen Worten: die Reichtümer des Landes scheinen mir durchaus gerecht verteilt zu sein.[26]

5

Die internationale Politik der Konterrevolution ist ein getreues Spiegelbild ihrer Innenpolitik. Das Argumentationsschema der Gefangenen bleibt sich bis ins sprachliche Detail hinein gleich, mag es sich um Demokratie und soziale Reform im Innern oder um das Verhältnis zu andern Mächten handeln. Hier wie dort stellt die herrschende Klasse zunächst einmal ihre unveräußerlichen Prinzipien auf, um dann zu ihrer möglichst einträglichen Veräußerung zu schreiten.

> Mein Nationalismus will auf eine Haltung hinaus, die Cubas würdig ist.[27]
> Selbstverständlich verurteile ich jede Einmischung, die gegen unsere nationalen Interessen verstößt.[28]
> *Frage* Sie meinen also, daß eine Expedition, die, wie Sie selbst sagen, mit amerikanischem Kriegsmaterial und amerikanischen Ausbildern unternommen worden ist, hier ein patriotisches und national-demokratisches Regime hätte einführen können?
> *Antwort* Das wäre natürlich auf die Leute angekommen, die in der Bewegung aktiv waren. Wenn diese Leute sich auf Kompromisse eingelassen hätten, wenn sie gegen die nationalen Prinzipien und gegen den nationalen Stolz verstoßen hätten, dann hätte das allerdings meinen Überzeugungen widersprochen.[29]

Ja die Invasoren haben sich von ihren amerikanischen Auftraggebern sogar eigens nach Cuba schicken lassen, um dessen Souveränität zu verteidigen, weil »in Cuba die Ausländer das Heft in der Hand haben und alles beherrschen«.[30] Sie sind die eigentlichen Anti-Imperialisten, gekommen, um die »Auslieferung des Landes an fremde Mächte« zu verhindern![31]

Diese phantastischen Konstruktionen dienen wiederum dem Zweck, die realen ökonomischen Vermittlungen zwischen der cubanischen Bourgeoisie und dem Imperialismus der USA zu verleugnen. Weder sich selbst noch ihren Befragern wollen sie eingestehen, daß die cubanische Wirtschaft bis zur Revolution ein bloßes Anhängsel der nordamerikanischen gewesen ist, und daß Washington heute wie damals über ihr Los entscheidet. Diese Tatsache ist so offenkundig, daß es schon halsbrecherischer rhetorischer Tricks bedarf, um ihr aus dem Weg zu gehen:

Frage Aber die Reichtümer unseres Landes waren nun einmal in amerikanischen Händen.

Antwort Gut. Aber schließlich geht es hier ums Prinzip. Und dieses Prinzip gilt für jedes Land, ob es nun die Vereinigten Staaten sind oder Indochina.

Frage Nur, daß Indochina nicht die Produktionsmittel anderer Länder beherrscht. In Cuba dagegen, und von Cuba und seiner Revolution ist doch hier die Rede . . .[32]

Der Schein der Kompromißlosigkeit fällt auch hier bei der geringsten Berührung mit der Wirklichkeit in sich zusammen; das Prinzip wird im gleichen Atemzug postuliert und verraten: »Man [hätte] doch mehr Rücksicht auf den amerikanischen Besitz hier im Lande nehmen müssen.«[33] Offenbar haben »diese Leute« es doch mit einem Kompromiß versucht, einem Kompromiß, der den programmatischen Namen des »Dritten Weges« führt. Wie dieses Arrangement konkret aussieht, wollen seine Verfechter lieber nicht allzu genau wissen. Um es zu erläutern, sind allerhand logische Bocksprünge nötig:

Frage Aber Sie haben sich doch mit ihnen [den Amerikanern] verbündet?

Antwort Naja, es gibt eben Momente in der Politik, wo man sich sozusagen mit dem Teufel selber einlassen muß.

Frage Sie haben also ein Bündnis mit dem Teufel geschlossen?

Antwort Bündnis ist zuviel gesagt. Wir haben die Hilfe der Amerikaner angenommen . . .

Frage Sie haben ihre Hilfe angenommen, ohne sich mit ihnen zu verbünden?

Antwort Ich jedenfalls kam mir nicht als ihr Verbündeter vor.[34]

Die Spiegelfechterei ist allerdings hoffnungslos, weil nichts, was die Gefangenen vorbringen können, gegen den Augenschein aufkommt. Die Tatsache, daß sie da sitzen in ihren grünen Fetzen, made in USA, überführt sie; denn sie beweist, daß selbst der Kompromiß, den sie notgedrungen einräumen müssen, nur scheinbar einer ist. In Wirklichkeit nämlich handelt es sich um eine längst vollzogene Kapitulation vor dem nordamerikanischen Kapital. Das Arrangement ist nichts anderes als eine Unterwerfung. Daß sich die herrschende Klasse in Cuba über ein halbes Jahrhundert lang die Kapitulation vor einer fremden Macht zur Existenzgrundlage gemacht hat, kann zwar jede ernsthafte wissenschaftliche Untersuchung lehren; aber nie ist dieser Zusammenhang so zur sinnlichen Erfahrung geworden wie bei diesem Verhör.

Wir waren uns natürlich darüber im klaren, daß die Amerikaner ihre eigenen Unternehmungen, ihre Geschäfte und ihren Besitz in Cuba wieder haben wollten. Aber gleichzeitig dachten wir, wir könnten unsererseits diese Unterstützung gebrauchen, um unsere Heimat, unser Vaterland und alles, was wir verloren hatten, zurückzuerlangen.[35]

Wie die Demokratie, die freien Wahlen und die soziale Reform, so sind auch der Patriotismus und das Nationalgefühl, mit denen die Konterrevolution aufwartet, bloß ideologische Instrumente zur Wiederherstellung ihrer und der amerikanischen Herrschaft; ihre Heimat ist der Mehrwert, und das Vaterland der metaphorische Ausdruck ihrer materiellen Interessen.

6.

Das alles ist klar genug; doch je offner es zu Tage liegt, desto wunderbarer mutet das Leugnen der Gefangenen an. Hier liegt das wahre Rätsel des Verhörs: wie lassen so eklatante Widersprüche so hartnäckig sich zukleistern, so haltlose Täuschungen sich behaupten, so fabelhafte Augenwischereien sich durchhalten? Die Frage ist nicht nur an die geschlagenen Invasoren von Habana zu richten; dort wo die herrschende Klasse sich noch nicht ins Verhör nehmen läßt, also bei uns, wiegt sie schwerer. Wer über das hilflose Zappeln der Gefangenen lacht, vergißt, daß nur die Gefangenschaft sie lächerlich macht. Liefen sie frei herum, so hätten sie zweifellos keine Bedenken, ihrer Rhetorik Nachdruck zu verleihen; dafür stehen Chemikalien wie Natriumpalmitat zur Verfügung.

Die Leistung der inneren Abwehrmechanismen, mit denen die Konterrevolution sich und ihre Opfer vor lästigen Einsichten schützt, ist beträchtlich; es lohnt sich, sie im Detail zu untersuchen. Die Antworten der Invasoren mögen sich hie und da armselig ausnehmen bis zur Albernheit; der Apparat, der sie auswirft, ist jedoch hochentwickelt und sehr zuverlässig. Es lassen sich an ihm drei ineinandergreifende Komponenten unterscheiden: ein intellektueller, ein psychischer und ein gesellschaftlicher Mechanismus, die jeder für sich und alle zusammen dem Bewußtsein Möglichkeiten des Rückzugs eröffnen; den intellektuellen Regreß auf systematischen Zweifel und *docta ignorantia*[36], den psychischen Regreß auf die Innerlichkeit des isolierten Subjekts, und den gesellschaftlichen Regreß auf die moralische Arbeitsteilung.

Die Unwissenheit, welche die geschlagenen Vertreter der herrschenden Klasse zur Schau tragen, ist nicht die schlichte Ignoranz argloser Zwergschüler. Sie setzt Bildung voraus, sie ist mühselig erworben, sie kann akademischer Weihen nicht entraten. Es handelt sich um eine Idiotie mit sokratischem Anspruch. Darauf, daß sie weiß, daß sie nichts weiß, tut sie sich etwas zugute. Unerbittlich besteht sie auf ihrer eigenen Rationalität; nur die reinste Wahrheit wäre ihr gut genug. Die aber ist dem Sterblichen nicht zugänglich. So unbestechlich ist diese Vernunft, daß sie lieber gar nichts mehr wissen will und eher alle fünfe grade sein läßt, als daß sie für wahr hielte, was doch bloß offensichtlich ist:

Mit solchen Beurteilungen [muß man] sehr vorsichtig sein.

Ich weiß nicht genug darüber, um mir ein Urteil zu bilden.

Ich möchte auf gar keinen Fall übereilte Schlußfolgerungen ziehen. Das habe ich immer verabscheut.[37]

Daß er nichts weiß, gilt dem Philosophen als Beweis für die eigene unbedingte Redlichkeit; mit skrupulöser Skepsis gewinnt er eine einsame moralische Höhe. Jedes Urteil wäre ihm verdächtig als Vorurteil; in der Nacht dieser Gerechtigkeit sind alle Katzen grau.

Frage Sie wissen auch nichts davon, daß unter der Regierung Varona dauernd Steuergelder unterschlagen worden sind?

Antwort Doch; [...] wenn ich auch nicht glaube, daß sich Herr Varona selbst an solchen Sachen beteiligt hat.

Frage Sie glauben nicht, daß er daran beteiligt war? Aber er war schließlich Regierungschef. [...] Mit andern Worten, er war Premierminister einer Regierung von Dieben?

Antwort Aber bitte, wir wollen doch nicht verallgemeinern. Solche Verallgemeinerungen sind immer ungerecht.

Frage Eine Regierung, in der nach Strich und Faden gestohlen wird, ist also keine Regierung von Dieben.

Antwort Nein. Erstens muß man mit solchen Beurteilungen sehr vorsichtig sein, und zweitens beschränkt sich die Verantwortung des einzelnen immer auf seine eigenen Handlungen.

Frage Sie glauben also nicht, daß der Premierminister einer Regierung für die Politik dieser Regierung verantwortlich ist?

Antwort Doch. [...]

Frage Wenn also in einer Regierung gestohlen wird, was das Zeug hält, und wenn der Premierminister dieser Regierung dabei zusieht, ist dieser Mann dann verantwortlich oder nicht?

Antwort Ich möchte sagen, dieser Mann trägt diejenige Verantwortung, die ihm kraft seines Amtes zufällt.

Frage Und das Amt des Premierministers bringt also keine Verantwortung dafür mit sich, was mit seinem Wissen in der Regierung geschieht [...]?

Antwort Doch, bis zu einem gewissen Grad.

Frage Bis zu einem gewissen Grad, oder bis zu dem Grad, daß er dafür einzustehen hat?

Antwort Wissen Sie, ich kann diese Sache im einzelnen nicht beantworten, weil ich die Interna des administrativen Apparats nicht kenne.[38]

Formal fällt an dieser Argumentationsweise die regressive Verzweigung des Gedankenganges auf, eine Haarspalterei, die das Phänomen, das diskutiert werden soll, so lange aufzudröseln sucht, bis der Strang des Arguments in amorphe Fusseln aufgelöst ist. Was auf der Hand liegt, soll unsichtbar gemacht werden; was jeder weiß, aufs Unbekannte reduziert. Immer fehlt es an irgendwelchen partikularen Kenntnissen, ohne die kein Urteilen möglich sein soll. So rätselhaft ist dem bürgerlichen Philosophen die Welt, daß die Produktionssphäre seines eigenen Landes, Landwirtschaft, Arbeiterbewegung, ja sogar sein eigener, der Universitäts-Sektor, jenseits aller Erkenntnismöglichkeiten liegt:

Frage Kennen Sie die [landwirtschaftlichen] Genossenschaften, die in unserem Land heute existieren?

Antwort Ich hatte keine Gelegenheit, sie zu studieren. [...]

Frage Haben Sie versucht, etwas über das Funktionieren der Gewerkschaftsbewegung zu erfahren? [...]

Antwort Ich hatte keine Gelegenheit zu solchen Nachforschungen. [...]

Frage Sie hatten auch keine Gelegenheit, etwas über die Universitätsreformen zu erfahren, die wir hier durchführen und die den Arbeitern zum ersten Mal den Weg zur Universität eröffnen?

Antwort Davon weiß ich nichts.[39]

Wenn aber schon der eigene Hinterhof unerforschlich ist, wie aussichtslos wäre da der Versuch, über internationale Fragen nachzudenken! Das zentralamerikanische Militärregime zum Beispiel, das den Invasoren ihre Operationsbasen zur Verfügung stellte, bleibt dieser Vernunft unfaßbar:

Ein Urteil darüber kann ich mir nicht erlauben.[40]

Diese Enthaltsamkeit des Urteils hat den Gefangenen allerdings von der militärischen Aktion nicht abgehalten. Im Gegenteil, seine rationale Skepsis schlägt unmittelbar in irrationale Praxis um, und seine erkenntnistheoretischen Skrupel sind nur dazu da, um die Skrupellosigkeit seines Handelns abzudecken. Sobald es seine Klasseninteressen erfordern, wird der systematische Zweifel suspendiert. Der Sprung in die Aktion wird rein dezisionistisch verstanden; er bedarf keiner rationalen Rechtfertigung mehr:

Frage Sie [haben] Ihren Rationalismus in die Ecke gestellt, als es um Ihren Entschluß ging, mit Waffengewalt gegen Ihre eigenen Landsleute vorzugehen.

Antwort [...] Wir stehen hier vor einem Widerspruch: dem Widerspruch zwischen den Überlegungen, die einer Aktion vorangehen, und der Aktion selbst. Dieser Widerspruch ist unvermeidlich. Man kann also nie genau wissen, an welchem Punkt man seine Überlegungen abbrechen und die Aktion beginnen soll.[41]

Zur Stunde der Wahrheit erweist sich der »aufklärerische« Rationalismus des Raisonneurs als das, was er immer schon war: bloße Ideologie. Diese Ideologie verlangt jedoch eine lange und sorgfältige Einübung. Die Herstellung von falschem Bewußtsein für ihn selber und für andere hat sich der Gefangene geradezu zur Lebensaufgabe gemacht: Sie ist seine Spezialität als »Philosoph« und Akademiker in der Arbeitsteilung der bürgerlichen Gesellschaft.

7

Die Forderung des Ideologie-Produzenten, man dürfe nicht verallgemeinern, läuft auf die Tabuisierung gesellschaftlicher Prozesse überhaupt hinaus. Urteile über das Verhalten eines Kollektivs sind von vornherein ungerecht. Um zu wissen, was von der Regierung Varona zu halten ist, genügt es nicht, deren konkrete Handlungen zu prüfen, man müßte jedem einzelnen ihrer Mitglieder schon tief in die Seele blicken, was natürlich seine Schwierigkeiten hat. Auf diese Weise werden politische Fragen nicht nur personalisiert, sondern generell für unentscheidbar erklärt; ihre Lösung liegt in der unzugänglichen Subjektivität des isolierten Individuums verborgen.

> Diese Frage kann ich nicht beantworten, weil ich nicht weiß, wo letzten Endes die Intentionen der Mitglieder der amerikanischen Regierung liegen.[42]

Der Rückzug auf diese geheimnisvolle Innerlichkeit geschieht etappenweise. Am Anfang dieses Weges repräsentiert die Konterrevolution noch die Gesellschaft im ganzen, die als pluralistische Anhäufung von Einzelpersonen verstanden wird:

> Obwohl sich gewisse finstere Figuren in unsere Reihen eingeschlichen haben, [waren] die Mehrzahl meiner Kameraden durchaus anständige Leute.[43]

> Das waren Leute von ganz verschiedener sozialer Herkunft, aber Leute, die einzeln und für sich betrachtet guten Glaubens gewesen sind, Leute, die ein reines Gewissen und achtenswerte Ziele hatten.[44]

Das Kriterium dafür, was von den Invasoren zu halten ist, wird durch diesen Satz bereits in eine Zone der Innerlichkeit verlegt, die jeder Nachprüfung enthoben ist. Der nächste Schritt ist die Reduktion jener »Mehrheit« guten Glaubens auf eine Minderheit:

> Ich habe mich eben auf die guten Elemente verlassen, die

an unserer Sache beteiligt waren, selbst wenn es nur eine Minderheit war.[45]

Aber selbst diese Solidarität mit einer minoritären Gruppe schmilzt rasch dahin:

Ich spreche für mich und die Leute, die so denken wie ich.[46]

Schließlich wird sie ganz aufgekündigt, und die fensterlose Monade bleibt im Refugium ihres guten Gewissens mit sich allein:

Letzten Endes ist das eine Gewissensfrage, die ich nur für mich selbst beantworten kann. Jeder einzelne muß das mit sich selbst abmachen.[47]

Die gemeinsame Verantwortung für die gemeinsame Aktion ist damit verschwunden. Rette sich, wer kann! Von der »Mehrzahl meiner Kameraden« ist keine Rede mehr; es zählt nur noch der eigene Nabel. Unerklärt und unerklärlich bleibt, wie das kollektive Unternehmen überhaupt hat zustande kommen können, da ihre Teilnehmer nur vereinzelte »gute Elemente« waren, die von der Gesellschaft, in die sie sich begaben, sowenig wußten wie von Gesellschaft überhaupt: Teile eines Ganzen, von dem sie bestreiten, daß es existiert.

8.

Docta ignorantia und Innerlichkeit des isolierten Subjekts: zu diesen beiden Komponenten des Abwehrmechanismus tritt als letzte der Regreß auf die moralische Arbeitsteilung. Er ist sozusagen die soziale Form des Rückzugs auf die Asozialität. Als Ausgangspunkt kann der Satz gelten: »Ich bin immer ein völlig unpolitischer Mensch gewesen.«[48] Er läßt sich dahin deuten, daß für das Ganze eines gesellschaftlichen Prozesses oder einer kollektiven Aktion niemand zuständig ist. Diese Gesamtkompetenz, und damit die Haftung für ge-

sellschaftliche Handlungen, wird in eine Reihe von Einzel-
kompetenzen aufgelöst, denen voneinander abgedichtete Spe-
zialistenrollen entsprechen:

> Wie ich Ihnen schon sagte, bin ich kein Fachmann für poli-
> tische Fragen. [...] Allerdings bin ich freier Unter-
> nehmer und stehe für die freie Wirtschaft ein.[49]

Neben den Warenproduzenten stellt sich, wie wir bereits gesehen haben, der Ideologie-Produzent. Als dritter soll hier
der Spezialist für das Übernatürliche zitiert werden. Er ist
ein Extremfall, weil er für seine Arbeit ganz besondere Pri-
vilegien in Anspruch nimmt: eine Art von Exterritorialität.
Noch gründlicher als der »freie Unternehmer« und der »Philosoph« dichtet er sich gegen den gesellschaftlichen Kontext
ab; noch entschiedener leugnet er seine Rolle als arbeitsteil-
iger Lieferant.

> *Frage* Sie haben denjenigen Leuten Beihilfe geleistet, die
> hierhergekommen sind, um zu töten.
> *Antwort* Ich habe geistlichen Beistand geleistet.
> *Frage* Sie haben Beihilfe geleistet.
> *Antwort* Geistlichen Beistand.
> *Frage* Haben Sie an einer Konspiration gegen dieses Land
> teilgenommen oder nicht?
> *Antwort* Wenn Sie es so nennen wollen, meinetwegen.
> [...] Aber daß ich in eine Konspiration hineingeraten
> bin, bedeutet noch lange nicht, daß ich selber ein Ver-
> schwörer war.[50]

Der Söldnerpriester sieht sich als ein rein spirituelles Wesen.
Er ist reiner Geist, und deshalb immun gegen die konkrete
Bedeutung seiner Handlungen.

> Ich möchte darauf zurückkommen, daß meine Mission we-
> der ideologischen noch politischen Charakter hatte, sie war
> rein geistlicher Natur; und deshalb war es meine Pflicht,
> an Ort und Stelle zu sein, nämlich dort, wo mich meine
> Jungs brauchten.[51]

Sein Status als Spezialist für das Übernatürliche erlaubt ihm ein Kunststück ganz besonderer Art: Einerseits totalisiert er durch die Religion alle an der Invasion Beteiligten, so daß freie Unternehmer, Berufsmörder, Philosophen und Spitzel allesamt zu christlichen »Jungs« werden; andererseits jedoch kann er sich als Geistlicher mühelos von ihnen distanzieren und auf seine Individualität zurückziehen:

Ich bin nicht als Angreifer gekommen.

Ich habe niemanden umgebracht.

Ich habe niemals eine Waffe in der Hand gehabt.[52]

So argumentiert jeder Schreibtischmörder. Es gibt einen Text von der Hand dieses Paters, der zeigt, warum die Mitwirkung des Segens-Produzenten für die Invasoren unentbehrlich war.[53] In dieser Schrift wird den Cubanern erklärt, daß die Folterknechte Batistas als katholische Christen und als Verteidiger Gottes gekommen sind, und daß die Invasion nicht die Grundbesitzer und die Millionäre, sondern die Heilige Jungfrau vor dem Kommunismus erretten soll.

Im Verhör von Habana wimmelt es von Unschuldigen. Auch der Priester rechnet sich zu ihnen. Sein Platz ist nicht am Maschinengewehr, sondern am Weihwasserkessel. Das Töten überläßt er seinen Jungs. Er sanktioniert und heiligt ihre Aktion. Alles andere geht ihn nichts an. Die Arbeitsteilung ist perfekt.

9.

Ein Gespenst sucht das Verhör von Habana heim, drängt sich immer wieder zwischen Frager und Befragte und ruft bei den Gefangenen panische Nervosität hervor. Dieses Phantom trägt den Namen eines professionellen Mörders, Ramón Calviño.

Ich kann Ihnen ganz offen sagen, den Herrn Calviño zum Beispiel habe ich erst heute kennengelernt. [. . .] Wir haben uns von Anfang an dagegen verwahrt, hier mit ihm zusammen aufzutreten.

Aber mein Lieber, warum kommen Sie mir immer wieder mit diesem Calviño? Ich kenne diesen Calviño nicht.

Sagen Sie mal, wen befragen Sie hier eigentlich, Calviño oder mich?[54]

Auch Calviño war ein Spezialist. Sein Platz in der gesellschaftlichen Arbeitsteilung war nicht der Hörsaal, nicht das Direktionsbüro und nicht die Kanzel, sondern der Folterkeller. Der Mörder begreift seinen Job als eine Arbeit wie jede andere auch:

Frage Wenn das alles nicht stimmt, was haben Sie dann auf dem 5. Polizeirevier gemacht? [...] Was hatten Sie dort zu tun?

Antwort Was ich dort zu tun hatte? Ich habe dort gearbeitet. [...]

Frage Und was für eine Arbeit war das? [...]

Antwort Ich habe dort ganz gewöhnliche Polizeiarbeit geleistet.[55]

Zunächst probiert Calviño bei seiner Verteidigung die üblichen Abwehrmechanismen aus; dabei werden sie, seiner Lage entsprechend, auf ihre primitivste und durchsichtigste Form reduziert. Seine Unwissenheit verzichtet auf die Sophismen der rationalen Skepsis, sie nimmt die Urform des schlichten Leugnens an. Calviño kann sich an nichts erinnern. Dabei kehrt jedoch auch der Formalismus der Konterrevolution wieder. Angesichts der Zeugen, die ihn überführen, rekurriert er auf die Normen der bürgerlichen Demokratie; dabei interessieren ihn allerdings nicht die freien Wahlen. Er beruft sich vielmehr auf den Rechtsstaat, das heißt, auf die formalen Regeln des Repressionsapparates, dem er gedient hat, und klammert sich an dessen Prozeduren:

Ich möchte Beweise sehen.

Ich möchte die Protokolle sehen.[56]

Nur daß dieses Verfahren in seinem Fall aussichtslos ist. Allzu evident ist seine eigene Rolle, allzu durchsichtig der Rekurs auf protokollarische Fragen. Die Besonderheit seiner

Spezialität liegt gerade darin, daß er keinen Zwischenträger hat, den er zwischen Intention und Exekution schieben kann. Er ist vielmehr selbst der Exekutor der Interessen der herrschenden Klasse, das Endglied einer Kette von Vermittlungen, von der er sich auf keine Weise losreißen kann. Er ist der letzte, ihn beißen die Hunde.

Die Mitgefangenen Calviños setzen natürlich alles daran, jede Gemeinsamkeit mit ihm aufzukündigen. Dazu ist ein doppeltes Manöver erforderlich; denn der gemeinsame Waffengang in der Gegenwart beruht auf einem weit älteren Nexus: eben dem Zusammenhang von Ausbeutung und Repression, den wiederherzustellen sie gekommen sind. Zunächst also muß die Vergangenheit »bewältigt« werden, die Auftraggeber und Agent miteinander teilen.

Frage Sie haben hier gesagt, daß es Ihnen außerordentlich unangenehm war, sich mit Calviño, einem Mörder, einem der übelsten Kapos des Batista-Regimes, auf ein gemeinsames Unternehmen einzulassen.

Antwort Selbstverständlich war mir das unangenehm. Außerdem möchte ich betonen, daß ich, von dem Posten, den ich innehatte, einmal abgesehen, das Batista-Regime niemals unterstützt habe.

Frage Sie begreifen wohl nicht ganz, daß Sie diesen Posten Mördern wie Calviño [. . .] zu verdanken hatten.

Antwort Damals kannte ich Calviño doch noch gar nicht.[57]

Ebensowenig hat Kurt Georg Kiesinger den Kommandanten von Auschwitz gekannt. Im cubanischen Fall hat sich aber die Kollaboration mit dem professionellen Mörder, von dem sich der Posten-Inhaber so nachdrücklich distanziert, ganz offen wiederhergestellt, nämlich durch die gemeinsame Landungsoperation. Diese Erneuerung einer alten Allianz wird zunächst als Zufall hingestellt: »Calviño war ein Sonderfall.«[58] Da sich das Gespenst mit dieser Phrase nicht vertreiben läßt, wird ein weiteres Argument nachgeschoben:

Wer in der Politik ein Ziel verfolgt, einer Pflicht nach-
kommt, der muß sich ein Herz fassen und darf an seine
Umgebung keine allzugroßen Ansprüche stellen.[59]
Und um dieser Chance willen mußten wir eben die bittere
Pille schlucken.[60]

Diese verblüffenden Maximen leisten zweierlei. Zum ersten
stellen sie klar, daß wer sie vertritt mit ganz andern moralischen Maßstäben gemessen zu werden wünscht als Calviño:
dieser gibt gleichsam die Folie ab, von der die Vorzüge der
»guten Elemente« sich nur um so strahlender abheben. Und
zum zweiten weist der Auftraggeber des Mörders nachdrücklich darauf hin, welche Selbstüberwindung ihn dieses Enga-
gement gekostet hat, wie bitter die Pille war, die er da hat
schlucken müssen. Von denen, die er gemeinsam mit Calviño
umbringen wollte, erwartet er auch noch Bewunderung dafür,
daß er sich ein Herz gefaßt hat und seiner Pflicht nachge-
kommen ist. Dem Bündnis mit Calviño im Innern entspricht
nach außen hin die Allianz mit der CIA, und beides versteht
der Konterrevolutionär als heroisches Opfer:

Es gibt eben Momente in der Politik, wo man sich sozusagen mit dem Teufel selber einlassen muß.[61]

Calviño ist von diesem Spiel der Distanzierungen natürlich
keineswegs begeistert. Er begreift, daß er seinen einstigen
Auftraggebern zugleich zu einem Alibi verhelfen und als
Sündenbock dienen soll. Er sieht sich in die Ecke gestellt wie
ein Objekt. Und als Objekt sieht er sich selbst; noch in der
Verteidigung spricht er von sich selber in der dritten Person:

Alle diese Fälle sollen jetzt plötzlich Calviño angehängt
werden. Calviño ist es in jedem Fall gewesen. [...]
Hier geht es darum, daß Calviño derjenige war, der ins
Ausland ging, daß es Calviño war, der abgehauen ist und
deshalb werden jetzt alle diese Fälle mir in die Schuhe geschoben, und an allen Ecken und Enden heißt es, das war
Calviño.[62]

Calviño ist allein. Aber gerade das erträgt er nicht. Verzweifelt versucht er, den Nexus zur herrschenden Klasse, den diese nicht wahrhaben will, wiederherzustellen. Statt auf sich selbst als isoliertes Subjekt sucht er den Regreß auf die Gruppe, aufs Kollektiv.

Der Fall, von dem Sie sprechen, geht mich nicht persönlich an. [. . .] Es war eine ganze Gruppe daran beteiligt.[63]

Sehen Sie, ich war gar nicht allein, es war eine ganze Gruppe. Also warum hacken Sie dann auf mir herum?[64]

Sein Versuch, jede Verantwortung von sich abzuschieben, kehrt den seiner Auftraggeber ins Gegenteil um. Nicht auf die eigene Innerlichkeit, die achtenswerten Ziele und den guten Glauben zieht er sich zurück, sondern er zeigt auf seine Komplizen. In ihrer Gesellschaft möchte er untertauchen als einer von vielen. Die andern verteidigen sich, indem sie ihn anklagen; er klagt die andern an, indem er sich verteidigt. Die Dialektik von Individuum und Kollektiv führt statt zur Entlastung zur gegenseitigen Denunziation. Doch der sprachlose Mörder, der in diesem Spiel vernichtet wird, behält zugleich dabei die Oberhand. Er stellt die Totalität wieder her, die alle andern aufzulösen suchen. Er allein deckt die Logik des Systems auf, dem sie ihre Herrschaft danken und dem sie dienen. Mit dem Mörder betritt die verborgene Wahrheit des Ganzen die Bühne.

10. Postskriptum

Der folgende Text ist ein Auszug aus dem über tausend Seiten langen Tonband-Protokoll des Verhörs von Habana, das vier Nächte lang gedauert hat. Die Auswahl beschränkt sich auf zehn der insgesamt einundvierzig Verhöre. Sie ist zugleich eine politische Interpretation. Auf der hier gegebenen Auslegung beruht die Dramaturgie der deutschen Fassung; sie bestimmt auch die Kriterien der Auswahl.

Aus dem Prinzip der moralischen und sozialen Arbeitsteilung, dem die Gefangenen gehorchen und das sie für ihre Verteidigung in Anspruch nehmen, hat sich die Form einer Galerie von Selbstbildnissen ergeben. Fortgelassen wurden Doubletten, das heißt Verhöre, in denen ein bereits gezeigtes Rollenverhalten wiederkehrt. Außerdem wurden Überläufer aus Angst und Konvertiten der letzten Stunde ausgeschieden, deren Reuebekenntnisse und deren unvermittelte Begeisterung für die Revolution weniger politische Einsicht als opportunistische Anbiederung verraten.

Aufgenommen wurden dagegen auch drei Dialoge, die dem hier versuchten Interpretationsschema nicht gehorchen. Daß die Invasionstruppe ausschließlich aus Gutsbesitzern und Fabrikherren, ihren intellektuellen Beihelfern und ihren Folterknechten bestanden hätte, ist eine Legende, die auch dadurch nicht zur Wahrheit wird, daß sie von cubanischer Seite genährt wird. Für Unternehmungen dieser Größenordnung ist die herrschende Klasse immer auf Hilfstruppen angewiesen, die sie in den abhängigen Klassen zu finden weiß. Für diese Gruppe von Deklassierten und Verzweifelten treten in der deutschen Fassung des Verhörs drei Gefangene ein: der eine ein depossedierter Händler aus der Provinz, der andere ein arbeitsloser Kellner, der dritte ein Facharbeiter, den die ökonomische Misere zur Emigration in die USA zwang. (Es ist kein Zufall, daß dieser Mann als einziger unter allen Verhörten zu einer richtigen Einschätzung des Unternehmens fähig war.)

Die Reihenfolge der Verhöre blieb in Habana dem Zufall überlassen. Meine Einrichtung hat es nicht nur auf Kontrast abgesehen, sie soll auch dem Publikum Möglichkeiten der Identifikation anbieten, von denen ich hoffe, daß der Verlauf des Verhörs sie zerstört. Schon aus diesem Grunde läßt auch die Bearbeitung Schwächen in der Argumentation der Befrager nicht unter den Tisch fallen; aggressive Passagen, in denen die Gefangenen bei der Diskussion Punkte für sich buchen konnten, sind schon deshalb stehengeblieben, weil sie Seltenheitswert haben.

Im übrigen sind auch innerhalb der einzelnen Einvernahmen lange Dialogstellen gestrichen worden: Wiederholungen, Details über die Interna des vorrevolutionären Regimes in Cuba, Passagen, die der Beweisaufnahme über die militärische Seite der Operation dienten. Stehen blieb dagegen alles, was für das Selbstbildnis der Konterrevolution von struktureller Bedeutung ist.

Innerhalb der Einzelverhöre wurden keine Umstellungen vorgenommen. Kürzungen oder Sprünge im Ablauf des Verhörs sind an keiner Stelle durch überleitende Sätze geglättet worden. Jedes Wort und jeder Satz des Dialoges ist in Habana gefallen.

Das Verhör von Habana ist weder ein Drehbuch noch ein Theaterstück. Dennoch kann es auf der Bühne oder vor der Fernsehkamera dargestellt werden. Eine solche Rekonstruktion wäre aber sinnlos, wenn sie sich damit zufriedengäbe, eine zeitlich und räumlich entfernte Situation abzubilden. Die Verhältnisse, die das Verhör erörtert, bestehen in vielen Teilen der Welt nach wie vor fort. Auf diese Verhältnisse zielt die Bearbeitung. Wenn die Rekonstruktion weitere Kürzungen erforderlich macht, so ist dabei in diesem Sinn zu verfahren. Jede äußerliche Aktualisierung durch Mittel der Regie (Projektionen, Zwischenansagen, visuelle Gags) ist strikt zu vermeiden. Schlechte Unmittelbarkeit fiele nur der Vermittlung zwischen dem historischen Vorgang und der Realität des Zuschauers in den Arm.

Auf der Bühne können die Gefangenen durch ein und denselben Darsteller gegeben werden, der nach jedem Verhör, etwa durch die Wachen, mit einem neuen Gesicht versehen wird. Das ist kein Regieeinfall, sondern ein Verfahren, welches die arbeitsteilige Kooperation der Konterrevolutionäre sichtbar macht und jene Totalität faßlich macht, in deren Leugnung die Gefangenen ihre Zuflucht suchen.

1 Eine detaillierte Darstellung der Invasion kann hier nicht gegeben werden. Es wird deshalb auch auf den Einzelnachweis der benutzten Quellen verzichtet. Meine Skizze basiert auf den offiziellen cubanischen Publikationen sowie auf den Arbeiten von Appleman Williams, Johnson, Murphy, Schlesinger, Sorensen, Szulc/Meyer und Wise/Ross, die im Anhang dieses Buches aufgeführt sind.

2 Fidel Castro, Rede vom 1. Mai 1961. In: *Playa Girón*. Band IV. S. 7 f.

3 Andreu. S. 135. (Diese und die folgenden Seitenangaben beziehen sich auf das vorliegende Buch.)

4 Varona. S. 66, 70.

5 Rivero Díaz. S. 178.

6 Babún. S. 97 f.

7 Rivero Díaz. S. 183 f.

8 Varona. S. 66.

9 Babún. S. 99.

10 Rivero Díaz. S. 177, 189.

11 Varona. S. 68.

12 Varona. S. 68.

13 Varona. S. 70 ff.

14 Varona. S. 72, 73.

15 Varona. S. 73.

16 Varona. S. 69.

17 Andreu. S. 138.

18 Varona. S. 80.

19 Varona. S. 66.

20 Rivero Díaz. S. 191 f., 184.

21 Rivero Díaz. S. 177.

22 Varona. S. 68 f.

23 Andreu. S. 141 f.

24 Freyre. S. 118.

25 Babún. S. 99 f.

26 Freyre. S. 119.

27 Rivero Díaz. S. 175.

28 Andreu. S. 155.

29 Andreu. S. 139.

30 Babún. S. 98.

31 Rivero Díaz. S. 186.

32 Rivero Díaz. S. 188.

33 Varona. S. 68 f.

34 Rivero Díaz. S. 182.

35 Babún. S. 99.

36 Diese Bezeichnung geht auf León Rozitchner zurück, dessen Schrift *Moral burguesa y revolución* mir bei dieser Arbeit auch sonst von großem Nutzen gewesen ist.

37 Andreu. S. 138, 136, 152.

38 Andreu. S. 137 f.

39 Andreu. S. 142, 144, 147.

40 Andreu. S. 150.

41 Andreu. S. 152 f.

42 Andreu. S. 155 f.

43 Rivero Díaz. S. 195.

44 Andreu. S. 154.

45 Andreu. S. 149.

46 Rivero Díaz. S. 179.

47 Andreu. S. 155.

48 Freyre. S. 117.

49 Freyre. S. 116, 121.

50 de Lugo. S. 164.

51 de Lugo. S. 163.

52 de Lugo. S. 162, 164.

53 Aufruf an das Christliche Volk von Cuba. S. 245 ff.

54 Rivero Díaz. S. 196, 197.

55 Calviño. S. 207.

56 Calviño. S. 204, 215.

57 Rivero Díaz. S. 193.

58 Andreu. S. 154.

59 Rivero Díaz. S. 179 f.

60 Rivero Díaz. S. 182.

61 Rivero Díaz. S. 181.

62 Calviño. S. 206 f.

63 Calviño. S. 208.

64 Calviño. S. 212.

Das Verhör von Habana

Personen

Die Gefangenen:
Carlos Manuel de Varona Segura-Bustamante
Manuel Pérez García
Lincoln Babún Franco
Teófilo Babún Franco
Santiago Babún Franco
Angel Fernández Urdanivia
Fabio Freyre Aguilera
Pablo Organvides Parada
José Andreu Santos
Ismael de Lugo alias Fermín Asla Polo
Felipe Rivero Díaz
Ramón Calviño Insúa

Die Fragesteller:
Carlos Franqui
Comandante Guillermo Jiménez
Jorge Ricardo Masseti
Gregorio Ortega
Carlos Rafael Rodríguez
Lionel Soto
Raúl Valdés Vivó

Die Zeugen:
Octavio Louit Cabrera
María Elena
Rafael Morales
Odón Alvarez de la Campa
Pilar

Der Moderator:
Louis Gómez Wangüemert

Wachen, Fernsehtechniker, Kameraleute.
Ort: Ein Theatersaal in Habana. *Zeit:* Der 21. April 1961.

(Theatersaal im Haus des cubanischen Gewerkschaftsbundes CTC-R, Confederación de Trabajadores de Cuba. Logen und Balkonbrüstungen tragen Wimpel in den Landesfarben und große Spruchbänder: »¡Muerte al Invasor! ¡Viva la Revolución Socialista!« Auf der Mitte der Bühne ein langer Tisch, dessen Vorderseite ebenfalls mit einem Transparent verhängt ist: »Vencimos – Patria o Muerte«. Auf dem Tisch Flaschen, Gläser, Mikrophone. Links vorn das Pult des Vorsitzenden und Fernseh-Moderators Wangüemert mit Mikro und Schalttafel. Zwischen ihm und dem großen Tisch ein leerer Raum mit einem einzigen, freistehenden, gut sichtbaren Stuhl für die Gefangenen. Fernsehkameras links und rechts, im Zuschauerraum und in den Proszeniumslogen. Am Portal und auf der Hinterbühne bewaffnete Wachen in Milizuniform. Während das Publikum Platz nimmt, scheppernde Marschmusik über Lautsprecher: Marcha de la América Latina, Himno del 26 del Julio. Der Moderator tritt an sein Pult und setzt sich. An dem langen Mitteltisch lassen sich die Mitglieder des Panels nieder. Sie wirken keinesfalls wie Beamte oder Geschworene. Sie tragen offene Hemden oder Uniformblusen. Von links nach rechts: Ortega, der als einziger eine Jacke anhat; Franqui; Masseti; Valdés Vivó; Rafael Rodríguez; Jiménez; Soto. Atmosphäre eines politischen Meetings. Das Publikum ist unruhig und erregt.)

MODERATOR Guten Abend. Meine Damen und Herren, Genossen, liebe Hörer und Fernsehzuschauer: Ich begrüße den Präsidenten der Republik, die Botschafter des Auslandes und die Mitglieder der Regierung.

Genossen, ich möchte Ihnen den Zweck der heutigen Veranstaltung erklären. Sie wissen alle, daß die Invasionsarmee, die vor ein paar Tagen unser Land überfallen hat, vernichtend geschlagen worden ist, obwohl ihr der amerikanische Imperialismus alle möglichen militärischen Mittel zur Verfügung gestellt hat. Der Strand von Girón ist wieder ganz in cubanischer Hand. Die Kämpfe in den Mangrovensümpfen der Ciénaga, wo versprengte Söldnereinheiten noch Widerstand leisten, halten bis zur Stunde an. Sie wissen, daß das Rebellenheer und die revolutionären Milizen in den vergangenen Tagen zahlreiche Gefangene gemacht haben. Eine Gruppe von Journalisten wird heute vor Ihren Augen einige dieser Gefangenen befragen. Die revolutionäre Regierung bittet alle Anwesenden, vollkommenes Stillschweigen zu bewahren und alle Äußerungen des Beifalls oder des Abscheus zu unterlassen.

Das Publikum, das in diesem Saal versammelt ist, hat einstimmig versprochen, dieser Bitte Folge zu leisten. Mit diesem Versprechen rechnen wir.

Die Veranstaltung beginnt mit der Befragung des ersten Gefangenen.

(Der Gefangene wird von zwei Wachen vorgeführt. Er trägt, wie alle, die im Lauf des Verhörs auftreten, eine Tarnuniform, wie sie in Europa bei den Fallschirmjägern üblich ist. Keine Rangabzeichen. Auf dem linken Oberarm ein aufgenähtes Wappenschild mit den cubanischen Farben, darüber ein silbernes Kreuz.)

Erstes Verhör. Der Retter der Freien Wahlen

(Carlos Manuel de Varona Segura-Bustamante)

MODERATOR Ihr Name, bitte?

GEFANGENER Carlos de Varona.

MODERATOR Welcher Einheit haben Sie angehört?

VARONA Ich war Fallschirmjäger.

MODERATOR Genosse Ortega, bitte.

ORTEGA Sagen Sie mir bitte, sind Sie mit dem früheren Premierminister von Cuba, Herrn Antonio de Varona, verwandt?

VARONA Ich bin sein Sohn.

ORTEGA Wir würden gerne von Ihnen hören, was Sie von diesem ganzen Abenteuer halten.

VARONA Vielleicht können Sie Ihre Frage etwas präzisieren? Das ist nämlich eine sehr weitläufige Sache.

ORTEGA Was sagen Sie zu dem Ausgang der Invasion in den Sümpfen von Zapata?

VARONA Nun, dieser Ausgang ist ganz klar. Wir sind geschlagen worden. Und zwar sind wir geschlagen worden, weil wir uns übertriebene Hoffnungen gemacht haben. Wir dachten nämlich, im Volk und mithin auch in der Miliz und in einem Teil des Rebellenheers herrsche große Unzufriedenheit. Aus diesem Grunde haben wir mit 1 500 Mann diese Operation unternommen, und zwar zu keinem anderen Zweck, als das cubanische Volk zu befreien. Aber die Erfahrung hat uns bewiesen, daß wir von falschen Voraussetzungen ausgegangen sind.

ORTEGA Es stimmt also nicht, daß das Volk gegen das Regime ist?

VARONA Die Miliz jedenfalls ist zuverlässig. Ich habe den Eindruck, daß sie auf seiten der Regierung steht. Aus diesem Grund mußte unser Unternehmen scheitern. Denn wenn mir jemand sagt: unternehmen wir eine Invasion mit 1 500 Mann, – dann lasse ich mich darauf nicht ein, es sei denn, ich setzte meine Hoffnung auf die innere Opposition.

ORTEGA Welche Gründe haben Sie dazu bewogen, nach Cuba zu kommen?

VARONA Diese Gründe waren erstens: die Propaganda, die im Ausland gemacht wird; zweitens: die willkürlichen Sozialisierungen, zu denen es hier gekommen sein soll; die Mißachtung des Individuums, denn wir wußten, daß es hier jedem an den Kragen geht, der sich rührt; und schließlich die Tatsache, daß hohe Funktionäre der Regierung und Persönlichkeiten des Regimes im Ausland Asyl gesucht haben. Dieser letzte Umstand bestätigt in meinen Augen, daß die Propaganda, der wir ausgesetzt waren, auf Wahrheit beruhte.

ORTEGA Und wie sind Sie hier behandelt worden?

VARONA Wir sind hier als Gefangene sehr gut behandelt worden.

ORTEGA Und mit welchem Programm sind Sie nach Cuba gekommen?

VARONA Unser Programm für den Fall eines Sieges? Nun, wir hatten vor, eine verfassungsmäßige Regierung zu bilden, die innerhalb von 18 Monaten durch freie Wahlen bestätigt werden sollte.

ORTEGA Und was hatten Sie mit dem Landbesitz vor, der durch die Agrarreform aufgeteilt worden ist?

VARONA Zunächst muß gesagt werden, daß die Agrarreform für Cuba eine unabdingbare Notwendigkeit ist. Sie hätte deshalb auf jeden Fall weitergeführt werden müssen. Wir waren allerdings der Meinung, daß sie ziemlich übereilt zustande gekommen ist und deshalb ...

ORTEGA Und worin bestand diese Übereilung?

VARONA Nun, es scheint mir, daß dabei ziemlich planlos und ohne ausreichende Kontrollen vorgegangen worden ist.

ORTEGA Hatten Sie daran gedacht, den früheren Grundbesitzern ihre Ländereien zurückzugeben?

VARONA Den rechtmäßigen Besitzern ja, den unrechtmäßigen Besitzern nein. Und natürlich hätten wir auch eine gewisse Begrenzung nach oben hin eingeführt.

ORTEGA Was verstehen Sie unter rechtmäßigem und unrechtmäßigem Besitz?

VARONA Also denen, die sich ihren Landbesitz zusammenge-
stohlen haben, muß man natürlich das Land abnehmen.

ORTEGA Sie wissen, wie die Großgrundbesitzer in Cuba beim
Landerwerb vorgegangen sind?

VARONA Viel weiß ich darüber nicht, denn ich habe das Problem in dieser Beziehung nicht eingehend studiert.

ORTEGA Und wie wollten Sie entscheiden, welche Ländereien
rechtmäßig und welche unrechtmäßig erworben worden waren? Wo liegt da die Grenze?

VARONA Wir hatten vor, diese Frage zu prüfen. Das hätte eingehend untersucht werden müssen.

ORTEGA Und was wollten Sie mit den Elektrizitäts- und Telefongesellschaften sowie mit den Zuckerwerken anfangen? Sie
an die Amerikaner zurückgeben?

VARONA Hören Sie, das sind wirtschaftliche Fragen, für die
ich mich eigentlich nicht zuständig fühle. Ich möchte Ihnen hier
keine falschen Auskünfte geben. Wir dachten jedenfalls an eine
gerechte Lösung. Es ging nicht an, den Amerikanern einfach
alles zurückzugeben.

ORTEGA Sie halten also die Nationalisierung der Elektrizitäts-
und Telefongesellschaften sowie der Zuckerwerke für richtig?

VARONA Ich glaube, richtig ist, was für Cuba am besten ist.

ORTEGA Und war diese Maßnahme, die Nationalisierung, für
Cuba gut oder nicht?

VARONA Ob sie für Cuba gut war oder nicht, das kann ich
Ihnen nicht sagen. Ich weiß es nicht. Wenn sich herausstellen
sollte, daß es gut für Cuba war, bin ich damit einverstanden.

ORTEGA Aber hören Sie, Sie sind immerhin mit der Waffe in
der Hand hierhergekommen ...

VARONA Allerdings. Dafür bin ich schließlich Soldat.

ORTEGA Sie sind mit Waffengewalt hierhergekommen. Man
sollte annehmen, daß Sie zumindest klare Vorstellungen darüber hätten, was Sie anfangen wollten, wenn ...

VARONA Ich habe durchaus klare Vorstellungen darüber. Und
vor allem vertraue ich denjenigen Leuten, die im Fall unseres

Sieges die entsprechenden Maßnahmen getroffen hätten. Denn ich bin Soldat, ich habe studiert, habe das Abitur gemacht. Natürlich waren andere Leute dabei, die nichts sind, die niemals in die Schule haben gehen können und die nichts wissen. Aber trotzdem ...

ORTEGA Sie sprechen von Vertrauen. Können Sie mir ein Beispiel nennen? Wem haben Sie vertraut?

VARONA Den Leuten, die nach unserem Sieg an die Regierung gekommen wären.

ORTEGA Und was hätten Sie von diesen Leuten erwartet?

VARONA Daß sie die Pläne durchführen, die sie vorbereitet hatten.

ORTEGA Was für Pläne waren das?

VARONA Das habe ich Ihnen doch bereits gesagt: eine verfassungsmäßige Regierung bilden ...

ORTEGA Sie sprechen immer von einer verfassungsmäßigen Regierung. Aber wer hat eigentlich die provisorische Regierung gewählt, die in den Vereinigten Staaten sitzt?

VARONA Ach, *diese* Regierung! Nein, diese Regierung ist natürlich von niemand gewählt worden. Aber was wollen Sie mit diesem Einwand beweisen?

ORTEGA Wenn Sie von einer verfassungsmäßigen Regierung sprechen, meinen Sie offenbar die von Miró Cardona.

VARONA Nein. Die Regierung sollte von uns gebildet werden.

ORTEGA Und was sollte diese vorläufige Regierung tun?

VARONA Freie Wahlen sollte sie ausschreiben.

ORTEGA Und weiter nichts?

VARONA Doch, natürlich. Im Verlauf dieser achtzehn Monate hätte diese Regierung ihre Pläne ausarbeiten müssen. Genau so, wie das Ihre Revolution getan hat. Der einzige Unterschied ist, nach meiner bescheidenen Auffassung ... Sagen wir mal, ich bin mit vielem nicht einverstanden, was Sie gemacht haben. Und wenn ich auch der Meinung bin, daß eine Agrarreform dringend nötig war, so hätte man doch mehr Rücksicht auf den nordamerikanischen Besitz hier im Lande nehmen müssen. Denn es ist nun einmal eine Tatsache, daß hier Dinge geschehen sind, die einfach nicht rechtmäßig waren.

ORTEGA Und das Programm der Demokratischen Front, der Sie angehörten, sah dieses Programm die Rückgabe des amerikanischen Besitzes vor oder nicht?

VARONA Sehen Sie, ich vertraute der Demokratischen Front und dem Revolutionsrat unbedingt. Wenn sie der Meinung waren, dann war das sicherlich das Richtige. Schon weil dieser Weg der einzig rechtmäßige war.

ORTEGA Ist es gerecht oder ungerecht, daß die Amerikaner in Cuba über die Elektrizität, das Telefon, die Zuckermühlen und die Bergwerke allein verfügt haben?

VARONA Ich sage Ihnen doch, es dreht sich darum, was für Cuba das beste ist. Das kann ich nicht entscheiden. Das müssen *die* Leute entscheiden, die über die wirtschaftliche Seite der Sache Bescheid wissen.

ORTEGA Das heißt also, Sie wußten selber nicht genau, wofür zu kämpfen Sie hierhergekommen sind?

VARONA Doch, natürlich weiß ich das.

ORTEGA Und warum?

VARONA Das habe ich Ihnen doch bereits gesagt. Mein Ziel war eine verfassungsmäßig gewählte Regierung.

ORTEGA Und das war alles?

VARONA Außerdem glaubte ich, daß das Volk mit dem ganzen Regime hier nicht einverstanden sei. Wenn allerdings das cubanische Volk dieses Regime akzeptiert ... Ich jedenfalls glaube, daß hier große Fehler gemacht worden sind. Andere Sachen mögen richtig gewesen sein. Aber meinetwegen, wenn die Sache dem Volk zugut gekommen ist, schön und gut. Dagegen habe ich nichts.

ORTEGA Hat es in Cuba jemals zuvor eine Regierung gegeben, die den Arbeitern und Bauern Waffen ausgehändigt und Arbeiter- und Bauernmilizen aufgestellt hätte?

VARONA Nein.

ORTEGA Glauben Sie nicht auch, daß es keinen besseren Beweis dafür gibt, daß das Land demokratisch regiert wird?

VARONA In meinen Augen ist der beste Beweis dafür, daß Demokratie herrscht, die Existenz freier Wahlen.

ORTEGA Hat es in Cuba je zuvor eine Regierung gegeben, die einen Feldzug gegen das Analphabetentum unternommen hätte, so wie er heute in Cuba geführt wird, um 1,5 Millionen Analphabeten das Lesen und Schreiben beizubringen?

VARONA Ich glaube nicht.

ORTEGA Hat es je zuvor in Cuba eine Regierung gegeben, die 50 000 landlosen Bauern Rechtstitel auf ihr Stück Land eingeräumt und den ungenutzten Boden unter mehr als 200 000 Landarbeitern aufgeteilt hätte?

VARONA Wahrscheinlich nicht.

ORTEGA Und mit diesen Maßnahmen sind Sie einverstanden?

VARONA Selbstverständlich. Wie gesagt, vieles von dem, was hier geschehen ist, finde ich durchaus richtig. Doch gibt es andere Dinge, mit denen ich mich nicht abfinden kann.

ORTEGA Und was sind das für Dinge, mit denen Sie sich nicht abfinden können?

VARONA Zum Beispiel, daß die revolutionäre Regierung keine Wahlen durchgeführt hat. Wenn das ganze Volk auf Ihrer Seite ist, warum schreiben Sie dann keine Wahlen aus? Sie hätten diese Wahlen gewonnen, daran zweifle ich nicht. Wenn Sie diese Frage zufriedenstellend gelöst hätten, dann wäre ein Cubaner mehr auf Ihrer Seite gewesen. Denn was mich betrifft, mit allem anderen hätte ich mich abgefunden. Wenn ich von mir selbst spreche, dann nur beispielsweise. Die Sache betrifft natürlich jeden anderen genauso. Das wäre in meinen Augen wenigstens ein Schritt auf die Demokratie hin gewesen. So sehe ich die Sache.

ORTEGA Hat Batista Wahlen ausgeschrieben?

VARONA Batista hat Wahlen ausgeschrieben, aber Wahlen auf einen Staatsstreich hin sind keine freien Wahlen. Das war Betrug.

ORTEGA Und die früheren Wahlen in Cuba, sind Sie der Ansicht, daß diese Wahlen repräsentativ waren? Sie sind in Guatemala ausgebildet worden. Ydígoras hat dort Wahlen abgehalten. Sind Sie der Meinung, daß sich in diesen Wahlen der Wille des Volkes von Guatemala ausgedrückt hat?

VARONA Vermutlich nicht. Es waren Wahlen, die nichts taugten. Es gibt Wahlen, die etwas taugen, es gibt eine Agrarreform, die etwas taugt. Es gibt andere Wahlen, die taugen nichts.

ORTEGA Sie wissen doch, daß auch Trujillo Wahlen ausgeschrieben hat?

VARONA Aber die Wahlen Trujillos taugten nichts.

ORTEGA Sie wissen, daß auch Somoza in Nicaragua Wahlen abgehalten hat?

VARONA Na und? Was wollen Sie damit sagen? Ich bin nicht nach Cuba gekommen, um hier Wahlen wie die von Trujillo oder die von Somoza abzuhalten.

MODERATOR Genosse Rafael Rodríguez, bitte.

RAFAEL RODRÍGUEZ Herr Varona . . .

VARONA Bitte.

RAFAEL RODRÍGUEZ Sprechen wir ein wenig über die Demokratie, einverstanden?

VARONA Mit Vergnügen.

RAFAEL RODRÍGUEZ Wahlen sind für Sie also die Probe auf die Demokratie.

VARONA Richtig.

RAFAEL RODRÍGUEZ Glauben Sie, daß die Demokratie, an der Ihr Vater und an der die anderen Führer der Demokratischen Front teil hatten, eine Demokratie war, die im Volk verwurzelt war? Ich will nicht persönlich werden; wenn ich von Ihrem Vater spreche, meine ich damit genauso alle anderen führenden Politiker seiner Zeit. War das die Demokratie, die Sie nach Cuba bringen wollten?

VARONA Nein, das war keine wirkliche Demokratie.

RAFAEL RODRÍGUEZ Das war keine wirkliche Demokratie? Die

Demokratie, in der Ihr Vater Premierminister war, ist keine Demokratie gewesen?

VARONA Nein, nein ... Oder meinen Sie vor 1952? Vor Batista ja. Das war Demokratie.

RAFAEL RODRÍGUEZ Das war Demokratie? Wissen Sie, wie es bei den Wahlen zugegangen ist? Sie haben doch eine Oberschule besucht ...

VARONA Ja.

RAFAEL RODRÍGUEZ Sie müssen also wissen, wie es bei den Wahlen zugegangen ist. Glauben Sie, die Bauern, die Sie in den Sümpfen von Zapata gesehen haben, hätten in jenen Wahlen ihren politischen Willen ausdrücken können?

VARONA Und warum nicht?

RAFAEL RODRÍGUEZ Warum nicht? Wissen Sie denn nicht, daß die Landbesitzer die Bauern daran gehindert haben, zur Wahl zu gehen? Das wußten Sie nicht?

VARONA Davon wußte ich nichts.

RAFAEL RODRÍGUEZ Davon wußten Sie nichts. Sie haben nie Gelegenheit gehabt, sich über diese Art von Demokratie zu informieren?

VARONA Ich war damals vielleicht 11 oder 12 Jahre alt.

RAFAEL RODRÍGUEZ Als Napoleon die Schlacht von Waterloo verloren hat, war ich auch noch nicht geboren. Dennoch weiß ich darüber Bescheid. Information ist keine Frage des Jahrgangs.

VARONA Ich jedenfalls habe nichts davon gewußt.

RAFAEL RODRÍGUEZ Sie haben nie etwas vom Stimmenkauf gehört? Davon wissen Sie nichts, das hat Ihnen niemand gesagt? Ihr Vater hat Ihnen diese Dinge nicht erklärt? Er hat Ihnen nie etwas vom Stimmenfang gesagt?

VARONA Doch, natürlich gab es einzelne Leute, die derartige Mißgriffe begangen haben.

RAFAEL RODRÍGUEZ Einzelne Leute? Sie wissen nicht, daß der ganze Kongreß auf der Basis des Stimmenkaufs gewählt worden ist? Das wußten Sie nicht?

VARONA Nein.

RAFAEL RODRÍGUEZ Ihr Vater hat Sie nicht über die Manipulation der Wähler belehrt, er hat Ihnen nicht verraten, wie es in der cubanischen Politik zuging?

VARONA Dazu hatte er keinerlei Grund.

RAFAEL RODRÍGUEZ Dazu hatte er keinerlei Grund? Dann wissen Sie wohl auch nicht, wie dieser Kongreß sich zusammensetzte? Können Sie mir einen einzigen Abgeordneten nennen, der aus der Arbeiterklasse und aus dem Bauerntum hervorgegangen ist, abgesehen von den Abgeordneten der Kommunistischen Partei? Können Sie mir irgendeinen Vertreter des Proletariats nennen, der es in der Partei Ihres Vaters und in den anderen Parteien zu einem hohen Amt gebracht hätte?

VARONA Aber ausgeschlossen war so etwas nicht.

RAFAEL RODRÍGUEZ Nicht ausgeschlossen? Gut, und wie viele solcher Leute gab es in den Parteispitzen?

VARONA Diese Frage kann ich nicht beantworten. Das habe ich nicht untersucht.

RAFAEL RODRÍGUEZ Das halten Sie also für Demokratie? Ein Wahlsystem, das auf Stimmenkauf, auf den Säbelhieben der Militärs und auf der Korruption des politischen Bewußtseins beruht?

VARONA Wenn es aber so war ... Wenn aber doch das Volk selber diese Regierung gewählt hat, was soll daran undemokratisch gewesen sein?

RAFAEL RODRÍGUEZ Aber das Volk konnte diese Regierungen doch gar nicht wählen. Das ist es ja gerade, was ich Ihnen sage. Das Volk hatte dabei überhaupt nichts mitzureden. Das Volk war von diesem Prozeß völlig ausgeschlossen. Dagegen halten Sie es wohl für weniger demokratisch, wenn sich auf dem Platz der Revolution in Habana eine Million Cubaner versammelt? Glauben Sie, daß diese Demokratie weniger repräsentativ ist als jene andere?

VARONA Nun gut, wenn Sie jederzeit eine Million Cubaner auf die Beine bringen können, warum schreiben Sie dann keine

Wahlen aus? Warum verschaffen Sie sich dann nicht ein Prestige, wie es keiner früheren cubanischen Regierung gegeben war?

RAFAEL RODRÍGUEZ Am 13. März 1959 hat sich eine riesige Menschenmenge vor dem Präsidentenpalais versammelt und vor den Augen aller Welt von Fidel Castro zu dessen eigener Überraschung verlangt, dieses ganze System der parlamentarischen Wahlen zu streichen, um in diesem Land ein für allemal mit der Herrschaft der Wahlunterschlagung, des Wahlschwindels und der Wahlkorruption Schluß zu machen. Statt dessen verlangte das Volk den Fortgang der Revolution, die wir hier gemacht haben, einer Revolution, hinter der – wie Sie selbst am eigenen Leib erfahren haben – Hunderttausende von Milizsoldaten stehen. Haben Sie diese Hunderttausende von Milizsoldaten gesehen oder nicht?

VARONA Nun, Hunderttausende habe ich nicht gesehen. Ich habe ein paar hier und ein paar dort gesehen, und weiter nichts.

RAFAEL RODRÍGUEZ Sie haben wenigstens Tausende von Milizsoldaten gesehen. Glauben Sie vielleicht, daß diese Tausende von Milizsoldaten Wahlagenten sind, oder kommen sie aus dem Volk?

VARONA Sicherlich kommen sie aus dem Volk.

RAFAEL RODRÍGUEZ Und die zahllosen Cubaner, die sich auf dem Platz der Revolution am 26. Juli und am 1. Mai versammeln, haben Sie die nicht gesehen? Sind Ihnen die Fotografien nicht zu Gesicht gekommen?

VARONA Doch, ich habe sie gesehen.

RAFAEL RODRÍGUEZ Oder glauben Sie vielleicht, daß es sich dabei um Chinesen handelt, die wir extra zu diesem Zweck importiert haben?

VARONA Nein, das sind Cubaner.

RAFAEL RODRÍGUEZ Das ist der aktivste und energischste Teil unseres Volkes, und er repräsentiert den politischen Willen des Volkes. Oder glauben sie das nicht?

VARONA Eine Million?

RAFAEL RODRÍGUEZ Ja.

VARONA Und was ist mit den anderen fünf Millionen?

RAFAEL RODRÍGUEZ Die anderen fünf Millionen? Sie wissen vielleicht nicht, daß sich zur gleichen Zeit in Santiago de Cuba, in Santa Clara, in Camagüey und in allen Teilen des Landes eine weitere Million Cubaner versammelt hat. Wieviel Kinder und alte Leute es in Cuba gibt, können Sie sich wohl an den Fingern abzählen.

VARONA Das ist richtig. Ich habe die Fotografien gesehen. Nun sagen Sie mir, daß es eine Million war. Gut, aber warum sollte ich Ihnen das eigentlich abnehmen? Wohlgemerkt, ich behaupte nicht, daß Sie bewußt die Unwahrheit sagen, aber wie komme ich eigentlich dazu, Ihnen zu vertrauen, wenn Sie mir sagen, es sei eine Million gewesen? Können Sie das beweisen?

RAFAEL RODRÍGUEZ Glauben Sie vielleicht, daß die Fotografien gefälscht sind?

VARONA Das glaube ich nicht. Aber wer sagt mir, daß es wirklich eine Million war?

RAFAEL RODRÍGUEZ Und die Filme, die dort gedreht worden sind? Kennen Sie diese Filme?

VARONA Jawohl.

RAFAEL RODRÍGUEZ Sie haben also die großen Massen auf dem Platz gesehen, und Sie haben gesehen, wie diese Massen ihre Zustimmung kundtaten?

VARONA Jawohl, das habe ich gesehen.

RAFAEL RODRÍGUEZ Und Sie haben außerdem gesehen, daß dieses Volk bewaffnet ist?

VARONA Auch das habe ich gesehen.

RAFAEL RODRÍGUEZ Und was glauben Sie, was diese Waffen beweisen? Beweisen sie, daß das Volk für, oder daß es gegen die Regierung ist?

VARONA Nein, wie ich Ihnen bereits sagte, d. h. wie ich Herrn Ortega sagte: Das Volk unterstützt die Miliz und die Miliz unterstützt die Regierung.

75

RAFAEL RODRÍGUEZ Mit anderen Worten, Sie haben sich selbst davon überzeugen können, daß in diesem Land eine Regierung des Volkes durch das Volk und für das Volk existiert, Wahlen hin, Wahlen her.

VARONA Ich bin der Ansicht, daß sich die Regierung durch das Volk und für das Volk durch freie Wahlen konstituieren muß.

RAFAEL RODRÍGUEZ Das ist für Sie der einzige Beweis, und zwar auch dann, wenn das Wahlergebnis auf Manipulation und Stimmenkauf beruht?

VARONA Das sind natürlich unzulässige Verfahren, aber Sie hätten ja Wahlen veranstalten können, bei denen so etwas nicht vorkommt.

RAFAEL RODRÍGUEZ Und wenn dieses Volk keine Wahlen haben will, wenn es nichts anderes haben will als die Revolution, die hier in diesem Land stattfindet?

VARONA Ich jedenfalls glaube, daß das Volk Wahlen haben will, wenn Sie ihm Wahlen zubilligen. Hat nicht Herr Fidel Castro selbst zu Beginn der Revolution freie Wahlen innerhalb von 18 Monaten zugesagt und versprochen? Und warum hat er sie nicht abgehalten?

RAFAEL RODRÍGUEZ Er hat sie nicht abgehalten, weil das Volk sie nicht wünscht. Das ist es, was Sie offenbar nicht begreifen wollen.

VARONA Ah, das Volk wünscht keine Wahlen? Allerdings, das verstehe ich nicht.

RAFAEL RODRÍGUEZ Sagen Sie mir, glauben Sie immer noch an die Propaganda der Demokratischen Front?

VARONA Nein, was mich betrifft, ich glaube an keinerlei Propaganda. Ich verlasse mich auf niemanden. Ich verlasse mich einzig und allein auf die Nachrichten. Ich lasse mich weder von Ihrer noch von der Propaganda der Front beeinflussen.

RAFAEL RODRÍGUEZ Und nach welchen Nachrichten richten Sie sich?

VARONA Nach den Nachrichten, die mir zur Verfügung stehen, nicht nach der Propaganda dieser oder jener Seite.

RAFAEL RODRÍGUEZ Aber woher stammen diese Nachrichten, aus welcher Quelle? Von den internationalen Presseagenturen?

VARONA Ja, von der UPI.

RAFAEL RODRÍGUEZ Und von der AP. Und Sie glauben das, was diese Nachrichtenagenturen Ihnen sagen?

VARONA Ja. Ich glaube, diese Nachrichten haben einen gewissen Wahrheitsgehalt.

RAFAEL RODRÍGUEZ Kennen Sie die Meldungen, die von AP und UPI herausgegeben worden sind, während Sie in Gefangenschaft geraten sind? Hat man Sie davon unterrichtet oder nicht?

VARONA Nein.

RAFAEL RODRÍGUEZ Sie sind nicht unterrichtet worden? Es wurde gemeldet, daß der Comandante Fidel Castro in die mexikanische Botschaft in Habana geflüchtet sei. Trifft das zu oder nicht?

VARONA Das trifft nicht zu.

RAFAEL RODRÍGUEZ Ferner wurde gemeldet, daß der Comandante Guevara Selbstmord begangen habe. Wissen Sie, ob das stimmt oder nicht?

VARONA Das stimmt nicht, er hat nicht Selbstmord begangen.

RAFAEL RODRÍGUEZ Es wurde gemeldet, daß das Hotel Hilton durch einen Sabotageakt vollständig zerstört worden sei. Haben Sie Gelegenheit gehabt, das »Habana Libre« zu sehen?

VARONA Viel habe ich nicht davon gesehen.

RAFAEL RODRÍGUEZ Aber Sie wissen, daß das Hotel steht?

VARONA Ja, das weiß ich.

RAFAEL RODRÍGUEZ Und trotzdem verlassen Sie sich auf das, was die Nachrichtenagenturen Ihnen weismachen, und dabei behaupten Sie, Sie ließen sich durch keinerlei Propaganda beeinflussen?

VARONA Es geht nicht darum, ob ich etwas glaube oder nicht

glaube ... So wie Sie es hinstellen, kann man das nicht sagen ...

RAFAEL RODRÍGUEZ So wie ich es hinstelle?

VARONA Hören Sie, so kommen wir nicht weiter. Sie werden mich nicht überzeugen, und ich werde Sie nicht überzeugen.

RAFAEL RODRÍGUEZ Natürlich nicht. Es geht mir auch nicht darum, Sie zu überzeugen, sondern Ihre Beweggründe kennenzulernen.

VARONA Vielleicht wäre es besser, wir ließen es dabei bewenden.

RAFAEL RODRÍGUEZ Gut, lassen wir es dabei bewenden. Selbstverständlich habe ich nicht die Absicht, Sie zu überzeugen. Ich möchte nur, daß das Volk sieht, wie Sie denken, warum Sie hierhergekommen sind und warum man Sie hierhergeschickt hat. Darum und um nichts anderes geht es hier.

Erlauben Sie mir eine letzte Frage: Sie haben gesagt, daß Sie unter dem Eindruck einer Täuschung hierhergekommen sind, weil Sie glaubten, daß die revolutionären Milizen und das Rebellenheer sich mit Ihnen vereinigen würden. Ist das richtig?

VARONA Nein, es ist nicht so, daß ich getäuscht worden wäre. Ich glaubte lediglich, daß die Miliz zu uns überlaufen würde, und zwar nicht, weil mir irgend jemand das weisgemacht hätte, sondern weil ich, nach allem was ich wußte, diesen Eindruck hatte.

RAFAEL RODRÍGUEZ Sie sind also auf eigene Faust zu diesem Schluß gekommen?

VARONA Ja.

RAFAEL RODRÍGUEZ Sie sind also gekommen, um der Miliz Gelegenheit zu geben, zu Ihnen überzulaufen. Das war das Ziel Ihrer Expedition?

VARONA Richtig.

RAFAEL RODRÍGUEZ Und welche Stärke hatte die bewaffnete Miliz in diesem Land, was glauben Sie? Das konnten Sie schließlich selbst aus den Kabeln der UPI und der AP entnehmen.

VARONA Fünfhunderttausend oder ungefähr eine Million, die Angaben weichen voneinander ab.

RAFAEL RODRÍGUEZ Und Sie glauben also, mein Herr, daß eine halbe Million Milizsoldaten, die gegen die Regierung gewesen wären, nur auf Sie gewartet haben, darauf, daß Sie mit Ihren 1500 Mann nach Cuba kommen, um dann kampflos auf Ihre Seite überzugehen? Was glauben Sie eigentlich, was Sie einer halben Million von Arbeitern und Bauern anzubieten hatten, als Sie hierherkamen? Wie haben Sie sich das gedacht?

VARONA Natürlich habe ich darüber nachgedacht, aber . . .

RAFAEL RODRÍGUEZ Scheint Ihnen das Ganze nun im Nachhinein nicht einigermaßen lächerlich?

VARONA Lächerlich? Das scheint mir durchaus nicht lächerlich.

RAFAEL RODRÍGUEZ Es kommt Ihnen nicht lächerlich vor, anzunehmen, daß eine halbe Million oder dreihunderttausend oder zweihunderttausend Arbeiter mit der Waffe in der Hand auf eine Gruppe von Befreiern warten, eine Gruppe, die aus grünen Jungens und aus Mördern wie Calviño besteht, um sich dieser Gruppe anzuschließen?

VARONA Ich wußte nur das eine, daß es hier fünfhunderttausend Milizsoldaten gab. Aber was bedeutet das? Es ist doch durchaus möglich, daß sie da waren, weil man es ihnen befohlen hatte, weil sie ihren Dienst als Milizsoldaten tun mußten und weil ihnen nichts anderes übrig blieb.

RAFAEL RODRÍGUEZ Sie glauben also, daß die Milizsoldaten deshalb . . .

VARONA Wir gingen davon aus, daß ein Milizsoldat nichts gegen die Regierung unternehmen konnte, ohne daß er sofort an die Wand gestellt oder gefoltert oder wenigstens eingesperrt werden würde. Unter diesen Umständen war auf eine Meuterei der Miliz nicht zu rechnen.

MODERATOR Vielleicht erlaubt mir der Gefangene, eine Zwischenfrage zu stellen? Haben Sie sich gegen die revolutionäre Regierung erhoben?

VARONA Ja.

MODERATOR Sie sind mit klaren Angriffsabsichten hierhergekommen?

VARONA Ja.

MODERATOR Hat man Sie an die Wand gestellt?

VARONA Nein, bis jetzt jedenfalls noch nicht.

RAFAEL RODRÍGUEZ Nur einen Satz zum Abschluß: Es scheint
Ihnen also nach wie vor sinnvoll, anzunehmen, daß zwei- oder
dreihunderttausend bewaffnete Milizsoldaten hier standen
und auf eine lächerliche Gruppe von Abenteurern warteten
um einen Aufstand anzufangen? Sie halten das nach wie vor
für vernünftig, mein Herr?

VARONA Ja.

RAFAEL RODRÍGUEZ Zu einer solchen Argumentation kann ich
Sie nur beglückwünschen.

MODERATOR Genosse Valdés Vivó.

VALDÉS VIVÓ Was halten Sie davon, wenn sich jemand an die
Regierung der Vereinigten Staaten wendet und um eine direkte
Intervention der amerikanischen Marineinfanterie in Cuba
ersucht?

VARONA Was ich davon halte? Von wem?

VALDÉS VIVÓ Was Sie von Leuten halten, die Kennedy bitten,
mit den Marines in Cuba einzugreifen.

VARONA Das ist eine politische Frage, die nur auf höchster
Ebene behandelt werden kann.

VALDÉS VIVÓ Politik auf höchster Ebene nennen Sie das, wenn
jemand um eine Intervention der Vereinigten Staaten mit
Panzern, Flugzeugen und Zerstörern bittet?

VARONA In den Vereinigten Staaten weiß man ganz genau,
daß Rußland Cuba militärische Hilfe leistet. Warum soll also
eine Gruppe von Cubanern, die glauben, daß ihr Land vor
einem schwierigen Problem steht, nicht ihrerseits um amerikanische Hilfe bitten?

VALDÉS VIVÓ Ich glaube, das ist ein entscheidender Punkt. Sie
hatten vor, hier zu landen, einen Brückenkopf in den Zapata-

Sümpfen zu bilden und eine Regierung einzusetzen, deren Zusammensetzung im State Departement zu Washington beschlossen worden ist. So sah sie aus, Ihre repräsentative Demokratie. Und auf diese Weise wollten Sie eine militärische Intervention der Vereinigten Staaten in unserem Land politisch decken. Ich glaube, Sie haben nie mit einer Erhebung des cubanischen Volkes gerechnet. Womit sie gerechnet haben, das war die amerikanische Intervention. Den Beweis dafür hat Herr Antonio de Varona erbracht, als er ganz schamlos und unverhüllt das direkte Eingreifen der Vereinigten Staaten mit Marinetruppen in unserem Land verlangt hat. So sieht sie aus, Ihre repräsentative Demokratie. Sie wollten ganz einfach die Marines abstimmen lassen. Auf die Marines, dachten Sie, ist immer Verlaß. Die stimmen richtig.

MODERATOR Sie haben das Abitur gemacht, Herr Varona, nicht wahr?

VARONA Ja.

MODERATOR Erinnern Sie sich an den staatsbürgerlichen Unterricht?

VARONA Ja.

MODERATOR Dann wissen Sie auch, wie man die Handlungsweise nennt, von der der Genosse Valdés eben gesprochen hat. Das ist Hochverrat.

Sie können abtreten.

Zweites Verhör. Der müde Held

(Manuel Pérez García)

MODERATOR Wie heißen Sie bitte?

GEFANGENER Manuel Pérez García.

MODERATOR Welcher Einheit gehören Sie an?

PERÉZ GARCÍA Den Fallschirmjägern.

MODERATOR Sind Sie aus freiem Willen hier erschienen, um die Fragen der Journalisten zu beantworten, oder hat man Sie dazu gezwungen?

PÉREZ GARCÍA Nein, nein, ich komme freiwillig.

MODERATOR Genosse Soto, bitte.

SOTO Wie kommt es, daß Sie dem Fallschirmjägerkorps zugeteilt worden sind? Wer hat Sie zum Fallschirmjäger bestimmt? Wie ist die Auswahl getroffen worden?

PÉREZ GARCÍA Ich bin der Fallschirmjägereinheit als Fahrzeugmechaniker zugewiesen worden. In den Einheiten herrschte ein ständiger Wechsel. Es hat allerlei Unglücksfälle gegeben beim Umgang mit den Schußwaffen. Es gab auch einige Verletzte. Einige Soldaten haben sich sogar selbst verstümmelt. Das führte dann dazu, daß die Einheiten immer neu aufgefüllt werden mußten. Und so wurde ich zu den Fallschirmjägern versetzt.

SOTO Wie lange dauerte Ihre Ausbildung?

PÉREZ GARCÍA Ich habe keinerlei militärische Ausbildung erfahren.

SOTO Man hat Sie also einfach hier mit dem Fallschirm abgesetzt? Der Sprung auf cubanisches Terrain war Ihr erster Sprung?

PÉREZ GARCÍA Ja, ich bin zum ersten Mal gesprungen.

SOTO Sie haben keinerlei Ausbildung hinter sich?

PÉREZ GARCÍA Ich kann Ihnen nur sagen: meine einzige Beschäftigung im Lager war, die Lastwagen zu reparieren, die Fahrzeuge der Einheit.

SOTO Aber schließlich hat man Sie nicht aus einem Lastauto springen lassen, sondern aus einem Flugzeug.

PÉREZ GARCÍA Ihre Frage war doch die, ob ich irgendeine Fall-
schirmausbildung oder ein anderes militärisches Training erfahren habe; das war doch Ihre Frage.

SOTO Ja, ja, doch.

PÉREZ GARCÍA Also, eine solche Ausbildung habe ich nicht erfahren.

SOTO Dann haben Sie wohl militärische Erfahrung von früher
her?

PÉREZ GARCÍA Das stimmt. Ich habe vier Jahre lang gegen die
Japaner gekämpft, von 1941 bis 1945.

SOTO Und wie sind Sie dazu gekommen, sich für diese Invasion freiwillig zu melden?

PÉREZ GARCÍA Das ist eine lange Geschichte. Wenn es Ihnen
nicht zu dumm wird, kann ich es Ihnen gern erzählen.

SOTO Bitte, erzählen Sie.

PÉREZ GARCÍA 1945, nach dem Ende des Krieges, kam ich nach
Cuba heim und fand hier meine Frau sehr schwer krank. An
dieser Krankheit ist sie gestorben. Ich habe sie in Habana be-
erdigt. Sie hinterließ mir vier Kinder. Ich bin mit den Kindern
nach den USA gegangen und habe in New York als Mechani-
ker angefangen, um meine vier Söhne aufzuziehen und in die
Schule zu schicken. Im Jahr 1951 kam der Koreakrieg. Damals
haben sie meinen ältesten Sohn einberufen und ihn nach Korea
geschickt. Mein Sohn ist in Korea gefallen. Ich habe dann den
Leichnam nach Cuba überführen lassen. Das Begräbnis war
1952. Wir haben nämlich ein Familiengrab im Columbusfried-
hof, wo auch mein Vater, meine Frau, mein Sohn und meine
ganze Familie begraben ist. Dann bin ich mit meinen anderen
Söhnen wieder nach New York gegangen und habe wieder
angefangen zu arbeiten. Dann haben sie mir das Angebot gemacht, für die amerikanische Regierung zu arbeiten, und zwar
im Freihafen von Bahama. Das ist ein Hafen, der damals
gebaut worden ist. Ich sollte dort mit den schweren Bau-
maschinen arbeiten. Mir war es recht, denn die Arbeitsbedingungen waren gut. Gleichzeitig konnte ich mir dort ein wenig

Geld sparen und etwas dazuverdienen, mehr als in den Vereinigten Staaten selbst, weil mir nichts abgezogen wurde, denn die Arbeit im Ausland ist lohnsteuerfrei. Ich bin also hingegangen und habe dort gearbeitet, so wie in früheren Jahren schon einmal auf den Bermuda-Inseln. Und dort, in Bahama, las ich eines Tages in der Zeitung eine Anzeige, wo ein Flugzeugmechaniker für Guatemala gesucht wurde. Ich bin nämlich auch Flugzeugmechaniker. Da es mir in Bahama nicht mehr gefiel, sagte ich mir: warum nicht einige Monate dort unten arbeiten und ein paar Dollars verdienen; schließlich war auch diese Sache steuerfrei. So bin ich also hingegangen und habe mich gemeldet, ohne zu wissen, daß es sich um den Aufbau dieser Truppe gehandelt hat. Das stellte sich erst viel später heraus.

SOTO Sie sind also auf eine Zeitungsannonce hin nach Guatemala gegangen, und man hat Ihnen nicht einmal erklärt, was dahintersteckte?

PÉREZ GARCÍA Nein, nein, eingestellt haben sie mich in Miami.

SOTO Und wie war die Bezahlung?

PÉREZ GARCÍA In Miami hieß es, sie würden 300 Dollars pro Woche zahlen. Aber das war gelogen. Die Basis dort unten war militärisch bewacht, und es stellte sich heraus, daß es nicht so einfach war, da herauszukommen. Ich wandte mich an einige der amerikanischen Ausbilder, die dort waren und erklärte ihnen meine Situation. Ich erklärte ihnen, daß ich ein Kriegsveteran der Vereinigten Staaten bin, daß ich amerikanischer Staatsbürger bin. Ein Flotten-Veteran, wie man in Amerika sagt, mit einer Regierungspension, mit einer Pension der amerikanischen Regierung. Aber er hatte alles keinen Zweck. Es blieb mir also nur eines übrig, nämlich davonzulaufen. Ich war zwei- oder dreimal drauf und dran, es zu versuchen, aber die Sache war nicht so einfach, denn ich hatte keinen Pfennig Bargeld. Und soviel ich mir auch den Kopf zerbrach, wie und wohin und auf welche Weise ich hier herauskommen sollte: Ich fand keinen Dreh. Denn nach allem, was ich dort gesehen habe, hat die amerikanische Regierung die Lage vollständig in der Hand. Und ich fragte mich: wie komme ich hier heraus? Ein paar von uns haben sogar einen Ausbruchsversuch gemacht, aber sie sind geschnappt worden. Im Lager selbst wurde daraufhin eine Arrestzelle eingerichtet, und dort saßen sie dann im Bau.

soto Mit anderen Worten: auch Sie gehören zu denen, die man getäuscht und hereingelegt hat, sogar noch mehr als die anderen.

pérez garcía Nein, nein, nein! Glauben Sie bloß nicht, daß ich mich auf diese Weise herausreden will. Ich mache mir überhaupt nichts vor. Ich stehe hier als Kriegsgefangener. Ich bin also völlig in Ihrer Hand, und Sie können mich mit der ganzen Härte Ihrer Gesetze strafen. Es ist viel Blut hier vergossen worden in den letzten Tagen. Das habe ich erfahren, seitdem ich hier bin. Die Bombenangriffe und dieses Heer, das hierhergeschickt worden ist, haben viele Leute umgebracht. Die Amerikaner sind nicht mitgekommen. Sie wissen ganz genau, daß das ein Verbrechen ist. Das beste ist, Sie stellen mich an die Wand. Ein Verbrechen, sage ich, denn das alles ist gar nicht wahr; das stimmt überhaupt nicht, was sie uns gesagt haben. Ich habe es selbst gehört in dieser Basis in Guatemala. Dort hatten wir einen Sender, der hieß »Radio Swan«, und die sagten: in Cuba gibt es 10 000 Chinesen und ich weiß nicht wie viele Russen und weiß Gott wen sonst noch. Dem Volk ginge es miserabel, die Kinder hätten keine Milch, und Tag und Nacht würden Leute erschossen. Meine Brüder sind alle hiergeblieben, drei Brüder. Sie sind alle miteinander Kommunisten, und auch ich war in der Partei. César Escalante kennt mich, Aníbal Escalante kennt mich, Blas Roca kennt mich und Ordoqui kennt mich auch. Ich bin einer von denen, die im Hunger aufgewachsen sind. Ich habe mein halbes Gebiß, meine ganzen Backenzähne verloren, weil ich als Kind nichts zu essen hatte. Ich bin ins Ausland gegangen, weil ich Hunger hatte.

Und ich habe die jungen Leute gesehen am Strand von Girón; sie könnten meine Söhne, meine Enkel sein, und sie haben gekämpft gegen einen alten Mann, der am Ende ist. Aber wie ich den ersten besten gefragt habe: was ist hier los, und wie geht es euch in Cuba? und wie ich die Wahrheit erfahren habe, sagte ich mir: hier wird nicht geschossen. Mein ganzer Zug wird nicht einen einzigen Schuß abfeuern. Und der Mann ist hier, er heißt José García und ist aus Jagüey Grande. Mein Zug hat nicht einen einzigen Schuß abgegeben. Ihr könnt sie herholen und fragen. Den Milizsoldaten habe ich meine Pistole, mein Messer und meine Uhr ausgehändigt, und ich habe ihnen gesagt: auf mich können Sie sich verlassen, beim Andenken meines Sohnes, der in Korea gefallen ist. Sie haben mein Wort, auf mich können Sie sich verlassen. Also kurz und gut: Ich bestreite nicht, daß ich hereingelegt worden bin. Aber ich denke nicht daran, mich auf diesen Betrug herauszureden. Nein, meinetwegen stellen Sie mich an die Wand. Wenn das Volk hier mit Fidel Castro einig ist, gut, dann erschießt mich meinetwegen! Ich glaube, ich habe lange genug gelebt.

MODERATOR Genosse Carlos Rafael Rodríguez, bitte.

RAFAEL RODRÍGUEZ Gefangener, ich hatte nicht vor, an Ihrer Befragung teilzunehmen, und zwar schon deshalb nicht, weil ich Ihre Familie kenne und sie sehr hoch schätze; eine Familie, mit der Sie schon seit langer Zeit – politisch gesehen – nichts mehr gemein haben. Erlauben Sie mir aber, Sie folgendes zu fragen: Stimmt es, daß der amerikanische Kongreß Sie mit der »Congressional Medal of Honor« als Kriegsheld ausgezeichnet hat, weil Sie im Zweiten Weltkrieg 79 Japaner getötet haben?

PÉREZ GARCÍA Ich glaube, nicht deswegen. Nicht direkt. Der Orden war, weil ich einem General das Leben gerettet habe, weil ich ihn herausgehauen habe.

RAFAEL RODRÍGUEZ Sie meinen, es war mehr wegen des Generals als wegen der gefallenen Japaner? Immerhin haben Sie ja eine ganze Menge Japaner umgebracht. 79 sollen es gewesen sein.

PÉREZ GARCÍA Es waren 83.

RAFAEL RODRÍGUEZ 83? Also der Kongreß hat Ihnen daraufhin diese Medaille verliehen. Und was ist mit Ihnen dann passiert? Wie ging die Geschichte weiter? Nach allem, was Sie erzählt haben und was ich von Ihnen weiß, sind Sie auf dreifache Weise geehrt worden. Erstens hat man Ihren Sohn nach Korea geschickt. Als die Leiche Ihres Sohnes hierher überführt worden ist, haben Sie der Presse erklärt, es stand damals in der Zeitung *Hoy,* daß Sie der Meinung waren, Ihr Sohn sei in einen ungerechten Krieg geschickt worden. Erinnern Sie sich?

PÉREZ GARCÍA Ja.

RAFAEL RODRÍGUEZ Das war die erste Belohnung. Die Amerikaner haben Ihren Sohn in einen ungerechten Krieg geschickt. Sie haben ihn in den Tod geschickt. Er ist in einem Krieg gefallen, der zum Unterschied zum Zweiten Weltkrieg ein ungerechter Krieg war. Die zweite Belohnung bestand darin, daß Sie um Ihr tägliches Brot zu kämpfen hatten. Sie, ein nationaler Held, der einen General gerettet hatte, der die Kongreßmedaille trug, Sie waren gezwungen, sich Arbeit zu suchen, wo immer Sie Arbeit finden konnten. Und die dritte Belohnung bestand darin, daß man Sie betrogen hat, daß man Ihnen weismachte, Sie sollten Lastwagen reparieren und Sie statt dessen mit einem Fallschirm über Cuba abgesetzt hat. Auf diese Weise sind Sie schließlich dreimal beschwindelt und betrogen worden.

PÉREZ GARCÍA Wie ich Ihnen schon sagte: darauf will ich mich nicht herausreden.

RAFAEL RODRÍGUEZ Gut, Sie wollen, daß man Sie an die Wand stellt. Aber fest steht jedenfalls, daß man Ihnen nicht gesagt hat, wozu Sie angeworben worden sind.

PÉREZ GARCÍA Nein, nein. Aber sehen Sie, nach allem, was ich hier erfahren habe, was diese Großmacht Amerika angestellt hat mit ihren ganzen Raketen und ihrem ganzen Cap Canaveral... Diese Amerikaner, für die ich gearbeitet habe, sind mit ihren Maschinengewehren über diese Insel hergefallen.

Nachdem ich das weiß, bin ich mit allem einverstanden. Machen Sie mit mir, was Sie wollen.

MODERATOR Keine weiteren Fragen an den Gefangenen? Sie können gehen.

Drittes Verhör. Die Revolution der Aktionäre

*(Lincoln Babún Franco, Teófilo Babún Franco,
Santiago Babún Franco)*

(Es werden drei Gefangene auf einmal vorgeführt.)

MODERATOR Ihr Name bitte.

GEFANGENER Santiago Babún Franco.

MODERATOR Welcher Einheit gehörten Sie an?

BABÚN Dem 2. Bataillon.

MODERATOR Sind Sie bereit, die Fragen zu beantworten, die Ihnen hier von den Journalisten gestellt werden?

BABÚN Ja.

MODERATOR Hat irgend jemand Sie unter Druck gesetzt oder erscheinen Sie freiwillig hier?

BABÚN Freiwillig.

MODERATOR Genosse Ortega bitte.

ORTEGA Es würde mich interessieren, auch den Namen der anderen beiden zu erfahren.

MODERATOR Genosse Ortega, ich hatte eigentlich vor, die Gefangenen einzeln zu befragen. Aber wenn Sie es vorziehen, bitte sehr . . .
Wie heißen Sie bitte?

ZWEITER GEFANGENER Omar Babún Franco.

MODERATOR Einheit?

GEFANGENER 2. Bataillon.

MODERATOR Und wie heißen Sie?

DRITTER GEFANGENER Lincoln Babún.

MODERATOR Einheit?

BABÚN 2. Bataillon.

MODERATOR Genosse Ortega bitte.

ORTEGA Sie sind Brüder?

BABÚN Ja.

ORTEGA Ihre Familie stammt aus Santiago de Cuba?

BABÚN Ja.

ORTEGA Ihre Eltern besaßen dort die Sägewerke und die Zementfabrik, nicht wahr?

BABÚN Ja.

ORTEGA Wo haben Sie sich anwerben lassen?

BABÚN In Miami.

ORTEGA Haben Sie in den Vereinigten Staaten irgendeine militärische Ausbildung erfahren?

BABÚN Nein.

ORTEGA Und wohin sind Sie geschickt worden?

BABÚN Nach Guatemala.

ORTEGA Wie lange haben Sie sich in Guatemala aufgehalten?

BABÚN Ich war zwei Monate dort und meine Brüder einein- halb.

ORTEGA Und worin bestand Ihre Ausbildung?

BABÚN Wir wurden an allen Waffenarten ausgebildet.

ORTEGA Welches war die Nationalität Ihrer Ausbilder?

BABÚN Sie waren Amerikaner.

ORTEGA Wohin sind Sie von Guatemala aus verlagert wor- den?

BABÚN Nach Nicaragua.

ORTEGA Haben Sie im Lager irgendwelchen offiziellen Besuch von nicaraguensischer Seite empfangen?

BABÚN Ja.

ORTEGA Wer hat Sie besucht?

BABÚN Der Staatschef des Landes, Somoza.

ORTEGA Und was hat Ihnen Somoza bei seinem Besuch gesagt?

BABÚN Er hat gesagt: Schlagt sie zusammen!

ORTEGA Das war alles?

BABÚN Das war alles, was er sagte.

ORTEGA Seit wann halten Sie sich im Ausland auf?

BABÚN Seit über zwei Jahren.

ORTEGA Wann etwa sind Sie ausgereist?

BABÚN Das letzte Mal vor ungefähr einem Jahr.

ORTEGA Eine Frage an die anderen beiden Gefangenen. War- um haben Sie Cuba verlassen?

BABÚN Wir haben Cuba aus folgendem Grund verlassen: Erstens hat man uns alles weggenommen. Wir standen in Cuba praktisch mittellos da und mußten deshalb auswandern.

ORTEGA Was hat man Ihnen weggenommen?

BABÚN Wie Sie sich denken können, sind die Zementfabrik und die Sägewerke sozialisiert worden.

MODERATOR Genosse Franqui bitte.

FRANQUI Können Sie uns irgend etwas über die Landungs-Expedition sagen? Mit was für Schiffen sind Sie zum Beispiel gekommen?

BABÚN Wir haben uns auf der *Houston* eingeschifft – ich glaube wenigstens, so hieß das Schiff – und sind noch in derselben Nacht ausgelaufen. Welchen Kurs wir nahmen, wußten wir bei der Abreise nicht. Erst am zweiten oder dritten Tag erfuhren wir, daß das Schiff Kurs auf Cuba genommen hatte.

ORTEGA Aber Sie wußten doch von vornherein, wo Sie kämpfen sollten, nicht wahr?

BABÚN Selbstverständlich.

ORTEGA Sie haben gesagt, daß Sie ausgewandert sind, weil Ihre Interessen und Ihr Besitz in Santiago de Cuba von der Revolution betroffen waren. Es sieht also ganz so aus, als seien Sie hierhergekommen, um im Fall eines Gelingens Ihren Besitz zurückzugewinnen.

BABÚN Das glaube ich auch.

MODERATOR Genosse Carlos Rafael Rodríguez bitte.

RAFAEL RODRÍGUEZ Ich möchte Sie das folgende fragen: Auf die Erfahrung hin, die Sie hier gemacht haben – wir haben das beide miterlebt, der Genosse Franqui und ich; wir waren beide am Strand von Girón; wir haben gesehen, wie Sie überwältigt, besiegt und niedergeschlagen wurden –, sind Sie auf diese Erfahrung hin nach wie vor der Meinung, daß es richtig war, mit der Waffe in der Hand gegen Ihr eigenes Volk vorzugehen, den Bürgerkrieg hierherzubringen, nur um eine Zementfabrik und ein Sägewerk zu behalten? Oder meinen Sie, daß es besser gewesen wäre, hier in diesem Land zu bleiben und für dieses Land zu arbeiten, wo immer sich Ihnen eine Gelegenheit dazu bot?

BABÚN Entschuldigen Sie einen Augenblick, wir haben nicht

gesagt, daß wir hierhergekommen sind, um unsere Güter zurückzuerlangen. Vielleicht hätten wir sie im Fall eines Sieges wiederbekommen. Aber das war nicht unser wahrer Beweggrund. Erlauben Sie mir zu erklären, warum wir gekommen sind. In Amerika hieß es, daß in Cuba die Ausländer das Heft in der Hand haben und alles beherrschen, und daß die Rebellenarmee oder das, was von ihr übrig ist, von tschechischen und chinesischen Offizieren manipuliert wird.

RAFAEL RODRÍGUEZ Haben Sie irgendeinen dieser angeblichen Offiziere gesehen?

BABÚN Nein.

RAFAEL RODRÍGUEZ Und was glauben Sie jetzt, auf die Erfahrung hin, die Sie gemacht haben?

BABÚN Daß man uns lauter Lügen erzählt hat, und daß wir in jeder Beziehung betrogen worden sind.

RAFAEL RODRÍGUEZ Ihr Vorgehen war also falsch?

BABÚN Ja, das war es.

RAFAEL RODRÍGUEZ Es hat sich nicht gelohnt?

BABÚN Nein, es hat sich nicht gelohnt; es wäre besser gewesen, wir wären nach Cuba auf demselben Weg zurückgekehrt auf dem wir es verlassen haben, mit einer Linienmaschine, und hätten hier mitgearbeitet.

MODERATOR Genosse Valdés Vivó bitte.

VALDÉS VIVÓ Sie haben gesagt, Sie seien in erster Linie gekommen, um das Land von der Herrschaft der Ausländer zu befreien und nicht, um die erheblichen materiellen Interessen Ihrer Familie zu vertreten?

BABÚN Ja, das ist richtig.

VALDÉS VIVÓ Gut, aber wer hat die Expeditionsstreitkräfte organisiert? War das eine Gruppe von Privatleuten?

BABÚN Nein, das wäre unmöglich gewesen.

VALDÉS VIVÓ Wer hat sie also organisiert?

BABÚN Das muß entweder eine sehr mächtige Firma gewesen sein oder die Regierung der Vereinigten Staaten selber.

VALDÉS VIVÓ Und warum hat sich die nordamerikanische

Regierung an diesem Unternehmen beteiligt? Können Sie sich ein anderes Motiv vorstellen als die Verteidigung der nordamerikanischen Interessen hier in Cuba?

BABÚN Nun, wir waren uns natürlich darüber im klaren, daß die Amerikaner ihre eigenen Unternehmungen, ihre Geschäfte und ihren Besitz in Cuba wieder haben wollten. Aber gleichzeitig dachten wir, wir könnten unsererseits diese Unterstützung gebrauchen, um unsere Heimat, unser Vaterland und alles, was wir verloren hatten, zurückzuerlangen.

MODERATOR Genosse Soto, bitte.

SOTO Wie Sie sicherlich wissen, haben sich die wichtigsten Reichtümer und Produktionsmittel des Landes seit der Begründung der Marionettenrepublik Cuba und seit der amerikanischen Okkupation des Landes in den Händen der amerikanischen Monopole befunden. Ich meine die Zuckerwerke, die Zuckerproduktion überhaupt, die besten Anbauflächen Cubas, die Elektrizitäts- und Telefongesellschaften, alle öffentlichen Versorgungsbetriebe und Industrieunternehmungen aller Art. Sie wissen ferner, daß Cuba durch die ganze Zeit des republikanischen Schwindels hindurch nichts weiter war als ein politisches Anhängsel der Vereinigten Staaten. Wie lassen sich diese Interessen, die hinter der amerikanischen Hilfe stecken, mit jener Heimatliebe vereinbaren, die Sie angeblich dazu gebracht hat, sich an dieser Invasion zu beteiligen, und wie verträgt sich der Umstand, daß die Wiederkehr der imperialistischen Herrschaft über Cuba die politische Versklavung des Landes bedeutet hätte, und die vollständige wirtschaftliche Kontrolle über die Reichtümer und Produktionsmittel des Landes, – wie vertragen sich diese Tatsachen mit Ihren guten Absichten?

BABÚN An diesem Punkt möchte ich etwas klarstellen. Es wurde uns mitgeteilt, daß unsere Leute die Absicht hatten, zahlreiche Reformen durchzuführen, Reformen von der Art, wie sie gegenwärtig auch von Fidel unternommen werden.

SOTO Und warum sind Sie dann nicht für die Reformen Fidel Castros eingetreten?

BABÚN Ich habe gesagt, viele Reformen, nicht alle.

SOTO Was für Reformen meinen Sie zum Beispiel?

BABÚN Zum Beispiel eine Sache wie die Agrarreform, die vorsieht, daß niemand mehr als 1 350 ha Land besitzen darf, und Sachen von dieser Art. Auch eine gewisse Gewinnausschüttung in der Industrie. Nehmen wir zum Beispiel den Fall, Sie sind Fabrikherr und investieren eine Million Dollars; dann ist es nicht mehr als recht und billig, daß Sie Ihre Million in soundso viel Jahren, sagen wir zum Beispiel in 5 Jahren, wieder herausholen dürfen. Aber danach, sobald das Kapital amortisiert ist, müssen Sie Ihre Gewinne mit Ihren Arbeitern teilen. Das waren die Pläne, die man uns auseinandergesetzt hat.

SOTO Wo hat man das Ihnen auseinandergesetzt? In Guatemala?

BABÚN Ja.

SOTO Sie standen dort unter der Obhut der Regierung von Guatemala, und Ihr Lager war von guatemaltekischen Soldaten bewacht?

BABÚN Ja.

SOTO Haben Sie etwas davon gehört, daß Reformen von der Art, die Sie vorschlagen, in Guatemala durchgeführt worden sind?

BABÚN Nein, sie sind nicht durchgeführt worden.

SOTO Und wie kommen Sie auf die Idee, daß dieselben Leute, die Sie dort in Guatemala praktisch gefangenhielten, solche Reformen in Cuba durchsetzen würden?

BABÚN Mit der Waffe in der Hand hätten wir unsere Absichten auf jeden Fall durchsetzen können.

SOTO Ah, mit anderen Worten, Sie sind als Revolutionär nach Cuba gekommen! Sie wollten das ganze Land reformieren, nur die Babunschen Betriebe sollten nicht sozialisiert werden!

BABÚN Meinetwegen auch die Babunschen Betriebe . . .

SOTO Aber da gab es nicht mehr viel zu sozialisieren, denn Ihre Betriebe sind bereits sozialisiert.

BABÚN Ich weiß.

MODERATOR Haben die Genossen weitere Fragen? ... Die Brüder Babún können abtreten.

Viertes Verhör. Der Mann zwischen den Mühlsteinen

(Angel Fernández Urdanivia)

MODERATOR Wie heißen Sie bitte?

GEFANGENER Angel Fernández Urdanivia.

MODERATOR Welcher Einheit gehörten Sie an?

URDANIVIA Dem 2. Bataillon.

MODERATOR Sind Sie freiwillig hier erschienen, um Ihre Aussage zu machen?

URDANIVIA Ja.

MODERATOR Niemand hat Sie gezwungen, hier aufzutreten?

URDANIVIA Nein, niemand.

MODERATOR Genosse Carlos Rafael Rodríguez bitte.

RAFAEL RODRÍGUEZ Sagen Sie mir bitte, Gefangener, wann haben Sie Cuba verlassen?

URDANIVIA Sie meinen zum letzten Mal?

RAFAEL RODRÍGUEZ Sie sind mehrere Male weggegangen?

URDANIVIA Ja, zum ersten Mal 1958. Ich bin dann im Jahr 1959 zurückgekehrt zu einem kurzen Zwischenaufenthalt. Ich war 1960 noch einmal in Cuba und hielt mich seitdem in den Vereinigten Staaten auf.

RAFAEL RODRÍGUEZ Und wie sah Ihre Lage in den Vereinigten Staaten aus?

URDANIVIA In der letzten Zeit war meine Lage in den Vereinigten Staaten verzweifelt.

RAFAEL RODRÍGUEZ Verzweifelt? Warum? Sind Sie nicht eigens in die Staaten gegangen, um Ihre Lage zu verbessern?

URDANIVIA Das schon. So war es gedacht. Aber einige Sachen, auf die ich mich im Jahr 1958 eingelassen habe, schadeten mir in den Augen der Amerikaner sehr.

RAFAEL RODRÍGUEZ Was für Sachen? Haben Sie etwas verbrochen?

URDANIVIA Nein, das nicht, aber ich nahm damals an einer Demonstration teil. Batista hatte eine Reitermannschaft geschickt, die im Madison Square Garden auftreten sollte, und daraufhin haben wir eine Demonstration organisiert.

RAFAEL RODRÍGUEZ Eine Demonstration zugunsten von Batista?

URDANIVIA Nein, im Gegenteil.

RAFAEL RODRÍGUEZ Gegen Batista?

URDANIVIA Gegen Batista. Wir haben eine Fahne mit den Farben der Bewegung vom 26. Juli gezeigt und von diesem Augenblick an haben Polizei und Sicherheitsdienst angefangen, Nachforschungen über mich anzustellen.

RAFAEL RODRÍGUEZ Man hat Nachforschungen angestellt?

URDANIVIA Ja. Und von da an ...

RAFAEL RODRÍGUEZ Wie hat sich das auf Ihre Lage ausgewirkt?

URDANIVIA Das kann ich Ihnen sagen. Im vergangenen Jahr, also 1960, nach dem Auftreten Fidel Castros vor den Vereinten Nationen ereignete sich in New York der Fall Molina. Daraufhin hat der Sicherheitsdienst bei mir eine Haussuchung vorgenommen, plötzlich, ganz aus heiterem Himmel.

RAFAEL RODRÍGUEZ Der Sicherheitsdienst, heißt das das FBI?

URDANIVIA Ja. Es war das FBI. Sie verhörten meine Frau, sie durchsuchten mein Haus, und am Tag darauf verhörten sie mich zwölf Stunden lang.

RAFAEL RODRÍGUEZ Und wie ging es dabei zu? Wir wollen versuchen, ein wenig Licht in diese Sache zu bringen. Sie sind etwas erregt, wie ich sehe.

URDANIVIA Ja.

RAFAEL RODRÍGUEZ Sie können ganz unbesorgt sein. Wir sind hier nicht voreingenommen, weder für Sie noch gegen Sie. Bitte sprechen Sie in aller Ruhe.

URDANIVIA Also das war so. Meine Frau kam an jenem Tag von der Arbeit nach Hause, da stand das FBI vor der Tür mit einem Haussuchungsbefehl. Ich wußte überhaupt nichts davon.

RAFAEL RODRÍGUEZ Sie waren also nicht zu Hause?

URDANIVIA Nein, ich war nicht zu Hause. Als ich abends heimkam, erzählte mir meine Frau die Geschichte. Ich ging sofort zum Polizeichef meines Wohnorts ...

RAFAEL RODRÍGUEZ Wie hieß der Ort?

URDANIVIA West New York.

RAFAEL RODRÍGUEZ Und wo liegt das?

URDANIVIA Ganz in der Nähe von New York. Ich erkundigte mich, was eigentlich los war. Sie haben mich ziemlich offen beschuldigt, mit Herrn Molina unter einer Decke zu stecken.

RAFAEL RODRÍGUEZ Und wieso hat man Sie mit Molina in Verbindung gebracht? Was hatten Sie mit Molina zu tun?

URDANIVIA Das war sicher wegen dieser Vorgänge im Madison Square Garden im Jahr 58, bei denen auch Molina eine Rolle gespielt hat. Alle Beteiligten an dieser Sache wurden überprüft.

RAFAEL RODRÍGUEZ Damals schon?

URDANIVIA Ja. Alle, die an der Demonstration teilgenommen hatten. In West New York wurde ich sogleich verhört, und sie fragten mich sogar, in welcher Sprache ich meinen Sohn erzog, und hielten mir vor, ich sei Kommunist.

RAFAEL RODRÍGUEZ Sie sollen Kommunist gewesen sein?

URDANIVIA Ja, es hieß, ich sympathisiere mit Fidel Castro, ich sei Kommunist, es müsse endlich etwas geschehen, um Fidel Castro zu stürzen; ich täte gut daran, mit ihnen zusammenzuarbeiten, ich hätte schließlich Familie. Also eine glatte Drohung . . .

RAFAEL RODRÍGUEZ Und was haben Sie darauf geantwortet?

URDANIVIA Ich sagte, ich sei ein ganz gewöhnlicher Bürger und hielte mich an die Gesetze des Landes. Ein Unruhestifter sei ich überhaupt nicht.

RAFAEL RODRÍGUEZ Und was ist dann passiert?

URDANIVIA Also von diesem Augenblick an ließen sie mich nicht mehr in Ruhe. Jedesmal, wenn ich den Polizeichef traf, fing er wieder davon an.

RAFAEL DRODRÍGUEZ Das muß eine ziemlich kleine Stadt gewesen sein.

URDANIVIA Ja. Diese Orte in New Jersey sind alles Kleinstädte: Union City, West New York, Palisade . . .

RAFAEL RODRÍGUEZ Wieviel Einwohner ungefähr?

URDANIVIA 40 000.

RAFAEL RODRÍGUEZ Also ein Ort, wo der Polizeichef praktisch alle Leute kennt. In New York wäre das ja nicht denkbar ...

URDANIVIA Außerdem wohnte ich ziemlich nahe am Polizeirevier.

RAFAEL RODRÍGUEZ Aha. Bitte erzählen Sie weiter.

URDANIVIA Von diesem Moment an wurde ich unter Druck gesetzt. Ich bekam keine Arbeit mehr, und meine finanzielle Situation sah verzweifelt schlecht aus.

RAFAEL RODRÍGUEZ Und da sind Sie auf die Arbeitssuche gegangen?

URDANIVIA Ja, zuerst bin ich zum Nachtklub Copacabana gegangen, aber dort sagten sie mir, daß sie keine Cubaner mehr einstellen wollten.

RAFAEL RODRÍGUEZ Keine Cubaner mehr?

URDANIVIA Nein. Und in einem anderen Klub mit einem Restaurant sagten sie, sie hätten genug von den Cubanern.

RAFAEL RODRÍGUEZ Und von da an war es in den Vereinigten Staaten sozusagen aus für Sie?

URDANIVIA Ja, ich konnte praktisch nichts mehr machen.

RAFAEL RODRÍGUEZ Und warum sind Sie damals nicht nach Cuba zurückgekehrt?

URDANIVIA Erstens wegen meiner Frau. Und außerdem hatte ich schon einen Versuch gemacht, und er war schiefgegangen. Das war 1960. Ich wollte damals endgültig nach Cuba zurückkehren. Aber das hat nicht geklappt.

RAFAEL RODRÍGUEZ Und aus all diesen Gründen haben Sie schließlich dem Druck nachgegeben und sind auf die Vorschläge der Polizei eingegangen?

URDANIVIA Ja, aber es kam noch etwas dazu. Die Ereignisse hier, und dann die Sache mit der Propaganda. Die Propaganda in den USA ist unvorstellbar. Es hieß, in Cuba gebe es keine Freiheit, es herrsche hier eine Diktatur, und da habe ich mich entschlossen, dagegen zu kämpfen.

RAFAEL RODRÍGUEZ Und kannten Sie noch andere Cubaner, die in der gleichen Lage waren, d. h. Leute, die irgendwann politisch aktiv geworden waren zugunsten . . .

URDANIVIA Ja, ja, solche gab es viele. Sie wurden alle verfolgt.

RAFAEL RODRÍGUEZ Und wo sind Sie dann hingegangen? Wo haben Sie sich anwerben lassen?

URDANIVIA Das war in diesem Büro in New York.

RAFAEL RODRÍGUEZ Und dort hat man Sie auch ausgebildet, oder sind Sie anderswo hingeschickt worden?

URDANIVIA In New York? Nein, ausgebildet haben sie mich in Guatemala.

RAFAEL RODRÍGUEZ Und die Bezahlung?

URDANIVIA Also von Bezahlung war keine Rede.

RAFAEL RODRÍGUEZ Man hat Ihnen kein Geld überwiesen?

URDANIVIA Später schon. Später wurde mir mitgeteilt, daß meine Familie eine monatliche Zahlung empfangen würde.

RAFAEL RODRÍGUEZ Das heißt also, daß man Sie bezahlt hat.

URDANIVIA Ja, aber das erfuhr ich erst später.

RAFAEL RODRÍGUEZ Und die andern, die in die Sache verwickelt waren, sind die auch bezahlt worden?

URDANIVIA Das kann ich nicht sagen.

RAFAEL RODRÍGUEZ Nach den Aussagen, die wir hier gehört haben, war das so üblich, abgesehen von den Leuten, die kein Geld brauchten, weil sie an der Invasion teilnahmen, um ihre Fabriken wiederzuerlangen. Diese Leute hatten ja das nötige Startkapital.

MODERATOR Genosse Valdés Vivó.

VALDÉS VIVÓ Sie haben Molina gekannt?

URDANIVIA Ja, ich habe ihn damals bei der Demonstration im Madison Square Garden kennengelernt.

VALDÉS VIVÓ Sie wissen, daß man Molina in den Vereinigten Staaten den Prozeß gemacht hat?

URDANIVIA Ja. Soviel ich weiß, hat man ihn des Mordes an einem Mädchen angeklagt. Wie hieß sie noch gleich, Urdaneta, oder?

VALDÉS VIVÓ Ja, man wollte ihm ein Verbrechen der Batista-Leute in die Schuhe schieben. Gegen Molina wurde eine ungeheure Verfolgung inszeniert, und zwar eben deshalb, weil Molina sein Land nicht verraten wollte, und weil Molina sich nicht nur geweigert hat, als Söldner mitzumachen: er hat sich auch geweigert, irgendein feindseliges Wort gegen Cuba zu sagen. Wissen Sie das?

URDANIVIA Ja, ich habe davon gehört.

VALDÉS VIVÓ Sie wissen, daß es in den Vereinigten Staaten Tausende von Cubanern gibt, die verfolgt werden, die sich aber weigern, irgend etwas gegen ihr Land zu unternehmen. Das wissen Sie doch?

URDANIVIA Selbstverständlich.

VALDÉS VIVÓ Sie sagten, Sie seien früher einmal nach Cuba gekommen, um etwas für die Revolution zu tun?

URDANIVIA Ja.

VALDÉS VIVÓ In welchem Jahr war das?

URDANIVIA Das war 1959 zum ersten Mal.

VALDÉS VIVÓ Im Jahr 1959 kamen Sie, um etwas für die Revolution zu tun und heute, zwei Jahre später, sind Sie gekommen, um dieselbe Revolution mit der Waffe in der Hand zu bekämpfen.

URDANIVIA Ich glaube, so kann man das nicht sagen. Ich habe mich auf diese Sache eingelassen aus den Gründen, die ich Ihnen nannte: wegen der Propaganda und wegen des Einflusses, den diese Propaganda auf mich hatte. Es hieß immer, hier gäbe es keine Freiheit, hier herrsche eine Diktatur, und da mußte ich doch wenigstens versuchen, mein Land von einem solchen System zu befreien, das . . .

VALDÉS VIVÓ Und Sie glauben also, daß der Polizeichef von New Jersey . . .

URDANIVIA Von West New York.

VALDÉS VIVÓ . . . von West New York ein Vorkämpfer der Freiheit ist?

URDANIVIA Also nein, das glaube ich nicht. Dort in Amerika

gibt es jedenfalls keine Freiheit. Ich glaube, das Ganze ist überhaupt ein Schwindel. Das ist ein Schwindel, denn wenn ein Bürger, der überhaupt nichts verbrochen hat, ständig belästigt wird und wenn sie ohne jeden Grund ständig auf einem rumhacken – ich glaube nicht, daß man das Freiheit nennen kann.

VALDÉS VIVÓ Sie glauben also nicht, daß die amerikanischen Behörden es darauf abgesehen haben, Cuba zu befreien?

URDANIVIA Nein. Nach allem, was ich hier in Cuba gesehen habe, glaube ich das nicht.

MODERATOR Genosse Franqui bitte.

FRANQUI Herr Urdanivia, Sie haben vorhin gesagt, daß Sie auf eine schwarze Liste gekommen und verfolgt worden sind, weil Sie mit anderen Cubanern zusammen an einer Demonstration gegen Batista teilgenommen und eine Fahne der Bewegung vom 26. Juli in New York gezeigt haben, nicht wahr?

URDANIVIA Ja, das stimmt.

FRANQUI Ich möchte Sie nun fragen, was geschehen ist, nachdem Sie sich entschlossen hatten, den entgegengesetzten Weg einzuschlagen. Hat man Sie da auch verfolgt, oder hat man Sie unterstützt?

URDANIVIA Sie müssen bedenken, daß ich die letzten 16 oder 20 Tage in diesem Ausbildungslager zugebracht hatte, ich weiß also nicht, ob sie da immer noch hinter mir her waren, aber ich glaube schon, denn sie haben zwei Haussuchungen bei mir gemacht, und der Polizeichef hat ständig auf mir herumgehackt und mich schikaniert, und deshalb glaube ich doch . . .

FRANQUI Hören Sie zu. Sie sind verfolgt worden, weil Sie etwas gegen Batista unternahmen?

URDANIVIA Ja.

FRANQUI Und als Sie etwas gegen die cubanische Revolution unternahmen, hat man Sie da auch verfolgt, oder hat man Sie unterstützt?

URDANIVIA Man hat mich unterstützt.

FRANQUI Und wie erklären Sie sich dieses plötzliche Entgegen-
kommen der Amerikaner, nachdem Sie doch früher zusammen
mit Leuten wie Molina, die in Amerika im Gefängnis sitzen,
an Demonstrationen teilgenommen haben?

URDANIVIA Ich kann mir das auch nicht recht erklären. Aber
vielleicht kommt es daher, daß ich gesagt habe, als sie mich
ausfragten, und als sie mich beschuldigten: Sie sind ein Kommunist – da habe ich ihnen gesagt, nein, Kommunist bin ich
nicht.

FRANQUI Kommt Ihnen dieses plötzliche Vertrauen nicht ein
bißchen komisch vor?

URDANIVIA Doch, ziemlich.

FRANQUI Merkwürdig finde ich es auch, das muß ich schon
sagen.

MODERATOR Keine weiteren Fragen mehr?

Der Gefangene kann abtreten.

Der nächste Gefangene bitte.

Fünftes Verhör. Der Freie Marktwirt

(Fabio Freyre Aguilera)

MODERATOR Ihr Name, bitte.

GEFANGENER Fabio Freyre.

MODERATOR Staatsangehörigkeit?

FREYRE Cubaner.

MODERATOR Welcher Einheit gehören Sie an?

FREYRE Dem 6. Bataillon.

MODERATOR Infanterie?

FREYRE Ja.

MODERATOR Comandante Jiménez, bitte.

JIMÉNEZ Womit haben Sie sich während der Zeit der Batista-Diktatur beschäftigt?

FREYRE Ich war Geschäftsmann. Ich war Viehzüchter. Außerdem war ich Direktor einer Zuckermühle.

JIMÉNEZ Wer hat Sie angeworben?

FREYRE Ich habe mich in Miami anwerben lassen in einem Büro in der 27. Straße.

JIMÉNEZ Wer war Ihr Bataillonschef?

FREYRE Der Major Montiel, glaube ich.

MODERATOR Wünscht jemand dem Gefangenen weitere Fragen zu stellen? Carlos Franqui, bitte.

FRANQUI Welche Zuckermühle haben Sie geleitet?

FREYRE Das Werk Isabel.

FRANQUI Und bis zu welchem Datum hatten Sie diesen Posten inne?

FREYRE Bis zum März 1959.

MODERATOR Genosse Carlos Rafael Rodríguez, bitte.

RAFAEL RODRÍGUEZ Sie haben gesagt, daß Sie sich auch mit Viehzucht befaßt haben. Ist das richtig?

FREYRE Ja.

RAFAEL RODRÍGUEZ Wie viele Hektar Land hatten Sie?

FREYRE 4000 Hektar.

RAFAEL RODRÍGUEZ 4000 Hektar? Das heißt, daß Sie von der Agrarreform betroffen worden sind.

FREYRE Das stimmt.

RAFAEL RODRÍGUEZ Hat Ihre Entscheidung, sich der Konterrevolution anzuschließen, etwas mit der Tatsache zu tun, daß
die Agrarreform Ihnen Ihr überschüssiges Land abgenommen
hat, um es den cubanischen Bauern zu übergeben?

FREYRE Das nicht. Allerdings bin ich freier Unternehmer und
stehe für die freie Wirtschaft ein.

RAFAEL RODRÍGUEZ Aber verträgt sich die Idee einer freien
Wirtschaft mit dem Umstand, daß die Bauern nicht einmal die
Möglichkeit hatten, ein kleines Stück Land zu erwerben, von
dem sie leben konnten?

FREYRE Durchaus nicht. Die Bauern müssen in der Lage sein,
Land zu besitzen. Das ist unerläßlich, wenn ein System der
freien Marktwirtschaft funktionieren soll.

RAFAEL RODRÍGUEZ Aber in Ihrer freien Wirtschaft hatten die
Bauern diese Gelegenheit nicht, während Sie die Freiheit hatten, ein Übermaß an Land zu besitzen. Scheint Ihnen hier nicht
ein Widerspruch zu liegen?

FREYRE Nun, was mich betrifft, so habe ich mein Land sehr gut
bewirtschaftet.

RAFAEL RODRÍGUEZ Sie allein?

FREYRE Mit meinen Landarbeitern natürlich.

RAFAEL RODRÍGUEZ Eine letzte Frage: Als Sie sich der Konterrevolution angeschlossen haben, hat dabei der Hintergedanke
eine Rolle gespielt, daß Sie durch Ihre Kollaboration mit den
Amerikanern Ihre Ländereien zurückgewinnen könnten?

FREYRE Keineswegs. Ich dachte vielmehr daran, dem Land
rechtsstaatliche Verhältnisse, die Verfassung von 1940 und ein
freies Wirtschaftssystem zurückzugeben.

RAFAEL RODRÍGUEZ Soll das heißen, daß Sie den Großgrundbesitz wiedereinführen und Ihre Güter wiedererlangen wollten?

FREYRE Nein, das habe ich damit nicht sagen wollen.

MODERATOR Der Genosse Ortega, bitte.

ORTEGA Haben Sie seinerzeit irgend etwas gegen das Batista-
Regime unternommen?

FREYRE Nein, ich bin immer ein völlig unpolitischer Mensch gewesen.

ORTEGA Wenn Sie ein völlig unpolitischer Mensch sind, wie sollen wir uns dann Ihre Expedition gegen Cuba erklären?

FREYRE Dazu möchte ich Ihnen sagen, daß ich mich vor drei Wochen freiwillig gemeldet habe. Ich war zwei Wochen lang im Ausbildungslager und bin dann sofort nach Cuba eingeschifft worden. Politisch bin ich niemals und auf gar keine Weise tätig gewesen.

ORTEGA Mit anderen Worten: ehe Sie von der Agrarreform betroffen waren, haben Sie sich niemals mit politischen Problemen beschäftigt?

FREYRE Das ist richtig.

MODERATOR Bitte fahren Sie fort, Genosse Rafael Rodríguez.

RAFAEL RODRÍGUEZ Sie sagen, daß Sie für ein System der freien Marktwirtschaft eintreten?

FREYRE Ja.

RAFAEL RODRÍGUEZ Und dieses System der freien Wirtschaft wollten Sie mit Waffengewalt nach Cuba bringen? Das ist es doch, was Sie meinen. Sie sind gekommen, um sich für die freie Wirtschaft zu schlagen?

FREYRE Sehen Sie, mein Herr, wir standen alle miteinander unter dem Eindruck – das heißt, wenigstens ich glaube, daß 90% all derer, die mit mir nach Cuba gekommen sind, unter diesem Eindruck standen –, dem Eindruck, daß die Stimmung hier reif war für eine allgemeine Erhebung, um das Regime zu stürzen.

RAFAEL RODRÍGUEZ Aber einmal abgesehen von den Zusicherungen, die Ihnen gegeben worden sind ...

FREYRE Nein, das waren keine Zusicherungen, das war die herrschende Meinung.

RAFAEL RODRÍGUEZ Das war die herrschende Meinung? Und wie ist diese Meinung zustande gekommen? Man hat Ihnen erklärt, daß es hier kaum noch darum ginge zu kämpfen, daß Sie den Sieg sozusagen in der Tasche hätten! Aber lassen wir das, sprechen wir von Ihren Beweggründen. Sie sind hierher gekommen, um für das freie Unternehmertum zu kämpfen?

FREYRE Und für die Verfassung von 1940.

RAFAEL RODRÍGUEZ Und für die Verfassung von 1940? Sagen Sie mir, haben Sie in Ihrer Eigenschaft als Gutsbesitzer und als Direktor eines Zuckerwerks je über die ökonomische Struktur unseres Landes nachgedacht?

FREYRE Natürlich, sogar sehr oft.

RAFAEL RODRÍGUEZ Und sind Sie nicht zu dem Schluß gekommen, daß, wenn man das ganze bebaubare Land in Cuba unter 2000 freie Unternehmer Ihres Schlages aufteilt, daß dann zwar auf jeden von Ihnen 4000 Hektar entfallen, daß aber für die cubanischen Bauern kein Fetzen Land mehr übrigbleibt?

FREYRE Das ist möglich. Aber einmal zugegeben, daß es mit dem Land jetzt nicht mehr so weitergehen kann: In diesem Fall müßte man wenigstens die früheren Besitzer entschädigen.

RAFAEL RODRÍGUEZ Im Prinzip finden Sie es also richtig, daß Ihre 4000 Hektar unter denen, die kein Land besitzen, aufgeteilt werden?

FREYRE Ja, aber nur auf dem Verkaufswege.

RAFAEL RODRÍGUEZ Sie sind also der Ansicht, daß der Landarbeiter, der bei Ihnen ein- oder zweieinhalb Dollars am Tag verdient hat, Ihnen Ihr Land hätte abkaufen sollen?

FREYRE Das stimmt nicht. Meine Landarbeiter haben mehr verdient. Ich bezahlte mehr als eineinhalb Dollars.

RAFAEL RODRÍGUEZ Gut. Nehmen wir einmal an, daß sie drei Dollars am Tag verdient haben. Setzen wir das einmal voraus. Und Sie glauben, daß die Landarbeiter mit diesen drei Dollars am Tag Ihre 4000 Hektar Land hätten aufkaufen können?

FREYRE Nein.

RAFAEL RODRÍGUEZ Sie sind nicht dieser Meinung? So daß also die freie Wirtschaft, in der Sie gelebt haben, nicht so funktioniert hat wie die freie Wirtschaft, die zu verteidigen Sie angeblich hierhergekommen sind?

FREYRE Aber man hätte doch ein System von Sonderkrediten einrichten können, um den Bauern zu Landbesitz zu verhelfen.

RAFAEL RODRÍGUEZ Als Anhänger der freien Marktwirtschaft sollten Sie wissen, daß die gesamte Automobilproduktion der Vereinigten Staaten von drei großen Unternehmen monopolisiert wird. Sieht so Ihr freier Wettbewerb aus?

FREYRE Ich will Ihnen einmal etwas sagen. Sie werfen da eine sehr interessante Frage auf. Die drei Automobilhersteller, von denen Sie sprechen, dürften etwa 30 Millionen Aktionäre haben, darunter eine ganze Reihe von Großaktionären, die selbstverständlich entsprechend hohe Gewinne einstecken. Aber bei 60 % der Aktionäre, die an diesem großen Unternehmen beteiligt sind, handelt es sich um ganz gewöhnliche kleine Leute. Der eine hat fünf Aktien, der andere zehn, fünfzehn, zwanzig; aber jeder von ihnen ist, je nachdem, was ihm zusteht, am Gewinn beteiligt. Mit anderen Worten: die Reichtümer des Landes scheinen mir durchaus gerecht verteilt zu sein.

RAFAEL RODRÍGUEZ Durchaus gerecht?

FREYRE Das ist natürlich nur meine persönliche Meinung.

RAFAEL RODRÍGUEZ Sie wissen vermutlich, daß der Generaldirektor einer jeden dieser drei Unternehmungen 500 000 Dollar im Jahr verdient. Scheint Ihnen das auch gerecht?

FREYRE Selbstverständlich.

RAFAEL RODRÍGUEZ Sie wissen wohl, daß die Familie Ford allein etwa 80 % aller Aktien ihres Unternehmens hält?

FREYRE Das trifft aber nur auf vereinzelte Firmen zu.

RAFAEL RODRÍGUEZ Da Sie sich ja eingehend mit diesen Fragen beschäftigt haben, müssen Sie doch wissen, daß die Kleinaktionäre, Leute, die nur eine oder zwei Aktien haben, keinerlei Einfluß auf den Vorstand haben, daß sie ihre 2 oder 3 % Dividenden einstecken und weiter nichts.

FREYRE Selbstverständlich. Aber wissen Sie, was ich vor einiger Zeit, vor ungefähr acht Monaten, in der Zeitung gelesen habe? In einer großen Aktiengesellschaft in Newark, New Jersey, haben sich die Kleinaktionäre zu einer Interessengemeinschaft zusammengetan; und eine siebzigjährige Dame, die sechs Aktien hatte – ich glaube, es waren sechs –, hat auf der Hauptversammlung durch zwei Fragen, die sie dem Vorstandsvorsitzenden stellte und die er nicht zureichend beantworten konnte, den ganzen Vorstand gestürzt.

RAFAEL RODRÍGUEZ Das ist ja hochinteressant. Wo habe ich denn das schon einmal gesehen? Das muß in einem Hollywoodfilm gewesen sein. Nur, daß die Untersuchungen und die Arbeiten der Nationalökonomen in den Vereinigten Staaten selbst ein ganz anderes Bild ergeben. Wenn Sie Zeit haben und die zuständigen Stellen es uns erlauben, will ich Ihnen gerne einige dieser Arbeiten zeigen, und dann können wir die Sache studieren. Ich werde Ihnen demonstrieren, ich werde Ihnen beweisen, daß Ihre Darstellung der Sache mit der statistischen Wirklichkeit nichts zu tun hat.

MODERATOR Genosse Valdés Vivó, bitte.

VALDÉS VIVÓ Ich möchte Ihnen eine Frage über die freie Wirtschaft in Cuba stellen. Sie wissen, daß Batista selbst für die freie Wirtschaft eingetreten ist. Sie wissen, daß Machado für die freie Wirtschaft eingetreten ist. Sie wissen, daß Eisenhower und Kennedy für dieses System eingetreten sind. Sie wissen auch, was diese freie Wirtschaft für Cuba bedeutet hat. Sie wissen, daß der Grundbesitz der amerikanischen Zuckergesellschaften ein Areal ausgemacht hat, das größer ist als die gesamte Provinz von Matanzas. Sie haben erwähnt, daß in den Vereinigten Staaten ein kleiner Teil der Aktien unter eine große Zahl von Arbeitern gestreut ist. Aber welchen Anteil an den amerikanischen Zuckerwerken in unserm Land besaßen die cubanischen Zuckerarbeiter?

FREYRE Das kann ich Ihnen nicht sagen; vermutlich gar keinen.

VALDÉS VIVÓ Ganz richtig, sie hatten gar keinen Anteil daran. Und Sie glauben also, daß die Regierung der Vereinigten Staaten Sie mit Millionen von Dollars unterstützt, Ihnen militärische Ausbildungslager eingerichtet, Ihnen ihre Luftwaffe und zahlreiche Offiziere zur Verfügung gestellt und befreundete Regierungen verschiedener Länder eingeschaltet hat, nur um den Cubanern die Verfassung von 1940 und den Rechtsstaat zurückzugeben? Wird es ihnen nicht vielmehr darum gegangen sein, die Herrschaft der amerikanischen Monopole über unser Land wiederherzustellen?

FREYRE Wie ich Ihnen schon sagte, bin ich kein Fachmann in politischen Fragen, aber soviel ich weiß, galten alle Anstrengungen, die in bezug auf Cuba unternommen worden sind, der Rückkehr zur Demokratie, der Wiedereinführung der Verfassung von 1940 und der Ausschreibung von Wahlen innerhalb von 18 Monaten, sowie der Rückkehr zu einer freien Wirtschaft. Das können Sie in allen Veröffentlichungen, in allen Zeitungen nachlesen. Und ich nehme doch an, daß diese Publikationen auch Ihnen hier zugänglich sind.

VALDÉS VIVÓ Hören Sie, es liegt doch auf der Hand, daß es darum ging, der freien nordamerikanischen Wirtschaft ihre Elektrizitätsgesellschaften, ihre Telefongesellschaften wieder zuzuschanzen...

FREYRE Das kann ich Ihnen nicht sagen. Ob das stimmt oder nicht, weiß ich nicht, denn diese Gesellschaften sind nie namentlich erwähnt worden.

VALDÉS VIVÓ Sie sind nicht namentlich genannt worden, aber es bestand doch ein stillschweigendes Einverständnis darüber, daß all die nordamerikanischen Unternehmungen, die im Laufe der Revolution in die Hände des Volkes übergegangen sind, Unternehmungen, in denen es keinerlei Mitbestimmung oder Gewinnbeteiligung für die cubanischen Arbeiter gab, an die amerikanischen Unternehmer zurückgegeben werden sollten. Oder glauben Sie, daß es eine solche Gewinnbeteiligung in den amerikanischen Zuckerwerken je gegeben hat?

FREYRE Nein, eine solche Beteiligung gab es nicht.

MODERATOR Genosse Franqui, bitte.

FRANQUI Ich möchte Ihnen folgende Frage stellen: Sie besaßen ein 4000 Hektar großes Gut. Welche Gewinnbeteiligung hatten die Landarbeiter in Ihrem eigenen Unternehmen?

FREYRE Beteiligung an meinem Gewinn? Eine solche Beteiligung gab es nicht.

MODERATOR Weitere Fragen? Der Genosse Soto, bitte.

SOTO Sie wissen sicherlich Bescheid über die Entwicklung des politischen, sozialen und wirtschaftlichen Lebens in unserem Lande. Sie haben mir gesagt, daß einer Ihrer Beweggründe die Beseitigung der Verfassung von 1940 gewesen sei. Diese Verfassung sah, wie Sie wissen, theoretisch gewisse Koalitionsrechte für die Arbeiterklasse vor, ja sie enthielt sogar eine Übergangsklausel mit der Maßgabe, unverzüglich ein Agrarreformgesetz zu verabschieden, das mit dem Großgrundbesitz in diesem Lande aufräumen sollte. Hier in Cuba zweifelt niemand daran, daß die Batista-Diktatur die Verfassung von 1940, wie historisch begrenzt sie auch gewesen sein mag, fortwährend und brutal verletzt hat. Ich möchte Sie gerne fragen, warum Sie sich niemals gegen das Batista-Regime erhoben haben, ein Regime, das die Verfassung von 1940 mit Füßen trat. Warum richtet sich Ihr kriegerischer Eifer ausgerechnet gegen die cubanische Revolution, die mit der Agrarreform Ernst gemacht und die Vorschriften und Entwürfe der Verfassung von 1940 verwirklicht, das heißt den Großgrundbesitz abgeschafft hat?

FREYRE Aber ich habe Ihnen doch schon am Anfang gesagt, daß ich ein völlig unpolitischer Mensch bin. Ich habe niemals irgend etwas mit einer politischen Partei zu tun gehabt, in meinem ganzen Leben nicht.

SOTO Sie sind also der Auffassung, daß die Aktion, auf die Sie sich hier eingelassen haben, eine unpolitische Aktion ist, daß sie nichts mit Politik zu tun hat?

FREYRE Das nicht. Aber wie ich Ihnen schon sagte, war man zumindest im Ausland allgemein der Meinung, daß in Cuba ein derartiger Grad von Unzufriedenheit herrschte, daß sozusagen ...

soto Und deshalb sind Sie also nach Cuba . . .

MODERATOR Entschuldigen Sie, Genosse Soto, seien Sie so gut und erlauben Sie dem Gefangenen, seinen Gedankengang zu Ende zu führen.

soto Selbstverständlich.

MODERATOR Gefangener, bitte fahren Sie fort.

FREYRE . . . ein solcher Grad von Unzufriedenheit, sage ich, daß wirklich etwas getan werden mußte, daß wirklich ein Versuch unternommen werden mußte, um einen Regimewechsel herbeizuführen.

soto Sie sind also nach Cuba gekommen, um die Verfassung von 1940 wieder einzuführen und Ihren Großgrundbesitz, Ihre Güter zu retten.

FREYRE Ich bin als einfacher Soldat nach Cuba gekommen, um für die Verfassung von 1940, für freie Wahlen innerhalb von 18 Monaten und für die Rückkehr zur freien Wirtschaft zu kämpfen. Dafür und für nichts anderes.

MODERATOR Möchte noch jemand eine Frage an den Gefangenen richten? Genosse Carlos Rafael Rodríguez, bitte.

RAFAEL RODRÍGUEZ Wo haben Sie sich während der letzten Monate des Jahres 1958 aufgehalten?

FREYRE Im Zuckerwerk Isabel.

RAFAEL RODRÍGUEZ Und welche Stimmung herrschte im November und Dezember 1958 in Cuba? Haben die Cubaner das Batista-Regime abgelehnt und bekämpft oder nicht?

FREYRE Sie haben es ganz und gar abgelehnt.

RAFAEL RODRÍGUEZ Und wieso sind Sie dann nicht auf die Idee gekommen, in die Sierra Maestra zu gehen? Sie waren schließlich ganz in der Nähe. Ich bin selbst oft an Ihrem Gut vorbeigekommen. Warum haben Sie damals bis in den Dezember hinein das Batista-Regime unterstützt?

FREYRE Unterstützt? Ich? Aber wieso denn. Niemals!

RAFAEL RODRÍGUEZ Zumindest haben Sie sich aus der ganzen Sache herausgehalten. Obwohl Sie ganz in der Nähe der Sierra Maestra lebten, haben Sie nicht zu den Waffen gegriffen, um die Verfassung von 1940 zu verteidigen, und das zu einer Zeit, wo das ganze cubanische Volk, wie Sie selbst sagen, gegen Batista war.

FREYRE Aber wenn ich Ihnen doch sage, daß ich niemals in meinem Leben das Batista-Regime auch nur im geringsten unterstützt habe ...

RAFAEL RODRÍGUEZ Sie haben es vielleicht nicht unterstützt, aber Sie haben es auch nicht bekämpft. Heute dagegen genügt es Ihnen, im Ausland zu hören, daß in Cuba Unzufriedenheit herrsche, und schon melden Sie sich freiwillig zu einer Expedition, ohne diese Behauptung auch nur nachzuprüfen; zu einer bewaffneten Expedition mit amerikanischer Unterstützung, eskortiert von amerikanischen Zerstörern. Und Sie kommen hierher als einfacher Soldat? Was Sie im Dezember 1958, als das Land am Verbluten war, unterlassen haben, das tun Sie jetzt im März 1961, um Ihre 4000 Hektar und das freie Unternehmertum zu retten? Das ist meine letzte Frage an Sie.

MODERATOR Weitere Fragen? Ich möchte den Gefangenen bitten mir zu sagen, ob er mit der Behandlung zufrieden ist, die er erfahren hat, seitdem er den Streitkräften der revolutionären Regierung in die Hände gefallen ist.

FREYRE Vollkommen zufrieden.

MODERATOR Ich möchte außerdem wissen, ob Ihnen die Erfahrungen, die Sie hier in Cuba gemacht haben, zu denken geben, oder ob Sie unverändert an den Ansichten festhalten, die Sie dazu bewogen haben hierherzukommen?

FREYRE Nun, ich muß zugeben: die Unterstützung, auf die wir bei der Landung gehofft hatten, ist uns von gar keiner Seite zuteil geworden.

MODERATOR Hat Sie das nicht enttäuscht? Sind Sie nicht zu dem Schluß gekommen, daß die Leute, die Sie hierhergeschickt haben, Betrüger sind?

FREYRE Ich kann nur sagen, Unterstützung haben wir hier nirgends gefunden.

MODERATOR Vielen Dank. Der nächste Gefangene, bitte.

Sechstes Verhör. Der umgedrehte Agent

(Pablo Organvides Parada)

MODERATOR Ihr Name bitte.

GEFANGENER Pablo Organvides.

MODERATOR Welcher Einheit gehörten Sie an?

ORGANVIDES Dem Geheimdienst.

MODERATOR Dem Geheimdienst. Genosse Franqui bitte.

FRANQUI Was können Sie uns über die Vorgeschichte der Invasion erzählen?

ORGANVIDES Ich wohne seit 1955 in den Vereinigten Staaten. Ich habe damals in Miami um politisches Asyl nachgesucht, weil mich die Batista-Regierung verfolgt hatte. Ich kenne Dr. Fidel Castro seit dem Jahr 1953. Ich bin damals zusammen mit ihm beim Angriff auf die Moncada-Kaserne in Santiago de Cuba festgenommen worden. Eine ganze Reihe von Leuten wußte das, auch in den USA, und auf irgendeinem Weg kam es den amerikanischen Einwanderungsbehörden zu Ohren. Im Januar oder Februar 1959, ungefähr einen Monat nach dem Triumph der cubanischen Revolution, wurde ich von der Einwanderungsbehörde der amerikanischen Regierung vorgeladen, und zwar durch einen Untersuchungsbeamten namens Mr. Everfield.

FRANQUI Dieser Untersuchungsbeamte gehörte dem FBI an, oder?

ORGANVIDES Nein, dieser Mann hat zwar für die CIA gearbeitet, war aber formal ein Beamter der Einwanderungsbehörden. Dieser Mann sagte mir . . . wie soll ich es ausdrücken . . . Kurz und gut, er forderte mich zur Mitarbeit auf. Ich hätte Kontakt mit Leuten, die dem Kommunismus zugeneigt seien, und ich hätte Verbindungen nach Cuba, das vollkommen in den Händen der Kommunisten sei. Daraufhin wurde ich im Monat April, das war nach dem Besuch von Dr. Fidel Castro, ich glaube, es war im April, nach dem Besuch von Dr. Fidel Castro in New York wurde ich zu einem Mr. Francis Bryan gerufen, der heute noch der stellvertretende Leiter des FBI in

New York ist. Bryan sagte mir, daß mir nur zwei Auswege blieben, und ich sage Ihnen hier die reine Wahrheit, denn ich mache diese Aussage nicht unter Druck, sondern vollkommen freiwillig. Ich werde Ihnen also die Wahrheit sagen.

FRANQUI Hier wird niemand unter Druck gesetzt. Hier kann jeder sagen, was er will.

ORGANVIDES Vielen Dank. Dieser Mr. Bryan sagte mir also, daß ich keinen weiteren Anspruch auf politisches Asyl hätte, denn die Regierung Batista existiere nicht mehr, und ich hätte deshalb kein Recht mehr, mich in den Vereinigten Staaten aufzuhalten. Bei meiner Ankunft in den USA und nachdem mir politisches Asyl gewährt worden war, ist mein Paß in den Händen der Einwanderungsbehörden geblieben, und als mein Anwalt, ich kann mich jetzt nicht mehr an den Namen erinnern, aber es war ein irischer Name, den Paß zurückverlangt hat, erklärte ihm die Einwanderungsbehörde, sie hätten den Paß bereits an mich zurückgeschickt und es wäre nicht ihre Schuld, wenn er verlorengegangen sei. Es blieb mir also nur übrig, entweder nach Cuba zurückzukehren oder in ein anderes Land auszuwandern.

Ich wurde dann beim cubanischen Konsulat in New York vorstellig, bei Frau Dr. Girona, und beantragte einen Paß, und zwar einzig und allein, um nach Cuba zurückzukehren.

Ich will ganz aufrichtig zu Ihnen sein. Seitdem ich Dr. Castro kenne, hat er mir immer nur Gutes erwiesen. Vor der Revolution, das will ich nicht leugnen, ist es zwischen mir und ihm zu gewissen Reibungen gekommen, und zwar, wie soll ich sagen, aufgrund gewisser Meinungsverschiedenheiten . . .

FRANQUI Wollen Sie damit sagen, daß sie seinerzeit aus anderen als politischen Gründen verhaftet worden sind?

ORGANVIDES Nein, nein. Es ist nicht, was Sie meinen . . . Ich hatte nur eine leichte persönliche Meinungsverschiedenheit mit ihm, das war eine böse Sache damals, und aus diesem Grund wollte ich nicht mit Hilfe der cubanischen Regierung nach Cuba zurückkehren.

FRANQUI Möchten Sie einen Schluck Wasser haben?

ORGANVIDES Vielen Dank, Herr Franqui.

(Man bringt ihm Wasser.)

FRANQUI Wir sind bei Ihrem Gespräch mit dem stellvertreten-
den Leiter des FBI in New York stehengeblieben.

ORGANVIDES Ja. Also damals sagten sie mir, ich müsse mit
ihnen zusammenarbeiten. Sie haben mir mit der Ausweisung
gedroht ... Und unter diesem Druck habe ich mich dann bei
der Tourismus-Abteilung des FBI anstellen lassen. Das Büro
liegt an der 3. Avenue und an der 68. Straße und beschäftigte
sich damals mit der Überprüfung aller Cubaner, von denen die
Amerikaner glaubten, sie seien kommunistisch angehaucht,
und außerdem aller Leute, die etwas mit der Bewegung vom
26. Juli zu tun hatten. Haben Sie dazu noch eine Frage, Herr
Franqui?

FRANQUI Ihre Arbeit bestand also darin, Cubaner zu über-
prüfen, die mit der Revolution sympathisierten.

ORGANVIDES Wir hatten weniger mit den gewöhnlichen Cubanern zu tun als mit führenden Persönlichkeiten.

FRANQUI Führende Persönlichkeiten?

ORGANVIDES Ja.

FRANQUI Und was war danach der nächste Schritt?

ORGANVIDES Als es dann zum politischen Zerwürfnis zwischen
den Vereinigten Staaten und Cuba kam, schlug das FBI andere
Wege ein, zum Beispiel suchten sie mit den Piloten der cubanischen Fluggesellschaft, die nach New York oder Miami kamen,
Kontakt aufzunehmen. Die Piloten stiegen immer im Hotel
Century an der 8. Avenue ab. Sie hatten dort vier Zimmer
gemietet. Dort wurden die Telefonleitungen abgehört, und
außerdem wurde auf jeden Piloten ein Agent angesetzt, um
ihn zu bespitzeln.

FRANQUI Hatten Sie irgendwelche weiteren Besprechungen
mit den Leitern des FBI oder der CIA?

ORGANVIDES Solche Unterredungen hatte ich ziemlich oft.

FRANQUI Können Sie uns etwas darüber erzählen?

ORGANVIDES Wissen Sie, Herr Franqui, das ist so oft vorgekommen, daß ich gar nicht weiß, wo ich anfangen soll.

FRANQUI Erzählen Sie uns von den interessantesten Besprechungen, von den Besprechungen, die mit dieser Expedition zu
tun hatten.

ORGANVIDES Die letzten Gespräche über die Expedition? Nun,
ich habe aus diesem Anlaß Mr. Groman kennengelernt, einen
der Assistenten von Mr. Dulles.

FRANQUI Von Allan Dulles?

ORGANVIDES Ja. Das ist etwa 17 Tage her. Ich sprach mit Mr.
Groman in Washington in seinem Büro im Post Office Build-
ing, einem alten Bürohaus, wo der FBI im 5. Stock seine
Diensträume hat. Dort gab mir Mr. Groman meine letzten
Instruktionen.

FRANQUI Und was waren das für Instruktionen?

ORGANVIDES Ich machte mir Sorgen über die Zukunft meiner
Frau, die in den Vereinigten Staaten lebt, und ich fragte Mr.
Groman auch, was mit mir selbst geschehen sollte. Es wurde
mir gesagt: erstens brauchen Sie an der Landung überhaupt
nicht selber teilzunehmen, und zweitens kann die Sache in
Cuba auf gar keinen Fall schiefgehen. Ich fragte ihn: Woher
wissen Sie denn das, daß die Sache nicht schiefgehen kann?
Daraufhin hat mir der Sekretär von Mr. Allan Dulles das
Folgende geantwortet: Wenn das Landungsunternehmen in
Cuba schiefgehen sollte, werden wir unter allen Umständen
direkt eingreifen, und zwar ganz gleich, was die Organisation
der Amerikanischen Staaten dazu sagt.

FRANQUI Wenn sie das tun, werden sie uns nicht unvorbereitet
finden. Wir sind auf alles gefaßt.

ORGANVIDES Das weiß ich, Herr Franqui.

FRANQUI Ich habe gehört, daß alle Agenten der CIA, die hierher gekommen sind, Order hatten, sich auf keinen Fall lebend
gefangennehmen zu lassen.

ORGANVIDES Nein, man hat uns gesagt, daß Sie uns sofort an
die Wand stellen würden. Man hat uns den G-2 als einen

Apparat hingestellt, bei dem es schlimmer zuginge als zu Venturas Zeiten. Man hat uns gesagt, Ihr Sicherheitsdienst bestünde aus lauter Mördern, dort würden einem die Fingernägel ausgerissen, und man würde auf alle mögliche Arten gefoltert. Als ich gestern gefangengenommen worden bin, traute ich meinen Augen nicht, wie korrekt man mich behandelt hat.

FRANQUI Die CIA glaubte wohl, es ginge hier so zu wie bei der amerikanischen Polizei.

ORGANVIDES Möglich. Einmal haben sie uns sogar kleine Kapseln mit Blausäure drin gegeben, die wir ständig bei uns führen mußten, um sie im Fall einer Verhaftung zu zerbeißen.

FRANQUI Können Sie uns sagen, ob Leute wie Miró Cardona, Varona und ihresgleichen direkt mit der CIA zu tun hatten?

ORGANVIDES Natürlich, diese Leute hatten ständig mit der CIA zu tun.

FRANQUI Aber in welchem Verhältnis standen sie zu den Amerikanern?

ORGANVIDES Sie waren einfach die Befehlsempfänger der CIA. Die CIA sagte ihnen, was sie zu tun hatten, wohin sie fahren sollten, wie es mit dem Geld aussah, und über welches Kriegsmaterial sie verfügen konnten.

FRANQUI Das wurde also alles von den Amerikanern entschieden?

ORGANVIDES Alles.

FRANQUI Sie glauben also, daß die ganze Operation von der CIA organisiert und geleitet war?

ORGANVIDES Ich glaube, daran kann nicht der geringste Zweifel sein. Das sind Sachen, über die ich genau Bescheid weiß.

MODERATOR Der Gefangene kann abtreten.

Bevor ich den nächsten Gefangenen rufe, möchte ich Ihnen mitteilen, daß, wie wir soeben erfahren haben, unsere Sendung in den Vereinigten Staaten ohne jede Störung empfangen wird. Die Befragung, an der Sie teilnehmen, ist also in ganz Amerika zu hören.

Eine andere wichtige Nachricht: Aus der Kampfzone in den Zapata-Sümpfen erfahren wir soeben telefonisch, daß im Laufe des heutigen Nachmittags weitere 178 Gefangene gemacht worden sind.

(Beifall.)

Unter den Gefangenen befindet sich auch der Folterknecht Batistas, Ramón Calviño. *(Beifall, Rufe aus dem Publikum.)* Calviño ist bereits unterwegs nach Habana. Wir hoffen, ihn gegen Ende dieser Veranstaltung hier vorführen und befragen zu können. *(Unruhe im Saal.)*

(Bei einer Rekonstruktion auf der Bühne kann an dieser Stelle eine Pause eingelegt werden.)

Siebentes Verhör. Der Großgrundbesitzer als Philosoph

(José Andreu Santos)

MODERATOR Ehe wir die Befragung der Gefangenen fortset-
zen, möchte ich Sie im Namen der revolutionären Regierung
noch einmal dringend bitten, absolutes Stillschweigen im Saal
zu bewahren, ganz gleich, was Sie am heutigen Abend zu hören
oder zu sehen bekommen. Jede Äußerung des Beifalls oder des
Mißfallens, jedes Zischen oder Klatschen schadet nicht nur
dieser Veranstaltung, sondern ist auch als konterrevolutionäres
Verhalten zu verurteilen. Ich erwarte von Ihnen allen, daß Sie
die gleiche Besonnenheit und die gleiche Ruhe bewahren wie
bisher.

Der nächste Gefangene, bitte.

MODERATOR Wie heißen Sie?

GEFANGENER José Andreu.

MODERATOR Einheit?

ANDREU Ich gehörte der Stabskompanie an.

MODERATOR Genosse Carlos Rafael Rodríguez bitte.

RAFAEL RODRÍGUEZ Herr Andreu, können Sie uns sagen, was
Sie dazu bewogen hat, an dieser Aggression gegen Ihr eigenes
Land teilzunehmen?

ANDREU Meine Motive sind völlig klar. Ich war immer daran
interessiert, mir war immer daran gelegen, daß in Cuba eine
Regierung ans Ruder käme, die sowohl in politischer als
auch in ökonomischer und sozialer Beziehung Garantien dafür
bietet, daß sich sowohl die Nation im ganzen wie auch jeder
einzelne vernünftig weiterentwickeln kann; mit anderen Worten, eine Regierung des individuellen und sozialen Fortschritts
für ganz Cuba.

RAFAEL RODRÍGUEZ Kennen Sie die Leute, die diese berühmte
Demokratische Front organisiert haben?

ANDREU Ich kenne sie, mehr oder weniger, aber ich kann nicht
sagen, daß ich mit irgendeinem von ihnen befreundet wäre.

RAFAEL RODRÍGUEZ Ich möchte das etwas präzisieren. Zum
Beispiel: Sie wissen doch, daß einer der führenden Leute in

dieser Front der Dr. Varona war; Sie wissen auch, daß dieser Dr. Varona früher an der Spitze der cubanischen Regierung gestanden hat.

ANDREU Ja, das weiß ich.

RAFAEL RODRÍGUEZ Sind Sie der Meinung, daß die Regierung des Dr. Varona den individuellen und sozialen Fortschritt garantiert hat?

ANDREU Ich bin der Ansicht, die Regierung Varona war eine Übergangsregierung.

RAFAEL RODRÍGUEZ Eine Übergangsregierung, wovon und wozu?

ANDREU Es handelte sich um den Übergang von einer Zeit, in der die Regierung hinter den sozialen Erfordernissen einer weiteren Entwicklung des Landes zurückgeblieben war, zu einem neuen Zustand, der in Cuba nur dadurch zu erreichen war, daß neue Ideen und neue Männer auf den Plan traten.

RAFAEL RODRÍGUEZ Sie erinnern sich wohl, daß es unter der Regierung Varona zahlreiche Verbrechen gegen Arbeiterführer und Gewerkschaftler gegeben hat.

ANDREU Nun, im einzelnen kann ich mich nur an den Fall Jesús Menéndez erinnern.

RAFAEL RODRÍGUEZ An den Fall Aracelio Iglesias erinnern Sie sich nicht?

ANDREU Doch, aber ich weiß nicht genug darüber, um mir ein Urteil zu bilden.

RAFAEL RODRÍGUEZ Erinnern Sie sich vielleicht an den Fall des Straßenbahngewerkschaftlers Cabrera? Nein?

ANDREU Nein.

RAFAEL RODRÍGUEZ Sie wußten nicht, daß sämtliche führenden Gewerkschaftler des Zuckerwerks Francisco in Amancio damals ermordet worden sind?

ANDREU Nein, das wußte ich nicht.

RAFAEL RODRÍGUEZ Erinnern Sie sich an den Überfall der Regierung Varona auf die Zeitung *Hoy*?

ANDREU Ich erinnere mich, daß diese Zeitung verboten wurde.

RAFAEL RODRÍGUEZ Sie wissen, daß der Oberste Gerichtshof dieses Verbot für gesetzwidrig erklärt hat?

ANDREU Nein.

RAFAEL RODRÍGUEZ Das wußten Sie nicht?

ANDREU Nein.

RAFAEL RODRÍGUEZ Aber das Gerichtsurteil ist doch veröffentlicht worden. Sie wissen auch nichts davon, daß unter der Regierung Varona dauernd Staatsgelder unterschlagen worden sind?

ANDREU Doch.

RAFAEL RODRÍGUEZ Das wußten Sie.

ANDREU Ja, einige Leute haben das getan.

RAFAEL RODRÍGUEZ Und Sie sind dennoch der Meinung, daß ein Rat, der von diesem Herrn geleitet wird, unserm Land eine Regierung bringen könnte, die Ihre Ziele verwirklichen würde?

ANDREU Nun gut, was diesen besonderen Fall betrifft ... In jener Regierung gab es zweifellos Leute, die öffentliche Gelder unterschlagen haben, wenn ich auch nicht glaube, daß sich Herr Varona selbst an solchen Sachen beteiligt hat.

RAFAEL RODRÍGUEZ Sie glauben nicht, daß er daran beteiligt war? Aber er war schließlich Regierungschef, und Sie geben zu, daß in dieser Regierung gestohlen wurde, was das Zeug hielt.

ANDREU Von seiten einiger Minister ja.

RAFAEL RODRÍGUEZ Und Varona war Premierminister dieser Regierung?

ANDREU Ja.

RAFAEL RODRÍGUEZ Mit andern Worten, er war Premierminister einer Regierung von Dieben?

ANDREU Aber bitte, wir wollen doch nicht verallgemeinern. Solche Verallgemeinerungen sind immer ungerecht.

RAFAEL RODRÍGUEZ Eine Regierung, in der nach Strich und Faden gestohlen wird, wenn auch nicht von allen ihren Mitgliedern, ist also keine Regierung von Dieben.

ANDREU Nein. Erstens muß man mit solchen Beurteilungen sehr vorsichtig sein, und zweitens beschränkt sich die Verantwortung des einzelnen immer auf seine eigenen Handlungen.

RAFAEL RODRÍGUEZ Sie glauben also nicht, daß der Premierminister einer Regierung für die Politik dieser Regierung verantwortlich ist?

ANDREU Doch, er hat sie vor dem Präsidenten der Republik zu verantworten.

RAFAEL RODRÍGUEZ Und vor dem cubanischen Volk? Und vor der Geschichte? Und vor seinem Gewissen?

ANDREU Das auch.

RAFAEL RODRÍGUEZ Wenn also in einer Regierung gestohlen wird, was das Zeug hält, und wenn der Premierminister dieser Regierung dabei zusieht, ist dieser Mann dann verantwortlich oder nicht?

ANDREU Ich möchte sagen, dieser Herr trägt diejenige Verantwortung, die ihm kraft seines Amtes zufällt.

RAFAEL RODRÍGUEZ Und das Amt des Premierministers bringt also keine Verantwortung dafür mit sich, was mit seinem Wissen in der Regierung geschieht, ohne daß er dagegen einschreitet?

ANDREU Doch, bis zu einem gewissen Grad.

RAFAEL RODRÍGUEZ Bis zu einem gewissen Grad, oder bis zu dem Grad, daß er dafür einzustehen hat?

ANDREU Wissen Sie, ich kann diese Sache im einzelnen nicht beurteilen, weil ich die Interna des administrativen Apparats nicht kenne.

RAFAEL RODRÍGUEZ Haben Sie je davon gehört, daß ein Mitglied der Regierung Varona wegen Diebstahls oder Unterschlagung vor Gericht gestellt worden wäre?

ANDREU Nein.

RAFAEL RODRÍGUEZ Sie haben davon nichts gehört. Wissen Sie, daß es in der revolutionären Regierung zu einzelnen Fällen von Unterschlagung gekommen ist, und daß die schuldigen Funktionäre auf das strengste bestraft worden sind?

ANDREU Ja, ich habe davon gehört.

RAFAEL RODRÍGUEZ Gut. Eine andere Frage: Sie sind sich doch darüber im klaren, daß Sie bei dieser Expedition mit den Vereinigten Staaten kollaboriert haben?

ANDREU Ich glaube, daß die amerikanische Mitwirkung sehr begrenzt war. Sie beschränkte sich auf militärische Fragen. Dagegen fielen alle Aufgaben, die mit der Wiederherstellung und dem Wiederaufbau der Nation zu tun hatten, naturgemäß den Cubanern zu.

RAFAEL RODRÍGUEZ Sie meinen also, daß eine Expedition, die, wie Sie selbst sagen, mit amerikanischem Kriegsmaterial und amerikanischen Ausbildern unternommen worden ist, hier ein patriotisches und nationaldemokratisches Regime hätte einführen können?

ANDREU Das wäre natürlich auf die Leute angekommen, die in der Bewegung aktiv waren. Wenn diese Leute sich auf Kompromisse eingelassen hätten, wenn sie gegen die nationalen Prinzipien und gegen den nationalen Stolz verstoßen hätten, dann hätte das allerdings meinen Überzeugungen widersprochen.

RAFAEL RODRÍGUEZ Aber Sie wußten doch, oder Sie konnten es sich denken, weshalb die Vereinigten Staaten an Ihrem Unternehmen mitgewirkt haben?

ANDREU Natürlich. Es war klar, daß die Vereinigten Staaten daran interessiert waren, eine kommunistisch gefärbte Regierung zu beseitigen, und daß sie das, was Sie mit diesem Lande vorhaben, auf keinen Fall dulden wollten.

RAFAEL RODRÍGUEZ Vielleicht können wir etwas genauer fassen, was Sie meinen.

ANDREU Gern.

RAFAEL RODRÍGUEZ Sie kennen das Gesetz über die Agrarreform?

ANDREU Ja, ich kenne es.

RAFAEL RODRÍGUEZ Sie erinnern sich, daß die amerikanische Regierung genau zu diesem Zeitpunkt angefangen hat, die cubanische Regierung des Kommunismus zu beschuldigen?

ANDREU Zu der Zeit, als das Gesetz über die Agrarreform verabschiedet wurde?

RAFAEL RODRÍGUEZ Ja.

ANDREU Nein, ich glaube nicht.

RAFAEL RODRÍGUEZ Aber kaum war das Gesetz verabschiedet, da fingen die Beschuldigungen an, nicht wahr?

ANDREU Nach meiner Ansicht hat die nordamerikanische Regierung eine ganze Zeit lang geschwankt, welche Haltung sie in dieser Frage einnehmen sollte.

RAFAEL RODRÍGUEZ Sie erinnern sich nicht an die amerikanische Note zur Agrarreform?

ANDREU Nein.

RAFAEL RODRÍGUEZ Ich bin gern bereit . . .

ANDREU Wenn ich die Note vor mir hätte und mir die damalige Situation vergegenwärtigen könnte, würde ich mich wahrscheinlich daran erinnern.

RAFAEL RODRÍGUEZ Ich kann Ihnen gern den Ablauf schildern. Diese Note wurde im Mai oder Anfang Juni 1959 unmittelbar nach der Verabschiedung der Agrarreform übergeben. Die Regierung der Vereinigten Staaten teilte darin mit, daß sie mit aller Entschiedenheit gegen die Agrarreform protestiere, und sie forderte den sofortigen Widerruf des Reformgesetzes. Sie erinnern sich nicht daran?

ANDREU Doch, jetzt weiß ich es wieder.

RAFAEL RODRÍGUEZ Was meinen Sie, hat die amerikanische Regierung diesen Schritt unternommen, weil sie Fidel Castro für einen Kommunisten hielt, oder weil er die Agrarreform durchgeführt hat?

ANDREU In diesem speziellen Fall handelte es sich, glaube ich, mehr um die Agrarreform.

RAFAEL RODRÍGUEZ Und wem, glauben Sie wohl, galt die Feindschaft der Vereinigten Staaten: der kommunistischen Ideologie oder der Nationalisierung der amerikanischen Unternehmen?

ANDREU Vermutlich beidem zu gleichen Teilen.

RAFAEL RODRÍGUEZ Aber Sie räumen ein, daß die ganzen Anklagen gegen den Kommunismus Castros erst angefangen haben, als dieser mit seiner Nationalisierungspolitik begann.

ANDREU Ich habe nie etwas mit politischen Entscheidungen auf Regierungsebene zu tun gehabt, aber ich kann mir denken, daß sie meistens hinter dem Rücken der Öffentlichkeit fallen. Die wahren Beweggründe kommen immer erst dann ans Licht, wenn es politisch opportun ist.

RAFAEL RODRÍGUEZ Aber was da ans Licht kommt, das ist doch immer dasselbe: der Widerstand der Amerikaner gegen alle sozialen Reformen und gegen alle Reformen, die im Interesse der Nation geschehen.

ANDREU Ja, in diesem Falle schon.

RAFAEL RODRÍGUEZ In diesem Falle schon. Ihr Vater war Gutsbesitzer, nicht wahr?

ANDREU Ja.

RAFAEL RODRÍGUEZ Wieviel Hektar Land hat er besessen?

ANDREU 950 ha.

RAFAEL RODRÍGUEZ 950 ha bestes Tabakland, nicht wahr?

ANDREU Ja, das Gut lag in einer Tabakanbauzone.

RAFAEL RODRÍGUEZ Ein sehr wertvoller Grundbesitz.

ANDREU Ja.

RAFAEL RODRÍGUEZ Und diese Güter hat Ihr Vater verloren?

ANDREU Ja, das heißt, alles, was über 400 ha hinausging.

RAFAEL RODRÍGUEZ Sie haben vorhin von Garantien für die Entwicklung des Individuums und der Gesellschaft gesprochen. Glauben Sie, daß diese Garantien ohne eine Bodenreform gegeben sind?

ANDREU Nein.

RAFAEL RODRÍGUEZ Haben Sie jemals irgendwelche Schritte zugunsten einer Bodenreform in unserem Land unternommen?

ANDREU Nun, ich hätte es begrüßt, wenn ich Gelegenheit dazu gehabt hätte. Ich war im Jahr 1957 in Europa, um das landwirtschaftliche Genossenschaftswesen zu studieren, und zwar eben in der Absicht, nach meiner Rückkehr auf unseren cubanischen Gütern eine Art von Genossenschaft einzurichten.

RAFAEL RODRÍGUEZ Und wann sind Sie nach Cuba zurückgekehrt?

ANDREU Im November 59.

RAFAEL RODRÍGUEZ Kennen Sie die Genossenschaften, die in unserem Land heute existieren?

ANDREU Ich hatte keine Gelegenheit, sie zu studieren, und nach meiner Rückkehr nach Cuba war es mir nicht mehr möglich, meine Pläne zu verwirklichen. Insofern kann ich über die heutige Lage im wesentlichen nicht mitreden.

RAFAEL RODRÍGUEZ Glauben Sie nicht, daß es sich gelohnt hätte, dieses System der Kooperativen hier in Cuba durchzusetzen, nachdem Sie doch im Prinzip dieses System gutheißen?

ANDREU Das glaube ich schon. Allerdings bin ich der Ansicht, daß speziell im Fall Cubas bei der Einrichtung der Genossenschaften schwerwiegende Fehler begangen worden sind. Das ist meine ganz persönliche Meinung. Die ursprünglichen Eigentümer sind nämlich nicht angemessen entschädigt worden. Die Regierung war in vielen Fällen nicht einmal imstande, überhaupt etwas zu bezahlen, weil das Geld dafür gefehlt hat. Wohlgemerkt, ich will gar nicht vom Gesamtwert der enteigneten Ländereien sprechen. Aber eine gewisse, angemessene Entschädigung hätte den früheren Eigentümern doch zugestanden.

RAFAEL RODRÍGUEZ Das ist also Ihr Haupteinwand gegen die Agrarpolitik der revolutionären Regierung?

ANDREU Nein, mein hauptsächlicher Einwand ist das nicht. Ich bin zum Beispiel der Meinung, daß diese Pläne ...

RAFAEL RODRÍGUEZ Wir sollten der Sache ruhig auf den Grund gehen. Die Frage der Entschädigungen war für Sie ein wesentlicher Einwand, das haben Sie doch eben selbst gesagt?

ANDREU Ich würde sagen, einer meiner Einwände.

RAFAEL RODRÍGUEZ Und welches waren Ihre anderen Einwände?

ANDREU Ich bin der Meinung, daß das Bodenreformprogramm je nach Regionen und Produktionszweigen verschieden hätte gehandhabt werden sollen.

RAFAEL RODRÍGUEZ Ihre Einwände waren also lediglich topographischer und produktionstechnischer Art. Prinzipielle Einwände hatten Sie nicht.

ANDREU Nein.

RAFAEL RODRÍGUEZ Dann war es also nicht die Bodenreform, was Sie dazu gebracht hat, ihr eigenes Land mit der Waffe in der Hand anzugreifen.

ANDREU Nein.

RAFAEL RODRÍGUEZ Sie waren mit der Reform einverstanden?

ANDREU Ja, abgesehen von den Methoden.

RAFAEL RODRÍGUEZ Sind Sie der Meinung, daß die Garantien für die Entwicklung des einzelnen und der Gesellschaft, die heute in unserem Land gegeben sind, für die Bedürfnisse des cubanischen Volkes, für die Arbeiter, für die Bauern, für die Mittelklasse und für die Kleinbauern nicht ausreichen? Haben Sie die Verhältnisse hier studiert?

ANDREU Nun, ich will Ihnen ganz offen sagen, ich war vom November 59 bis zum Mai 1960 hier in Cuba, und bei meiner Ausreise war ich zu dem Schluß gekommen, daß in der damals vorherrschenden Atmosphäre die Interessen aller Klassen der cubanischen Gesellschaft nicht im gleichen Maße gesichert waren.

RAFAEL RODRÍGUEZ Aller Klassen?

ANDREU Sie waren meiner Ansicht nach nicht gesichert.

RAFAEL RODRÍGUEZ Ich spreche von den Klassen, die das cubanische Volk ausmachen, ich spreche nicht von seinen Ausbeutern. Ich möchte Sie fragen, waren die Interessen der Arbeiterklasse gesichert oder nicht?

ANDREU Ich weiß nicht, ob ich Ihre Frage richtig verstanden

habe. Wenn Sie das Koalitionsrecht und die Tarifhoheit der Gewerkschaften meinen, so glaube ich, daß diese Rechte der Arbeiterschaft in Cuba nicht gesichert sind.

RAFAEL RODRÍGUEZ Und warum nicht?

ANDREU Die Gewerkschaften haben aufgehört zu funktionieren.

RAFAEL RODRÍGUEZ Sie haben aufgehört zu funktionieren? Erkennen Sie denn das Haus nicht wieder, in dem diese Veranstaltung stattfindet?

ANDREU Doch.

RAFAEL RODRÍGUEZ Dies ist das Haus der cubanischen Gewerkschaftsbewegung, mein Herr. Sind Sie sich nicht darüber im klaren, daß es eine solche Bewegung gibt?

ANDREU Doch.

RAFAEL RODRÍGUEZ Oder haben die Gewerkschaften ihre Tätigkeit eingestellt?

ANDREU Nein.

RAFAEL RODRÍGUEZ Zweifeln Sie etwa daran, daß diese Organisation nach dem Willen der Mehrheit ihrer Mitglieder geführt wird?

ANDREU Von außen her hatte ich nicht diesen Eindruck.

RAFAEL RODRÍGUEZ Von außen her? Heißt das, vom Ausland her?

ANDREU Nein, ich meine, als Außenstehender, als einer, der der Gewerkschaft selber nicht angehört.

RAFAEL RODRÍGUEZ Haben Sie versucht, dieser Frage nachzugehen und etwas über das Funktionieren der Gewerkschaftsbewegung zu erfahren? Wie war beispielsweise der Ort, an dem Sie lebten, gewerkschaftlich organisiert?

ANDREU Das weiß ich nicht. Ich hatte keine Gelegenheit zu solchen Nachforschungen, Herr Rodríguez. Ebensowenig, wie in der Agrarfrage. Dazu fehlten mir die nötigen Kontakte.

RAFAEL RODRÍGUEZ Sie hatten keine Gelegenheit, die Gewerkschaftler kennenzulernen, die an Ihrem Wohnort aktiv waren?

ANDREU Ich habe nie jemand von der Gewerkschaft gekannt.

Ich kannte auch niemand, der mich in diesen Kreisen hätte einführen können.

RAFAEL RODRÍGUEZ Aber Sie können hier in Cuba Dutzenden von Ausländern begegnen, die jederzeit und unbehindert die Gewerkschaften besuchen, Leute, die nie zuvor in Cuba gewesen sind und die ganz einfach zu den Gewerkschaften hingehen, auf eigene Initiative hin, die dort Fragen stellen und Untersuchungen vornehmen und eben die Verhältnisse mit eigenen Augen kennenlernen, die zu kennen sie offenbar in ihrem eigenen Land keine Gelegenheit fanden. Und was die Landarbeiter und die Bauern betrifft – ich spreche jetzt von den Bauern, die auf ihren eigenen Gütern lebten, z. B. von den Pächtern Ihres Herrn Vaters –, glauben Sie, daß deren Interessen jetzt besser aufgehoben sind als früher, oder schlechter?

ANDREU Früher standen sie jedenfalls unter dem Schutz des Pachtgesetzes.

RAFAEL RODRÍGUEZ Haben Sie vergessen, in wie brutaler Form dieses Pachtgesetz früher ignoriert, umgangen und mit den Füßen getreten worden ist? Haben Sie auch davon nichts bemerkt?

ANDREU Einzelne Verstöße mögen vorgekommen sein. Ich kann das weder behaupten noch bestreiten. Die Geschichte ...

RAFAEL RODRÍGUEZ Die Geschichte der Bauernvertreibungen, des Bauernlegens in unserem Land ist Ihnen also unbekannt?

ANDREU Nein. Ich habe gelegentlich davon sprechen hören.

RAFAEL RODRÍGUEZ Sie haben davon sprechen hören. Es heißt, Sie hätten sich im Ausland aufgehalten, um dort Philosophie zu studieren. Stimmt das?

ANDREU Ja.

RAFAEL RODRÍGUEZ Haben Sie irgendeine ausländische Universität besucht?

ANDREU Ja.

RAFAEL RODRÍGUEZ Welche Universität?

ANDREU Nun, ich habe zuerst an der Philosophischen Fakultät

145

der Universität von Ottawa, dann an der Universität von Genf und schließlich an der Universität von Freiburg studiert.

RAFAEL RODRÍGUEZ Und Ihr Philosophiestudium hat Sie davon abgehalten, etwas über das Bauernlegen in unserm Land zu erfahren, das heißt über eine Frage, mit der nicht nur das cubanische Volk vertraut ist, sondern ganz Lateinamerika.

ANDREU Wissen Sie, zu der Zeit, als diese Bauernvertreibungen geschahen, war ich noch nicht alt genug, um mir ein Urteil über die Ereignisse zu bilden.

RAFAEL RODRÍGUEZ Wie alt waren Sie im Jahr 1958?

ANDREU Ich lebte damals nicht in Cuba.

RAFAEL RODRÍGUEZ Und wie alt waren Sie damals?

ANDREU 22 Jahre.

RAFAEL RODRÍGUEZ Und von 1956 bis 58 haben Sie nichts von diesen Dingen gehört? Sie waren damals zwanzig.

ANDREU In dieser Zeit war ich praktisch völlig ausgelastet. Fünf Tage in der Woche ging ich in die Vorlesungen, und zwei Tage arbeitete ich auf dem Gut meines Vaters.

RAFAEL RODRÍGUEZ Sie waren völlig von Ihrem Philosophiestudium in Anspruch genommen?

ANDREU Nicht nur das, sondern auch durch meine politische Arbeit. Schließlich habe ich damals Cuba auch aus politischen Gründen verlassen.

RAFAEL RODRÍGUEZ Aber Sie waren sich doch darüber im klaren, daß Sie die Möglichkeit, im Ausland zu studieren, einzig und allein den 1000 Hektar Land zu verdanken hatten, die Ihr Vater besaß?

ANDREU Selbstverständlich.

RAFAEL RODRÍGUEZ Und Sie wußten auch, daß es damals in unserm Land Hunderte und Tausende von jungen Leuten, Arbeitern- und Bauernkinder gab, die nicht studieren konnten, ja, die nicht einmal zur Schule gingen?

ANDREU Natürlich.

RAFAEL RODRÍGUEZ Es war Ihnen klar, daß Sie sich in der Situation eines Privilegierten befanden?

ANDREU Das war mir klar.

RAFAEL RODRÍGUEZ Wissen Sie, daß das heute ganz anders geworden ist?

ANDREU Nein.

RAFAEL RODRÍGUEZ Sie hatten keine Gelegenheit, etwas über die Universitätsreformen zu erfahren, die wir hier durchführen und die den Arbeitern zum ersten Mal den Weg zur Universität eröffnet?

ANDREU Davon weiß ich nichts.

RAFAEL RODRÍGUEZ Dann waren Sie also auch in Nicaragua völlig durch Ihr Studienprogramm ausgelastet?

ANDREU Nein, der Grund dafür ist einfach, daß ich seit meiner Abreise aus Cuba, also in den letzten 11 Monaten, ausschließlich mit militärischen Fragen beschäftigt war.

RAFAEL RODRÍGUEZ Jedenfalls haben Sie in Nicaragua und in Guatemala nicht Philosophie studiert.

ANDREU Nein.

RAFAEL RODRÍGUEZ Sie haben sich auf den Kampf gegen die cubanischen Bauern und Arbeiter vorbereitet.

ANDREU So würde ich es nicht ausdrücken.

RAFAEL RODRÍGUEZ Sie würden es nicht so ausdrücken, aber das ist dabei herausgekommen. Sie müssen doch bemerkt haben, daß es die Bauern und Arbeiter waren, die dieses Land gegen Ihre Invasion verteidigt haben?

ANDREU Die Milizen bestehen größtenteils aus Arbeitern und Bauern, ja.

RAFAEL RODRÍGUEZ Und warum, glauben Sie, haben diese Milizen gekämpft, wenn nicht für eine Regierung, die die Interessen des einzelnen und die der Gesellschaft sichert und verteidigt?

ANDREU Sie haben recht, niemand wird für etwas kämpfen, wenn er nicht daran glaubt, daß . . .

RAFAEL RODRÍGUEZ Und wofür haben Sie und Ihre Kampfgenossen sich geschlagen? Für das Recht, Mitglied im Jachtclub von Habana zu werden?

ANDREU Hören Sie, Herr Rodríguez, so kommen wir nicht weiter.

RAFAEL RODRÍGUEZ Ihre ganze Philosophie hat Ihnen offenbar bei der Beantwortung dieser Fragen wenig geholfen?

ANDREU Doch, hören Sie zu; ich will Ihnen das gerne erklären: Bei unsern Expeditionstruppen werden Sie, wie bei allen Heeren der Welt, Leute aus den verschiedensten Bevölkerungsschichten finden, Leute mit den verschiedensten politischen Absichten und Einstellungen. Sicherlich waren auch einzelne sehr reiche Leute darunter, ja sogar Leute, die mit der Diktatur des Herrn Batista zu tun hatten oder in Regierungsämtern gesessen sind, und so weiter und so fort. Aber es gab unter uns auch eine ganze Reihe von Leuten guten Glaubens, die es keineswegs verdienen, daß man sie verallgemeinernd mit jenen Personen zusammenwirft, die aus bloßem Profitinteresse zu uns gestoßen sind, und deren Zahl übrigens außerordentlich gering war.

RAFAEL RODRÍGUEZ Aber Sie sind sich doch dessen bewußt, daß es zahlreiche frühere Gutsbesitzer unter Ihnen gab, die zu keinem andern Zweck gekommen sind, als um ihre Ländereien wiederzuerlangen.

ANDREU Ja.

RAFAEL RODRÍGUEZ Ausbeuter und Parasiten, die sich einfach nach dem Jachtclub von Habana zurückgesehnt haben?

ANDREU Ja.

RAFAEL RODRÍGUEZ Sie wissen, daß sich auch Mörder aus der Batista-Zeit unter Ihnen befunden haben?

ANDREU Ich muß sagen, diese Tatsache habe ich erst in den letzten paar Tagen klar erkannt.

RAFAEL RODRÍGUEZ Sie hatten also nicht einmal einen Verdacht in dieser Richtung?

ANDREU Daß es Individuen von dieser Art gegeben hat – doch, vermutet habe ich das.

RAFAEL RODRÍGUEZ Aber in den Ausbildungslagern ist es nie zu irgendwelchen Meinungsverschiedenheiten über diese Frage gekommen?

ANDREU Es gab im Lager keine Möglichkeit zu beweisen, ob diese Leute schuldig waren oder nicht.

RAFAEL RODRÍGUEZ Sie wußten aber, daß an Ihrer Expedition Batista-Anhänger teilnahmen?

ANDREU Batista-Anhänger? Ich möchte einen Menschen nicht allein deshalb schon als Batista-Anhänger bezeichnen, weil er . . .

RAFAEL RODRÍGUEZ Ich spreche von den Mordgesellen Batistas.

ANDREU Ein solcher Fall ist mir an Bord des Schiffes zu Ohren gekommen.

RAFAEL RODRÍGUEZ Und Sie glaubten also, Sie hätten in Gesellschaft dieser Leute irgendeinen Nutzen in Cuba stiften können.

ANDREU Ich habe mich eben auf die guten Elemente verlassen, die an unserer Sache beteiligt waren, selbst wenn es nur eine Minderheit war.

RAFAEL RODRÍGUEZ Hätten Sie sich nicht lieber hier im eigenen Land über die Verhältnisse unterrichten sollen, statt sich bei Somoza in Nicaragua und bei Ydígoras in Guatemala Garantien für das Wohlergehen des einzelnen und der Gesellschaft in Cuba zu holen?

ANDREU Ich habe bei diesen Herren nichts gesucht und nichts geholt.

RAFAEL RODRÍGUEZ Aber Sie haben sich in ein Trainingslager begeben, das unter dem Schutz dieser Leute stand. Oder standen diese Lager nicht unter dem bewaffneten Schutz der Armee von Ydígoras?

ANDREU Doch.

RAFAEL RODRÍGUEZ Ihre Gruppe wurde eingesetzt, um einen Volksaufstand in Puerto Barrios niederzuschlagen, oder stimmt das nicht?

ANDREU Nein.

RAFAEL RODRÍGUEZ Sie haben an dieser Aktion vielleicht nicht selber teilgenommen, aber die Söldnertruppe . . .

ANDREU Von einer direkten Aktion weiß ich nichts.

RAFAEL RODRÍGUEZ Man hat Sie nicht nach Puerto Barrios gebracht?

ANDREU Soviel ich weiß, sind wir dort nur in eine Luftwaffen-Basis gebracht worden.

RAFAEL RODRÍGUEZ Und wozu das? Um spazierenzugehen?

ANDREU Wir wurden mobil gemacht.

RAFAEL RODRÍGUEZ Sie wurden gegen die Bevölkerung von Guatemala mobilisiert, oder stimmt das nicht?

ANDREU Doch. Sie haben recht.

RAFAEL RODRÍGUEZ Glauben Sie, daß Leute, die sich von Ydígoras gegen seine eigenen Landsleute mobilisieren lassen, uns Garantien für die Entwicklung des einzelnen und der Gesellschaft hätten bringen können, Garantien, an denen es uns übrigens keineswegs fehlt?

ANDREU Wir müßten da schon in eine Diskussion darüber eintreten, wie das augenblickliche politische Regime in Guatemala zu beurteilen ist.

RAFAEL RODRÍGUEZ Und in eine solche Diskussion wollen Sie nicht eintreten. Um was für ein Regime handelt es sich dabei, nach Ihrer Ansicht?

ANDREU Ein Urteil darüber kann ich mir nicht erlauben. Dazu fehlen mir erstens die nötigen Kenntnisse ...

RAFAEL RODRÍGUEZ Die Universitäten von Genf und Freiburg haben Ihnen also nicht die nötigen Kenntnisse verschafft, um Ihnen ein Urteil über das Regime von Somoza und das Regime von Ydígoras zu ermöglichen?

ANDREU Das Regime von Somoza ist zweifellos eine Diktatur.

RAFAEL RODRÍGUEZ Das Regime von Ydígoras etwa nicht?

ANDREU Dieses Regime ist aus Wahlen hervorgegangen.

RAFAEL RODRÍGUEZ Wissen Sie nicht, daß diese Wahlen eine blutige Farce waren, und daß sie mit Hilfe von Mörderbanden und Polizeiaktionen im Stil von Puerto Barrias gewonnen worden sind?

ANDREU Offenbar verfügen Sie in dieser Frage über bessere Informationen als ich.

RAFAEL RODRÍGUEZ Es sieht ganz so aus. Zwar habe ich nicht in Freiburg, sondern in Cuba studiert, aber ich habe ziemlich viel Umgang mit Arbeitern und Bauern. Vielleicht wäre es Ihnen gut bekommen, wenn auch Sie eine solche Verbindung gesucht hätten.

Erlauben Sie mir schließlich die folgende Frage: Sie wissen mehr oder weniger, wie es in unserem Land aussieht, nachdem Sie sich heute in der Stadt ziemlich frei bewegen konnten.

ANDREU Nun, ich habe allerhand gesehen, allerdings nicht viel.

RAFAEL RODRÍGUEZ Sie sind mit Tausenden von Milizsoldaten zusammengetroffen und haben mit Hunderten von ihnen gesprochen.

ANDREU Das stimmt nicht. Ich habe nur mit einigen wenigen sprechen können.

RAFAEL RODRÍGUEZ Meine Frage ist die: Ein Regime, das Hunderttausende von Waffen an die Miliz verteilt, ein Regime, das die Interessen dieser Milizsoldaten und des ganzen Volkes vertritt, glauben Sie nicht, daß ein solches Regime ziemlich stabil sein muß?

ANDREU Nun, das ist immerhin ein Zeichen dafür, daß eine gewisse Stabilität herrscht.

RAFAEL RODRÍGUEZ Was glauben Sie, was passieren würde, wenn Somoza 50 000 Arbeiter und Bauern bewaffnen würde oder Ydígoras, glauben Sie, diese Regimes würden sich auch nur einen Tag lang halten können?

ANDREU Ich glaube kaum.

RAFAEL RODRÍGUEZ Im ganzen sind Sie also – wenn ich Sie recht verstehe – der Meinung, daß die cubanische Regierung die Interessen des einzelnen und der Gesellschaft wahrnimmt und sichert, und daß sie sich dabei auf eine massive Unterstützung von seiten des cubanischen Volkes stützen kann? Ist das Ihre Meinung?

ANDREU Dafür gibt es einige Anzeichen. Um mir aber ein end-
gültiges Urteil zu bilden, müßte ich mich genauer informieren,
denn ich möchte auf gar keinen Fall übereilte Schlußfolgerungen ziehen. Das habe ich immer verabscheut.

RAFAEL RODRÍGUEZ Mit anderen Worten, Sie wenden den
Rationalismus, den Sie an der Genfer Universität gelernt haben, auf die cubanischen Verhältnisse an, aber er hindert Sie
offenbar zu begreifen, was in Guatemala los ist. Auch haben
Sie Ihren Rationalismus in die Ecke gestellt, als es um Ihren
Entschluß ging, mit Waffengewalt gegen Ihre eigenen Landsleute vorzugehen.

ANDREU Also was die Situation in Guatemala betrifft, so ist
das eine Frage für sich. Unsere Streitkräfte hatten es doch auf
ein militärisches Unternehmen in Cuba und nicht in Guatemala
abgesehen. Insofern ist das eine Frage für sich.

RAFAEL RODRÍGUEZ Sie wußten absolut nichts über Guatemala.
Sie hatten nichts über Guatemala gelesen, Sie hatten sich für
Guatemala nicht interessiert, und Sie wußten auch nicht, auf
welchen gesellschaftlichen Kräften die Herrschaft von Ydígoras
beruht.

ANDREU Ich habe von all dem nichts gewußt.

RAFAEL RODRÍGUEZ Auch ist es offenbar eine zeitraubende An-
gelegenheit für Sie, festzustellen, wie es heute in Cuba aussieht.
Dagegen fanden Sie ohne weiteres die nötige Zeit und die
nötigen Informationen, um sich die Gewißheit zu verschaffen,
daß es nötig war, mit Waffengewalt in Cuba einzudringen.

ANDREU Alle Informationen, auf die ich mein Urteil gründen
konnte, zeigten damals in diese Richtung.

RAFAEL RODRÍGUEZ Und wenn Sie alles berücksichtigen, was
Sie heute wissen, kommen Sie dann zu demselben Schluß?

ANDREU Ich müßte das Problem einer erneuten Analyse unter-
ziehen.

RAFAEL RODRÍGUEZ Und zu einer solchen Analyse sind Sie bis
jetzt nicht gekommen? Haben Ihnen die letzten Tage nicht zu
denken gegeben?

ANDREU Das schon, aber es hat mir an Zeit und Gelegenheit gefehlt, mir ein Urteil zu bilden.

RAFAEL RODRÍGUEZ Sie brauchen also mehr Muße, um ungestört über den heutigen Zustand Cubas nachzudenken.

ANDREU Richtig.

RAFAEL RODRÍGUEZ Herr Andreu, wenn Sie als Absolvent mehrerer Universitäten an den Ausgangspunkt der ganzen Geschichte zurückkehren und die Zeit seit Ihrer Abreise aus Cuba bis zu Ihrem Auftreten hier noch einmal durchleben könnten, würden Sie dann nicht wenigstens Ihren Rationalismus daran wenden, ein wenig tiefer in die Probleme einzudringen, ehe Sie sich auf ein solches Abenteuer einließen?

ANDREU Wir stehen hier vor einem Widerspruch: dem Widerspruch zwischen den Überlegungen, die einer Aktion vorausgehen, und der Aktion selbst. Dieser Widerspruch ist unvermeidlich. Man kann also nie genau wissen, an welchem Punkt man seine Überlegungen abbrechen und die Aktion beginnen soll. Zögert man zu lange oder versucht man Überlegung und Aktion gleichzeitig voranzutreiben, so schlägt das zum Nachteil beider aus.

RAFAEL RODRÍGUEZ Lassen Sie mich zusammenfassen. Sie sind mit einem Söldnerheer hierhergekommen, einem Heer, das von den Vereinigten Staaten bezahlt und mit Waffen unterstützt worden ist, einem Heer, das unter dem Schutz der amerikanischen Luftwaffe operierte, wie Sie es selbst am Strand von Girón mit eigenen Augen gesehen haben, mit einem Heer unter der politischen Führung von Leuten, die Sie vorhin mit Ihren eigenen Worten bloßgestellt haben – und Sie glauben nach wie vor, daß ein solches Heer unserem Land Garantien für die Entwicklung des einzelnen und der Gesellschaft hätte bringen können? Diesem Heer zuliebe haben Sie Ihre Überlegungen zurückgestellt und sich in die Aktion gestürzt?

ANDREU Der Versuch mußte jedenfalls gemacht werden.

RAFAEL RODRÍGUEZ Er mußte gemacht werden, allem zum Trotz, was ich eben sagte?

ANDREU Ja, wenigstens was mich betrifft. Ich habe mich voll und ganz auf die guten Elemente in diesem Heer verlassen.

RAFAEL RODRÍGUEZ Und was waren das für Elemente?

ANDREU Da waren Leute von ganz verschiedener sozialer Herkunft, aber Leute, die einzeln und für sich betrachtet guten Glaubens gewesen sind, Leute, die ein reines Gewissen und achtenswerte Ziele hatten.

RAFAEL RODRÍGUEZ Aha. Ein guter Glauben, ein reines Gewissen und achtenswerte Absichten, wie zum Beispiel Calviño.

ANDREU Über diesen Herrn kamen mir schon in Guatemala gewisse Dinge zu Ohren und für den Fall, daß diese Informationen stimmen, kann er natürlich nicht zu den Leuten gezählt werden, die ich meine; aber Calviño ist ein Sonderfall.

RAFAEL RODRÍGUEZ Ihr Rationalismus erlaubt Ihnen also nicht, ein Urteil darüber zu fällen, ob die Informationen über Calviño stimmen oder nicht.

ANDREU Ich neige zu der Auffassung, daß sie stimmen.

RAFAEL RODRÍGUEZ Sie neigen der Auffassung zu, aber kapiert haben Sie offenbar nichts.

ANDREU Nun, jedenfalls, was diesen Fall betrifft . . .

RAFAEL RODRÍGUEZ . . . so glauben Sie, daß Calviño ein Mörder ist?

ANDREU Ich glaube schon, jedenfalls ist das die allgemeine Meinung.

RAFAEL RODRÍGUEZ Und Sie glauben, daß die Herren, die hier vor unseren Augen ausgesagt haben, in ihrer Mehrzahl von einem moralischen und menschlichen Kaliber sind, das sie dazu befähigt, den Arbeitern und Bauern dieses Landes zu Hilfe zu kommen und sie zu befreien, obwohl niemand sie darum gebeten hat?

ANDREU Ich glaube, das läßt sich nicht so ohne weiteres sagen. Von einer Mehrheit kann man vielleicht nicht sprechen, aber immerhin gab es eine ganze Gruppe von Leuten, die entschlossen waren, dieses Ziel zu verfolgen.

RAFAEL RODRÍGUEZ Nehmen wir einmal an, es hätte zweihundert Leute von der Art gegeben, die Sie meinen – ich kann das zwar nicht glauben, vielleicht deshalb nicht, weil ich weniger rationalistisch gebildet bin als Sie, oder weil mich der Augenschein vom Gegenteil überzeugt hat. Aber einmal angenommen, es hätte sie gegeben: Glauben Sie denn, diese zweihundert hypothetischen Personen wären gegen die Macht der Vereinigten Staaten aufgekommen, die dieses Heer, wie Mr. Kennedy ganz richtig sagte, unterstützt hat, weil es ein Werkzeug der amerikanischen Politik war?

ANDREU Letzten Endes ist das eine Gewissensfrage, die ich nur für mich selbst beantworten kann. Jeder einzelne muß das mit sich selber abmachen. Was mich betrifft, so kann ich Ihnen versichern, daß der amerikanische Einfluß meine Handlungsweise niemals bestimmt hätte.

RAFAEL RODRÍGUEZ Sie verurteilen also die amerikanische Einmischung in die Angelegenheiten unseres Landes.

ANDREU Selbstverständlich verurteile ich jede Einmischung, die gegen unsere nationalen Interessen verstößt.

RAFAEL RODRÍGUEZ Können Sie sich eine amerikanische Einmischung vorstellen, die nicht gegen unsere nationalen Interessen verstößt?

ANDREU Einmischung? Nein. Aber andererseits hätten uns die Vereinigten Staaten in vieler Hinsicht außerordentlich wertvolle Hilfe leisten können. Beispielsweise auf wirtschaftlichem Gebiet . . .

RAFAEL RODRÍGUEZ Was verstehen Sie unter Hilfe? Meinen Sie beispielsweise die Wiederherstellung unserer Zuckerquote?

ANDREU Das wäre eine Möglichkeit gewesen. Außerdem könnte man an direkte Entwicklungshilfe von Regierung zu Regierung denken.

RAFAEL RODRÍGUEZ Und Sie glauben, die Vereinigten Staaten hätten einer cubanischen Regierung direkte Kapitalhilfe gewährt, die die nationalen Interessen Cubas vertreten hätte?

ANDREU Diese Frage kann ich nicht beantworten, weil ich nicht weiß, wo letzten Endes die Intentionen der Mitglieder der amerikanischen Regierung liegen.

RAFAEL RODRÍGUEZ Mit anderen Worten, Sie wissen nichts, absolut nichts. Sie erinnern mich – verzeihen Sie – an jene berühmte französische Anekdote, die besagt, daß Briand nichts wußte und alles verstand, daß dagegen Poincaré alles wußte und nichts verstand. Sie mögen allerlei Kenntnisse haben, aber Sie verstehen nichts von gar nichts. Das tut mir leid für Sie, denn es ist vermutlich der Hauptgrund dafür, daß Sie in die Lage geraten sind, in der Sie sich befinden.

MODERATOR Der Gefangene kann abtreten.

Achtes Verhör. Der Söldnerpriester
(Ismael de Lugo alias Fermín Asla Polo)

MODERATOR Wie heißen Sie, bitte?

GEFANGENER Pater Ismael de Lugo.

MODERATOR Welcher Einheit haben Sie angehört?

DE LUGO Ich war beim Brigadestab.

MODERATOR Fühlen Sie sich trotz Ihrer Armverletzung den Fragen der Journalisten gewachsen?

DE LUGO Ja.

MODERATOR Genosse Masseti bitte.

MASSETI Können Sie uns sagen, wie Sie in diese Invasionsarmee eingetreten sind?

DE LUGO Die Demokratische Front suchte einen Pater, der die Seelsorge für die jungen Katholiken im Lager übernehmen konnte.

MASSETTI Und wie sind Sie zu den Invasionstruppen gestoßen?

DE LUGO Ich habe Habana auf dem gesetzlichen Weg verlassen.

MASSETI Wann war das?

DE LUGO Im November 1960.

MASSETI Hatten Sie dafür die Zustimmung Ihrer Oberen?

DE LUGO Ich hatte die Ermächtigung der kirchlichen Behörden in Rom.

MASSETI Ihre Kirchenoberen in Rom haben Ihnen erlaubt, sich einer Söldnertruppe anzuschließen?

DE LUGO Ich bin nicht als Söldner zu den Invasionstruppen gestoßen. Ich bin gekommen, um den katholischen Jungs geistlichen Zuspruch zu gewähren.

MASSETI Ich spreche von einer Söldnertruppe, weil viele Gefangene ausgesagt haben, daß sie für ihre Dienste bezahlt worden sind. Ein Kollege von Ihnen, ebenfalls Beichtvater dieser Jungs, wie Sie es nennen, hat ausgesagt, daß er von den Invasoren bezahlt worden ist. Wer für Bezahlung kämpft, muß es sich gefallen lassen, daß man ihn einen Söldner nennt. Aber lassen wir das. Ihre Kirchenoberen haben Ihnen also erlaubt, sich diesem Söldnerheer anzuschließen?

DE LUGO Jetzt sprechen Sie schon wieder von einem Söldnerheer.

MASSETI Gut, meinetwegen. Klammern wir diese Frage aus. Jedenfalls hatten Sie die Ermächtigung Ihrer kirchlichen Vorgesetzten.

DE LUGO Jawohl.

MASSETI Wer sind diese Oberen in Rom?

DE LUGO Das ist der Generalsuperior unseres Ordens.

MASSETI Der Generalsuperior des Kapuzinerordens in Rom hat also einigen Klerikern erlaubt, mit einer Invasionstruppe nach Cuba zu kommen. Das ist der Tatbestand.

DE LUGO Richtig.

MASSETI Und wer hat Sie zum Seelsorger des Herrn Calviño und der anderen Herren bestellt, mit denen Sie diese Invasion unternommen haben?

DE LUGO Zunächst einmal ist Herr Calviño erst im März zu uns gestoßen, also zu einem Zeitpunkt, wo bereits mehr als 120 Jungs im Lager waren, alles Katholiken, die aus der katholischen Studentengemeinde hervorgegangen sind.

MASSETI Sie kennen sicherlich die Leute, die diese Invasion geleitet haben, und die an dem Kuhhandel mit dem Präsidenten und mit der Regierung der Vereinigten Staaten beteiligt waren. Leute wie Tony Varona. Kennen Sie Tony Varona?

DE LUGO Ja.

MASSETI Kennen Sie auch die Briefe, die zwischen Varona und Ventura gewechselt worden sind?

DE LUGO Nein.

MASSETI Sie wissen, wer Ventura war?

DE LUGO Ja.

MASSETI Sie wissen, daß Ventura ein entsetzlicher Folterknecht war, und einer der grausamsten Mörder der cubanischen Geschichte.

DE LUGO Zugegeben.

MASSETI Sie wissen auch, daß diese Invasion zwischen Ventura und Tony Varona abgesprochen war?

DE LUGO Davon weiß ich nichts.

MASSETI Davon wissen Sie nichts. Und wenn Sie es gewußt hätten?

DE LUGO Ich hätte es für ein schlechtes Zeichen gehalten, aber ich hätte mein geistliches Werk weiter verrichtet. Denn das ist meine Mission, solange es junge Katholiken gibt, die nach mir verlangen.

MASSETI Und hier in Cuba, gibt es da keine jungen Katholiken, die im Sterben liegen? Denken Sie an die katholischen Milizsoldaten, die bei der Verteidigung des Landes gefallen sind.

DE LUGO Ohne weiteres, zugegeben. Aber ein Priester hat dahin zu gehen, wohin er gerufen wird und wo seine Mission es verlangt.

MASSETI Das heißt also, Sie haben an dieser Aggression gegen Cuba nur deshalb teilgenommen, weil Sie gerufen worden sind, weil Ihre Kirchenoberen Sie dazu ermächtigt haben?

DE LUGO Aber ausschließlich als Seelsorger. Genauso, wie ich als Seelsorger auch an jeden andern Ort gegangen wäre.

MASSETI Haben die Oberen des Kapuzinerordens gewußt, daß es darum ging, eine Invasion anzuzetteln?

DE LUGO Sie wußten natürlich, daß zu diesem Zweck gewisse Ausbildungslager eingerichtet worden waren. Aber das wußte schließlich das ganze cubanische Volk. Andererseits war diese Mission in einem gewissen Sinn freiwillig. In einem solchen Fall darf ein Geistlicher nie und nimmer auf eigene Faust handeln, es sei denn, es läge höhere Gewalt vor. Wir sind verpflichtet, in solchen Fällen die Zustimmung der kirchlichen Hierarchie einzuholen. In meinem Fall heißt das die Zustimmung nicht der bischöflichen Diözese, sondern die meiner Ordensbehörden. Erst nachdem mir diese Genehmigung erteilt worden war, konnte ich mich in das Ausbildungslager begeben.

MASSETI Mit anderen Worten, die kirchlichen Behörden in Cuba waren von der Sache unterrichtet, und die kirchlichen Ordensbehörden in Rom haben Ihre Teilnahme daran gebilligt, nicht wahr?

DE LUGO Aber ich bin nicht als Angreifer gekommen.

MASSETI Nicht als Angreifer? Als was denn dann?

DE LUGO In Ausübung meines Amtes als Seelsorger, ebenso, wie ein Arzt in Ausübung seines Amtes dorthin geht, wo man ihn ruft.

MASSETI Aha.

DE LUGO Zum Beispiel seinerzeit, als das Rebellenheer in der Sierra gekämpft hat, da haben die Soldaten auch nach dem Zuspruch eines katholischen Priesters verlangt und selbstverständlich sind die katholischen Priester auch in die Sierra gegangen.

MASSETI Die Verhandlungen, die mit Ihren kirchlichen Vorgesetzten geführt worden sind, um Ihre Eingliederung in das Invasionsheer zu erwirken, hatten also nichts mit den Sabotageakten zu tun, die in Cuba verübt wurden und bei denen Dutzende von Leuten umgekommen sind?

DE LUGO Von diesen Dingen weiß ich nichts.

MASSETI Sie wissen nicht, daß es hier zu Sabotageakten gekommen ist, bei denen es Dutzende von Toten und Hunderte von Verletzten gab? Und daß diese Sabotageakte von den gleichen Gruppen organisiert wurden, die Sie um Ihren geistlichen Zuspruch gebeten haben?

DE LUGO Ich wünschte, Sie würden endlich begreifen, worin die Mission eines Priesters, und hier in diesem speziellen Fall meine Mission besteht. Ich habe fünf Jahre lang in Cuba gelebt, bevor ich das Land verließ, um dieses Ausbildungslager aufzusuchen. Und Sie werden nicht das geringste Indiz dafür vorweisen können, daß es in der Kirche, in der ich tätig war, nämlich in der Kirche San Salvador in Marianao, jemals zu einer politischen Handlung gekommen wäre, sei es im revolutionären oder im konterrevolutionären Sinn. Meiner Ansicht nach ist es nicht das Amt des Priesters, sich in eine Revolution oder eine Konterrevolution einzumischen. Er hat sein geistliches Amt zu versehen. Das ist alles.

MASSETI Ihrer Ansicht nach ist das alles.

DE LUGO Ich respektiere die Meinung der anderen, aber ich möchte, daß auch die meinige respektiert wird.

MASSETI Und die Uniform, die Sie hier tragen, ist das die Uniform eines Feldkaplans?

DE LUGO Sie wissen vielleicht, daß in allen modernen Heeren, im englischen wie im französischen, im italienischen wie im spanischen, ebenso auch in den Vereinigten Staaten, die Feldkapläne die Uniformen der Truppe tragen.

MASSETI Mit welchem Abzeichen?

DE LUGO Mit einem goldenen Kreuz auf der Brust. Dieses Kreuz haben wir abgelegt. Es hätte bei feindlichen Fliegerangriffen ein allzu deutliches Ziel abgegeben. Dafür trugen wir, um uns von der Truppe zu unterscheiden, und um den Verwundeten geistlichen Beistand zu leisten, ein kleines Kruzifix mit uns, das wir den Gläubigen zum Kusse reichten.

MASSETI Glauben Sie, daß es einem Christen ansteht, Anschläge auf das Leben eines Volkes zu verüben, so, wie das hier geschehen ist? Halten Sie es für erlaubt, Ihren geistlichen Stand zu konspirativen Zwecken zu benützen, das heißt, an einer Invasion teilzunehmen, die zahlreiche Todesopfer und Verwundete gefordert hat? Oder sind Sie etwa der Meinung, daß Dinge wie die Agrarreform und die Aufhebung der Rassendiskrimination mit der katholischen Religion unvereinbar wären?

DE LUGO Keineswegs. In dieser Beziehung sind wir uns durchaus einig. Aber ich möchte darauf zurückkommen, daß meine Mission weder ideologischen noch politischen Charakter hatte, sie war rein geistlicher Natur; und deshalb war es meine Pflicht, an Ort und Stelle zu sein, nämlich dort, wo mich meine Jungs brauchten. Ich habe am Strand von Girón einem Milizsoldaten ein katholisches Begräbnis zuteil werden lassen und zwei oder drei Verwundeten geistlichen Beistand geleistet. Unsere Mission besteht darin, ohne Rücksicht auf rassische oder nationale Verschiedenheiten jedermann zu helfen, der den geistlichen oder materiellen Beistand eines Priesters braucht.

MASSETI Sie glauben also, daß Sie als Mitläufer bei dieser Invasion mit reinem Gewissen dastehen, weil Sie einem Milizsoldaten, den umzubringen Sie selber mitgeholfen haben, ein christliches Begräbnis besorgten?

DE LUGO Ich habe niemanden umgebracht. Ich habe niemals eine Waffe in der Hand gehabt.

MASSETI Aber Sie haben denjenigen Leuten Beihilfe geleistet, die hierhergekommen sind, um zu töten.

DE LUGO Ich habe geistlichen Beistand geleistet.

MASSETI Sie haben Beihilfe geleistet.

DE LUGO Geistlichen Beistand.

MASSETI Haben Sie an einer Konspiration gegen dieses Land teilgenommen oder nicht?

DE LUGO Wenn Sie es so nennen wollen, meinetwegen.

MASSETI Nicht, weil ich es so nennen will, sondern weil es so war.

DE LUGO Aber daß ich in eine Konspiration hineingeraten bin, das heißt noch lange nicht, daß ich selber ein Verschwörer war. Sehen Sie, wenn ich zum Beispiel den Auftrag bekomme, in einem Gefängnis zu arbeiten, in dem lauter Verbrecher und Mörder leben, so bedeutet das doch keineswegs, daß ich selbst ein Verbrecher wäre oder daß ich die Gedanken der Verbrecher teilte.

MASSETI Wollen Sie mit diesem Vergleich sagen, daß Sie sich bei Ihrem Unternehmen in der Gesellschaft von Verbrechern und Mördern befanden?

DE LUGO Nein, ich will damit sagen, daß ein Priester auch die Gefängnisse besuchen muß, die Hospitäler, die Leprakranken, die Armen, die Reichen. Er muß hingehen, wo immer er gebraucht wird, und wo immer er gebraucht wird, muß er geistlichen Beistand leisten.

MASSETI Sie haben gesagt, daß es nicht die Sache eines Priesters sein kann, sich in Revolutionen oder Konterrevolutionen einzumischen. Das ist Ihre eigene Ansicht. Sie geben andererseits zu, daß Sie an einer konterrevolutionären Verschwörung teilgenommen haben.

DE LUGO Darauf ist in erster Linie zu antworten, daß ich leider kein Cubaner bin. Das heißt, daß die Cubaner ihre Angelegenheiten unter sich ausmachen müssen. Was mich betrifft, so habe ich mich, wenn ich mich in der Gesellschaft von Cubanern befinde, auf die Ausübung meines Amtes zu beschränken, ganz gleich, ob es ein Katholik ist oder ob es zwanzig, dreißig, fünfhundert oder tausend cubanische Katholiken sind, die mich um meinen Beistand bitten, ganz genauso wie ein Arzt jedem Verwundeten und jedem Kranken Hilfe zu leisten hat.

MASSETI Vielleicht können Sie mir die folgende Frage beantworten. Wenn ein Katholik oder eine Gruppe von Katholiken einen Mordanschlag vorbereitet und Sie dabei um Ihren Beistand bittet für den Fall, daß es bei diesem Mordanschlag Tote oder Verwundete gibt, würden Sie dann an dieser Verschwörung teilnehmen und den Mordanschlag mit vorzubereiten helfen? Oder wäre es nicht vielmehr Ihre Pflicht, sich an die Behörden zu wenden, um diesen Anschlag zu vereiteln?

DE LUGO Selbstverständlich ist es die Pflicht des Priesters, wie die des Arztes, jeden Mord zu verhindern und zu vermeiden. Wenn es jedoch erst einmal zu einem Mord gekommen ist, sind beide, der Priester und der Arzt, verpflichtet, den Opfern geistliche und körperliche Linderung zu verschaffen.

MASSETI Was haben Sie getan, um zu verhindern, daß es zu diesen Opfern gekommen ist?

DE LUGO Was ich getan habe?

MASSETI Ja, was Sie getan haben, um diese Todesopfer zu verhindern, um zu vermeiden, daß so viele Leute die Letzte Ölung empfangen mußten, von Ihrer Hand empfangen mußten.

DE LUGO Aber ich hatte keinerlei Möglichkeiten, etwas dagegen zu tun. Alle diese Leute waren Freiwillige.

MASSETI Das genügt mir.

MODERATOR Genosse Franqui bitte.

FRANQUI Sie sind Spanier?

DE LUGO Ja.

FRANQUI Haben Sie am Spanischen Bürgerkrieg teilgenommen?

DE LUGO Ja. Ich war damals 18 Jahre alt.

FRANQUI Welchen Rang hatten Sie in der spanischen Armee?

DE LUGO Ich war Fähnrich auf Probe.

FRANQUI Sie haben unter Franco gedient?

DE LUGO Ja. Allerdings nur auf Probe.

FRANQUI Was heißt das?

DE LUGO Also ohne dem Heer anzugehören. Man könnte sagen, ich war etwa in der gleichen Lage wie hier die Offiziere der Miliz, die ja auch nicht dem regulären Heer angehören.

FRANQUI Ich möchte festhalten, daß Sie Offizier waren, und daß Sie . . .

DE LUGO Mein Offiziersrang war kein Rang der regulären Armee, sondern ein Rang, der den Freiwilligen je nach dem Verlauf der Operationen und ja nach ihren Führungsqualitäten verliehen wurde.

FRANQUI Und aus welchem Grund sind Sie befördert worden?

DE LUGO Einfach, weil ich in diesem Krieg mitgekämpft habe.

FRANQUI Sie haben auf seiten Francos mitgekämpft. Sie waren also der Meinung, und sind dieser Meinung heute noch, daß dieses Regime ein christliches Regime ist.

DE LUGO Das sind Fragen, die mich nichts angehen. Wenn Sie wissen wollen, warum ich gekämpft habe, so kann ich Ihnen sagen, daß siebenundzwanzig meiner Familienangehörigen ermordet worden sind. Sie werden es vielleicht verstehen, daß man sich zu schlagen hat, wenn einem in der eigenen Familie siebenundzwanzig Angehörige umgebracht werden.

FRANQUI Das kann ich mir denken. Aber wissen Sie auch, wer an diesen siebenundzwanzig Todesopfern schuld ist? Schuld daran sind Franco, der Nazismus und der Hitlerismus, die der Spanischen Republik den Bürgerkrieg erklärt haben, um eine Regierung zu beseitigen, die das spanische Volk selbst gewählt hatte. Dennoch sind Sie freiwillig in die Armee Francos eingetreten. Sie waren damals noch nicht Priester?

DE LUGO Nein, ich war damals ein 18jähriger Junge.

FRANQUI Aber Sie haben seinerzeit eine militärische Ausbildung erfahren?

DE LUGO Wenn Sie das Ausbildung nennen wollen. Natürlich erwarb ich mir eine gewisse Kriegserfahrung.

FRANQUI Und nun haben Sie sich also an dieser Invasion beteiligt. Ich möchte Sie fragen, ob Sie in den Zapata-Sümpfen die Kinder und die Frauen gesehen haben, die im MG-Feuer der amerikanischen Flugzeuge umgekommen sind?

DE LUGO Nun, um die Wahrheit zu sagen, und ich als Priester werde Sie nicht anlügen, am Strand von Girón habe ich keinen einzigen ermordeten Menschen gesehen. Ich habe ausschließlich den jungen Katholiken geholfen, die an der Invasion beteiligt waren.

FRANQUI Und wer waren diese jungen Katholiken? Der Herr Calviño, ein berüchtigter Mörder, ein Haufen von Handlangern und Mordbrennern der Batista-Diktatur, ein Haufen von Millionären, die die Bauern der Zapata-Sümpfe ausgepreßt haben, ein Haufen von Politikern, die dieses Land jahrzehntelang unterdrückt hielten: diesen Leuten haben Sie Ihren geistlichen Zuspruch gebracht, und nicht dem cubanischen Volk.

DE LUGO Hören Sie mal, das können Sie mir nicht sagen. Ich habe fünf Jahre als Priester in Cuba hinter mir.

FRANQUI Meine letzte Frage: Wie halten Sie es mit den Toten, die es am Strand von Girón gegeben hat? Wie denken Sie darüber?

DE LUGO Welche Toten?

FRANQUI Hat es dort vielleicht keine Toten gegeben? Soldaten oder Zivilisten, das ist gleich.

DE LUGO Am Strand von Girón?

FRANQUI Ja.

DE LUGO Was mich betrifft, so habe ich nur einen einzigen Toten gesehen.

FRANQUI Einen einzigen?

DE LUGO Ja.

FRANQUI Sie sind offenbar sehr schlecht unterrichtet, denn allein bei den Unsrigen gab es . . .

DE LUGO Am Strand von Girón?

FRANQUI Am Strand von Girón und am Breiten Strand und in der ganzen Landungszone.

DE LUGO Vom Breiten Strand kann ich nicht sprechen, ich war nicht dort. Was ich gesehen habe, das war der Badestrand von Girón. Und dort habe ich nur einen einzigen toten Jungen gesehen.

FRANQUI Gut. Wenigstens einen haben Sie gesehen. Wie denken Sie über diesen Tod?

DE LUGO Der Mann ist bei der Landungsoperation gefallen.

FRANQUI Rechtfertigen Sie diesen Tod oder nicht?

DE LUGO Ich beklage ihn aus tiefstem Herzen. Ich wünschte, er wäre nicht gestorben.

FRANQUI Sie glauben an Gott, nicht wahr?

DE LUGO (macht eine Geste der Zustimmung).

FRANQUI Und an das Jüngste Gericht?

DE LUGO Ja.

FRANQUI Was würden Sie sagen, wenn Sie sich wegen Ihrer moralischen Beihilfe zu diesem Verbrechen zu verantworten hätten?

DE LUGO Ich würde ruhigen Gewissens vor meinen Richter treten.

MODERATOR Der Genosse Carlos Rafael Rodríguez bitte.

RAFAEL RODRÍGUEZ Fühlen Sie sich unwohl? Vielleicht möchten Sie Ihre Aussage hier abbrechen?

DE LUGO Nein, nein. Machen wir weiter. Es ist nur meine Armverletzung, die mir zu schaffen macht.

RAFAEL RODRÍGUEZ Meine Frage wird sehr kurz sein. Sie kennen die Schrecken des Bürgerkrieges, Sie kennen diese Schrecken von Ihrer Jugend her. Heute sind Sie kein junger Mann mehr, heute sind Sie Priester. Glauben Sie nicht, daß es Ihre erste Pflicht als Seelsorger gewesen wäre, einen weiteren Bürgerkrieg zu verhindern?

DE LUGO Ich glaube, daß ich weder moralisch noch physisch in der Lage gewesen wäre, den Bürgerkrieg zu verhindern. Das ganze Unternehmen war eine Sache der Cubaner. Das müssen Sie unter sich ausmachen.

RAFAEL RODRÍGUEZ Haben Sie irgendeinen Versuch in dieser Richtung unternommen?

DE LUGO Ich habe alles getan, was in meinen Kräften stand.

RAFAEL RODRÍGUEZ Haben Sie mit den jungen Leuten gesprochen, um sie von der Invasion abzubringen?

DE LUGO Ich riet den Jungs davon ab, hierherzukommen. Ich habe auch mit den amerikanischen Beratern gesprochen und ihnen gesagt, daß sie sich täuschten, wenn sie glaubten, daß das Volk gegen Dr. Fidel Castro sei.

RAFAEL RODRÍGUEZ Sie verurteilen also die Aggression gegen Cuba?

DE LUGO Ich verurteile jeden Krieg.

RAFAEL RODRÍGUEZ Und die Aggression gegen Cuba?

DE LUGO Ich verurteile jede direkte Aggression.

RAFAEL RODRÍGUEZ Also auch diese?

DE LUGO Ja, auch diese.

RAFAEL RODRÍGUEZ Das ist alles.

MODERATOR Der Gefangene kann gehn.

Neuntes Verhör. Der Prophet des Dritten Weges

(Felipe Rivero Díaz)

MODERATOR Der nächste Gefangene bitte.
(Der Gefangene wird hereingeführt).
Ihr Name?

GEFANGENER Felipe Rivero Díaz.

MODERATOR Welcher Einheit gehörten Sie an?

RIVERO Dem 2. Bataillon, Kompanie G.

MODERATOR Kommen Sie freiwillig hierher, um die Fragen der Journalisten zu beantworten?

RIVERO Soweit ich dazu in der Lage bin, will ich alle Fragen beantworten.

MODERATOR Der Genosse Ortega bitte.

ORTEGA Wo sind Sie ausgebildet worden?

RIVERO In den Bergen von Guatemala.

ORTEGA Wie lange waren Sie dort?

RIVERO Die Ausbildung dauerte ungefähr zwanzig Tage.

ORTEGA Seit wann leben Sie im Ausland?

RIVERO Ich bin am 4. März 1959 ausgereist.

ORTEGA Aus welchen Gründen?

RIVERO Aus familiären Gründen. Meine Frau ist eine Nichte von Morales del Castillo. Dadurch ist meine Situation hier unhaltbar geworden, wenigstens in der ersten Zeit nach dem Sieg der Revolution. Aber ich ging mit der Hoffnung ins Ausland, daß diese Probleme sich erledigen würden, nachdem die erste Aufregung vorbei war. Von den Vereinigten Staaten aus schrieb ich dann einen Brief an Dr. Agramonte und erklärte ihm, daß ich ein durchaus unpolitischer Mensch sei und keinerlei Ressentiments hätte. Ich war nie ein Anhänger Batistas, und ich hege keine Ressentiments gegen die Revolution. Wenn ich politisch einen Fehler gemacht habe, dann lag er ja gerade darin, daß ich mir diese ganzen Probleme vom Leib hielt; denn ökonomisch hatte ich mein gutes Auskommen. Ich schrieb also an Dr. Agramonte, aber er hat meinen Brief nicht beantwortet. Daraufhin sah ich mich gezwungen, das Land endgültig zu verlassen.

ORTEGA Wenn Sie keinerlei Ressentiments gegen die Revolution hegten und ein völlig unpolitischer Mensch waren, warum haben Sie sich dann freiwillig zu dieser Expedition gemeldet?

RIVERO Wenn Sie mich so fragen, lassen Sie eine zweijährige Entwicklung außer acht. Im Lauf dieser Zeit haben sich meine persönlichen Verhältnisse verschlechtert, und zwar aus familiären Gründen. Ich bin nämlich auch ein Cousin von José Ignacio Rivero, den Sie hier »Pepinillo« nennen. Dazu kam dann noch, daß es damals allgemein hieß, Cuba sei kommunistisch geworden. Ich bin kein Kommunist. Ich bin Nationalist. Kommunist bin ich nie gewesen. Sehen Sie, ich habe meine eigenen politischen Ansichten, und es hieß damals, unser Land sei von einer Reihe von ausländischen Mächten beherrscht; wir seien den einen Imperialismus nur losgeworden, um einem anderen zum Opfer zu fallen. Nun, vielleicht ist das alles auch nur Propaganda. Aber die ständige Flucht von führenden Persönlichkeiten und bekannten Vertretern des Castro-Regimes mußte in jedem Außenstehenden den Eindruck erwecken, daß es nicht bloße Propaganda war. Das ist jedenfalls meine Ansicht und die Ansicht vieler, die an dieser Sache teilgenommen haben. Wie Sie wissen, haben wir trotzdem lange Zeit gezögert. Ich selbst war bis zur letzten Minute unentschieden, bis es schließlich so aussah, als stünde ein Zusammenstoß zwischen dem Regime und seinen Gegnern unmittelbar bevor. Unter diesen Umständen sahen wir uns gewissermaßen gezwungen . . . Denn sehen Sie, wenn schon eine Aktion von außen, dann doch schon lieber eine Aktion, die von Cubanern und nicht von Ausländern getragen war; denn als Cubaner hätten wir am Tag nach dem Sieg doch immerhin unsere Stimme erheben und etwas ausrichten können. Ich war jedenfalls der Ansicht, daß es besser war, mitzumachen, in einem Moment, in dem es ganz so aussah, als wäre Ihr Regime am Ende. Für den Fall eines solchen Zusammenstoßes war es klar, daß wir für unsere Sache einstehen mußten, daß wir uns nicht heraushalten durften. Das war mehr oder weniger die Lage, wie ich sie sah.

ORTEGA Sie sagten, Sie seien Nationalist. Worin bestand dieser Nationalismus?

RIVERO Mein Nationalismus will auf eine Haltung hinaus, die Cubas würdig ist. Ich verstehe darunter einen dritten Weg, wie ihn Nasser eingeschlagen hat. Diesen Weg hätte auch Batista einschlagen können und einschlagen sollen, statt seine Ziele vom 10. März preiszugeben. Nun, Batista war selbstverständlich ein sehr beschränkter Mensch, auch in meinen Augen. Batista ist ein Mensch, der in einem gewissen Milieu und aus einer gewissen Atmosphäre heraus zur Macht gelangt ist, und der nicht in der Lage war, sich in einer veränderten Atmosphäre zurechtzufinden. Aber um auf die heutige Lage zurückzukommen, so liegt der Hauptfehler Ihres Regimes meiner Meinung nach darin, daß Sie es ungeachtet der Talente Ihres Anführers und vieler Leute aus seiner Umgebung unterlassen haben, den Dritten Weg einzuschlagen.

ORTEGA Sie glauben also, Batista sei auf der Suche nach dem Dritten Weg gewesen?

RIVERO Nein, das nicht. Im Gegenteil, Batista wußte vermutlich noch nicht einmal, was das ist. Ich habe Batista erwähnt, weil der Staatsstreich vom 10. März sich ungefähr zur gleichen Zeit ereignete wie der Sturz König Faruks durch Negip, und von da aus läßt sich ein Vergleich ziehen, der allerdings für die Cubaner nicht sehr schmeichelhaft ausfällt. Der eine Staatsstreich, der Staatsstreich Negips, hat Ägypten vorangebracht. Der andere dagegen, der Staatsstreich Batistas, hat uns nichts als Rückschläge gebracht.

ORTEGA Und wozu haben Sie sich in den Vereinigten Staaten anwerben und auf einer Militärbasis unter amerikanischer Leitung ausbilden lassen, mit amerikanischen Waffen, unter der Aufsicht von Ydígoras und Somoza, begleitet von amerikanischen Zerstörern? Sind Sie gekommen, um Cuba auf irgendeinen dritten Weg zu bringen? Oder war es nicht vielmehr Ihr Auftrag, dieses Land dem amerikanischen Imperialismus auszuliefern?

RIVERO Erstens einmal gehörte ich dem politischen Apparat der sogenannten Demokratischen Front in keiner Weise an. Zweitens vertritt die Mehrheit der Männer, die an dieser Sache beteiligt waren, ganz verschiedene Auffassungen, verschiedene politische Parteien und Gruppierungen. Und drittens, wäre ich diesmal wieder zu Hause geblieben und hätte die Hände in den Schoß gelegt, wie damals beim Kampf zwischen Batista und den Anhängern Fidels, an dem ich aus einer Reihe von persönlichen und familiären Gründen nicht teilnehmen konnte, so hätte ich eben am Tag danach wieder nichts zu sagen gehabt und wieder nichts ausrichten können, um Schlimmeres zu verhindern. Sehen Sie, ich bin mit Ihnen ja ganz einer Meinung, was Batista betrifft: er hat das Land um zwanzig Jahre zurückgeworfen. Aber mit einer Gruppe von mehr oder weniger vernünftigen Leuten hätten wir doch immerhin versuchen können, diese zwanzig Jahre aufzuholen.

ORTEGA Sie glauben also, die Mordbrüder Batistas seien eine Gruppe von vernünftigen Leuten, oder meinen Sie etwa die Söhnchen aus reichem Hause und die Söhne von korrupten Politikern, die hier in diesem Saal aufgetreten sind?

RIVERO Aber ich sage Ihnen doch, daß es in unserer Truppe alle möglichen Schattierungen und gesellschaftlichen Tendenzen gab.

ORTEGA Nur das cubanische Volk war in Ihrer Truppe nicht vertreten.

RIVERO Das mag Ihre Ansicht sein. Ich habe Ihnen gesagt, was ich davon halte.

ORTEGA Das Volk war nicht vertreten. Die Arbeiter und Bauern waren in Ihrem Söldnerheer nicht vertreten, weil die Arbeiter und Bauern heute Herren über dieses Land und Herren über ihre Fabriken sind. Diese Invasion wurde getragen von den alten Fabrikherren, den alten Großgrundbesitzern und ihren Verwandten, und von den bezahlten Mördern des Regimes, wie Ventura und Carratalá. Das sind die Leute, die hierhergekommen sind, in allen möglichen Schattierungen.

Doch diese Schattierungen laufen alle auf eine einzige Schattierung hinaus, und das ist die Reaktion.

RIVERO Ich habe in unserer Gruppe viele Arbeiter angetroffen.

ORTEGA Wir haben in diesem Saal keinen einzigen auftreten sehen.

RIVERO Sie sind im Gefangenenlager auf dem Sportgelände zu finden.

ORTEGA Nun, dieser Abend ist noch nicht zu Ende. Wir werden ja sehen, welche Gefangenen der Arbeiterklasse und welche einem Mordkommando angehörten.

RIVERO Ich kann Ihnen nur das sagen, was ich weiß.

ORTEGA Danke, das genügt mir.

MODERATOR Genosse Lionel Soto bitte.

SOTO Herr Rivero, womit haben Sie sich beschäftigt, ehe Sie Cuba verlassen haben? Worin bestand Ihre Tätigkeit?

RIVERO Meine Tätigkeit? Die bestand darin ... Meine Familie hatte Aktien der Bergwerke von Matahambre.

SOTO Sie haben also von den Aktien der Matahambre-Gruben gelebt?

RIVERO Ich war außerdem Schriftsteller, das war mein Hobby.

SOTO Und wo haben Sie veröffentlicht?

RIVERO Ich habe ein Buch im Selbstverlag veröffentlicht. Zwei weitere waren in Vorbereitung. Ich habe auch etwas für das Theater geschrieben.

SOTO Aha. Und wie sieht nun der Dritte Weg aus, den Sie den Grubenherren von Matahambre, den Besitzern der Zuckerwerke, den Großgrundbesitzern und den Agenten des amerikanischen Imperialismus in Cuba vorzuschlagen haben? Was meinen Sie, welchen Weg diese Leute einschlagen sollen?

RIVERO Dazu möchte ich Ihnen folgendes sagen: So, wie ich die Dinge sehe, ist es heute nötig geworden, die Reichtümer aller Länder der Welt gleichermaßen und gerecht zu verteilen. Mit dieser Forderung bin ich ganz und gar einverstanden. Was ich aber nicht einsehen kann, ist dies: Warum soll zum Beispiel ein Industriebetrieb, der eine nützliche soziale Funktion erfüllt, der soundso viele Arbeiter ernährt und der gut geführt wird, warum soll ein solcher Betrieb sozialisiert werden? Schließlich gibt es Unternehmer und Unternehmer. Beispielsweise kann ich mir einen Großgrundbesitzer vorstellen, der ein Monstrum ist; auf der anderen Seite gibt es aber auch Unternehmer, die ihre Gewinne nach einer Progressionsskala mit ihren Arbeitnehmern teilen.

soto Wissen Sie nicht, daß die Sozialisierung der Industrie in Cuba zu Produktionssteigerungen bis an die Grenze der Kapazität geführt hat?

rivero Solche Fälle sind sicher hier und da vorgekommen. Und wenn Sie beweisen können, daß das eine allgemeine Erscheinung ist – denn ich kann mir nicht vorstellen, daß jemand schäbig genug wäre, sich von seinem Vaterland loszusagen und eine Verschwörung gegen das eigene Land anzuzetteln bloß wegen irgendwelcher materieller Einbußen, die er erlitten haben mag ... Wenn also das, was Sie sagen, stimmt, dann bin ich damit einverstanden, daß man uns die Bergwerke und alles andere wegnimmt. Aber dann soll man uns wenigstens erlauben, daß wir uns wieder in die Gesellschaft eingliedern.

soto Vielleicht können Sie uns noch einiges über Ihre Motive sagen. Warum haben Sie sich an der Invasion beteiligt?

rivero Nun, was mich betrifft, so hatte ich dafür eine ganze Reihe von Gründen. Gefühlsmäßige Gründe und Gründe der Logik. Meine logischen Gründe beziehen sich mehr oder weniger auf die politischen Situationen hier im Land. Wie ich Ihnen schon gesagt habe, glaube ich nicht, daß Ihr Regime einen Zusammenstoß mit den Kräften der inneren Opposition heil überstehen könnte. Ein gefühlsmäßiges Motiv war, daß alle jungen Leute, die ich im Ausland kannte, mitgemacht haben. Dadurch entstand ein unwiderstehlicher moralischer Druck. Es sah ganz danach aus, es wurde uns sogar offen gesagt, daß derjenige, der sich drückte, kein Recht hätte, nach Cuba zurückzukehren, und kein Recht, bei zukünftigen Entscheidungen mitzusprechen. Es war ein bißchen so wie im Zweiten Weltkrieg:

ein Mann ohne Uniform machte einfach einen schlechten Eindruck. Aber es war nicht das allein. Alle diese Dinge kamen zusammen.

SOTO Und Ihre Doktrin vom Dritten Weg – hat sie auf Ihre Umgebung in Guatemala Eindruck gemacht?

RIVERO Ich gebe Ihnen ja zu, daß ein Sieg des politischen Apparates, den wir hatten, uns keineswegs auf diesen Dritten Weg gebracht hätte. Unsere politischen Führer waren weit davon entfernt. Aber es gab doch immerhin gewisse Möglichkeiten ... Es gab unter uns eine ganze Reihe von Leuten, die nicht so dachten wie die Personen, die Sie vorhin erwähnt haben.

SOTO An Ihren Dritten Weg war also gar nicht zu denken. Aber Ihre Bergwerke in Matahambre und Ihre Aktien hätten Sie doch immerhin wiedererlangt. Wäre damit Ihren politischen Bedürfnissen Genüge geschehen?

RIVERO Nun, auf dieser Basis hätte ich zum Beispiel eine politische Partei gründen können, die für den Dritten Weg eingetreten wäre. Ich weiß es nicht. Konkrete politische Pläne in dieser Richtung hatte ich zwar nicht, aber auf jeden Fall hatten wir eine Idee. Ich spreche für mich und für die Leute, die so denken wie ich. Möglicherweise sind wir in der Minderheit. Ich spreche weder für Ventura noch für Venturas Chauffeure, noch für eine ganze Reihe von widerlichen Leuten, die Sie erwähnt haben. Ich darf doch annehmen, daß Sie das einsehen. Schließlich gibt es überall Grade und Unterschiede, sogar in einem Zuchthaus gibt es die. Ich möchte Sie also bitten, uns nicht alle in einen Topf zu werfen.

SOTO Es hat Sie anscheinend doch gestört, daß Sie sich im Camp von Retalhuleu mit diesem Haufen von Mördern, Dieben, politischen Schwindlern und Ex-Offizieren Batistas gemein machen mußten. Oder haben Sie sich in dieser Gesellschaft wohlgefühlt?

RIVERO Wissen Sie, wer in der Politik für eine Sache eintritt, ein Ziel verfolgt, einer Pflicht nachkommt, der muß sich eben

ein Herz fassen und darf an seine Umgebung keine allzu großen Ansprüche stellen. Außerdem kannte ich diese Leute gar
nicht. Ich kann Ihnen ganz offen sagen, den Herrn Calviño
zum Beispiel habe ich erst heute kennengelernt. Im Lager
kannte ich ihn nur als einen blonden Mann, der von allen Seiten wie ein Wundertier angestarrt wurde. Wir haben uns von
Anfang an dagegen verwahrt, hier mit ihm zusammen aufzutreten.

MODERATOR Genosse Franqui bitte.

FRANQUI Eine Frage, die Ihren Nationalismus betrifft. Sie sind
ein junger Mann, und Sie wissen, daß die cubanische Jugend
einen heldenhaften Kampf geführt hat, um dieses Land von
der Fuchtel des amerikanischen Imperialismus zu befreien.
Wäre das nicht eine gute Gelegenheit für Sie gewesen, Ihre
nationalen Ideen zu verwirklichen?

RIVERO Sie meinen damals, als Sie die Revolution gemacht
haben?

FRANQUI Ja.

RIVERO Zugegeben. Aber das war ja gerade mein Fehler, daß
ich mich seinerzeit aus allem herausgehalten habe. Ich konnte
mir einfach nicht vorstellen, daß die Revolution siegen würde.
Übrigens hatten wir oder hatte ich damals den Eindruck, daß
diese Revolution einen Mann ans Ruder bringen sollte, für den
ich ganz und gar nichts übrig habe, nämlich Carlos Prío
Socarrás. Ich dachte damals, es ginge um eine Palast-Revo-
lution wie alle anderen auch. Batista war schlecht, aber Prío
schien mir das größere Übel. Ich glaubte einfach nicht an Ihre
Sache. Ich nahm mir nicht einmal die Mühe, Ihre Propaganda
zu lesen. Und vor allem glaubte ich eben nicht an Ihren Sieg.
Was aber unsere Niederlage hier betrifft, so habe ich sie von
Anfang an für möglich gehalten, denn ich kannte ja mehr oder
weniger die Kräfte, mit denen wir uns verbündet hatten. Das
war natürlich ein Risiko, aber ich sehe nicht, wie wir dieses
Risiko hätten vermeiden können.

FRANQUI Von welchen Kräften sprechen Sie jetzt?

RIVERO Sie würden diese Kräfte vermutlich imperialistisch nennen.

FRANQUI Davon halten Sie wohl nicht viel? Sie halten das für eine bloße Einbildung.

RIVERO Nein, keineswegs. Alle großen Weltreiche, alle großen Nationen sind imperialistisch. Das ist wenigstens meine Auffassung. Außerdem zeichnen sich die Amerikaner durch eine besonders unglückliche Art des politischen Auftretens aus.

FRANQUI Aber Sie haben sich doch mit ihnen verbündet?

RIVERO Naja, es gibt eben Momente in der Politik, wo man sich sozusagen mit dem Teufel selber einlassen muß.

FRANQUI Sie haben also ein Bündnis mit dem Teufel geschlossen?

RIVERO Bündnis ist zuviel gesagt. Wir haben die Hilfe der Amerikaner angenommen ...

FRANQUI Sie haben ihre Hilfe angenommen, ohne sich mit ihnen zu verbünden?

RIVERO Ich jedenfalls kam mir nicht als ihr Verbündeter vor.

FRANQUI Sagen Sie mir eines, Rivero. Sie sind doch ein intelligenter Mensch.

RIVERO Vielen Dank.

FRANQUI Also was glauben Sie nun eigentlich, was Sie getan haben? Sie sind von den Vereinigten Staaten aus nach Guatemala gegangen, in dieses Reservat der United Fruit Company, Sie haben sich dort von amerikanischen Beratern an amerikanischen Flugzeugen und amerikanischen Waffen ausbilden lassen, Sie sind dann nach Nicaragua gegangen, das praktisch Privatbesitz der Familie Somoza und des Imperialismus ist, Sie haben Nicaragua unter dem Schutz amerikanischer Flugzeuge und amerikanischer Zerstörer verlassen, um in Cuba einzufallen und gegen das cubanische Volk zu kämpfen, mit amerikanischen Waffen in der Hand. Nun sagen Sie mir, Rivero, halten Sie das für Nationalismus?

RIVERO Aber ich habe Ihnen doch schon erklärt, warum wir so vorgehen mußten. Ich bin ja ganz Ihrer Meinung, daß das

Regime von Somoza ein Skandal ist. Ich habe selber gesehen, wie die Indianer leben. Außerdem habe ich Geschichte studiert und weiß, wie es in diesen Ländern zugeht. Aber andererseits mußte doch irgend etwas geschehen. Unsere Absicht war ja, nach einem eventuellen Sieg einen Schritt weiter zu gehen. Und um dieser Chance willen mußten wir eben die bittere Pille schlucken.

FRANQUI Aber bevor wir auf die Chance eingehen, von der Sie reden, sagen Sie mir noch eines. Sie haben vorhin erwähnt, daß in Ihrer Truppe auch Arbeiter und Bauern vertreten waren, nicht wahr?

RIVERO Allerdings, es waren viele kleine Leute dabei. Ich kenne sie nicht persönlich, ich kenne ihre Vergangenheit nicht, ich weiß nicht, was sie früher gemacht haben, aber es waren ganz bestimmt kleine Leute. Und was die Truppe betrifft, so hat sie sich tapfer geschlagen. Es war eine Truppe, die von einer Idee getragen war. Ich kann es nicht anders sagen. Deshalb hat sie sich auch tapfer geschlagen.

FRANQUI Und warum habt ihr dann verloren?

RIVERO Aber das ist doch klar. Wir haben aus einem ganz einfachen Grund verloren.

FRANQUI Aus was für einem Grund?

RIVERO Wenn Sie heutzutage mit zehn Mann in den Vereinigten Staaten oder in Rußland – ich nenne mit Absicht zwei Großmächte ersten Ranges –, wenn Sie in einem solchen Land mit zehn Mann einen Guerilla-Krieg anfangen, so kann sich die Guerilla wahrscheinlich halten, obwohl sie zahlenmäßig unterlegen ist. Dagegen ist es ganz aussichtslos, mit einem Heer von tausend Mann, das nach allen Regeln der Kunst kämpft, gegen eine reguläre Armee wie die Ihrige anzutreten, die viele tausend Mann stark ist, und einen konventionellen Krieg anzufangen. Tausend Mann gegen 5000 oder 10 000 oder 30 000, dabei kann von vornherein nichts anderes herauskommen als eine Niederlage.

FRANQUI Ihre Kameraden haben alle übereinstimmend ausgesagt, daß sie ihre Hoffnungen auf eine spontane Erhebung gesetzt haben. Haben Sie diese Hoffnungen geteilt?

RIVERO Natürlich. Aus diesem Grund sind wir ja hierhergekommen. Wir sind doch keine Selbstmörder. Wir dachten, die ganze Insel stünde in Flammen und die Miliz würde zu uns überlaufen.

FRANQUI Sie erwarteten, daß das Volk Sie unterstützen würde?

RIVERO Abgesehen von einigen Trotteln dachten wir das alle. Es wäre die einzige Rettung für uns gewesen. Wir dachten eben, das ganze Land sei gegen das Regime, das sozialistische Experiment sei gescheitert, und wir hätten einen Spaziergang vor uns. Dabei ließ mich aber der Verdacht nicht los, daß man ein doppeltes Spiel mit uns trieb. Ich dachte mir: Am Ende schicken sie uns hierher, um uns für ein bloßes Propagandamanöver zu opfern. Ich dachte mir alle möglichen macchiavellistischen Geschichten aus, und leider haben sich meine Vermutungen als wohlbegründet erwiesen.

FRANQUI Und was glauben Sie jetzt? Glauben Sie, daß das Volk Sie unterstützt oder uns?

RIVERO Nun, die Soldaten stammen sicherlich aus dem Volk. Unterstützung von seiten der Bevölkerung haben wir nicht erfahren. Aber schließlich sind wir der Bevölkerung ja gar nicht begegnet. Ihre Truppen haben uns nicht einmal so weit vordringen lassen, daß wir mit den Leuten hätten sprechen können.

FRANQUI Eine andere Frage, wenn Sie erlauben. Sie sind Nationalist, nicht wahr?

RIVERO Ja.

FRANQUI Sprechen wir also ganz offen. Wir haben die Bergwerke, an denen Sie als Großaktionär beteiligt waren, nationalisiert. Wir haben den ganzen Besitz der Familie Rivero nationalisiert.

RIVERO Aber das interessiert mich nicht.

FRANQUI Was, die Familie Rivero interessiert Sie nicht?

RIVERO Natürlich interessiert mich die Familie Rivero! Was mich nicht interessiert ist, daß sie ihren Besitz verloren hat.

FRANQUI Aha. Das interessiert Sie nicht. Aber wie dem auch sei, jedenfalls haben wir diesen Besitz nationalisiert. Das heißt: heute gehört er der ganzen Nation. Nicht wahr?

RIVERO Ja.

FRANQUI Sie sind eigentlich ein komischer Nationalist, denn schließlich und endlich, wenn Sie mit Ihren Ideen ernstmachten, müßten Sie doch mit uns einverstanden sein.

RIVERO Aber hören Sie mal, nach meiner Ansicht besteht der Nationalismus nicht darin, daß man die Betriebe und das Privateigentum nationalisiert. Für mich ist der Nationalismus keine Sache der Linken oder der Rechten. Der wahre Nationalismus muß für mich die Gesellschaft als ein Ganzes sehen, er muß zur Einigkeit führen und nicht zur Zwietracht.

FRANQUI Sie meinen also einen Nationalismus der Grundbesitzer und der Grubenherren?

RIVERO Nein, nein, nein! Das auf gar keinen Fall. Im Gegenteil, ich halte es für unmoralisch, wenn ein einziger Mensch über allzu große Geldsummen verfügt. Ich glaube, daß der persönliche Besitz beschränkt werden muß. Wenn bestimmte Leute ein Übermaß an Land besitzen oder ein Übermaß an Bergwerken oder ein Übermaß an Wohnhäusern oder Drogerien, so halte ich das für unmoralisch, denn es führt zur Versklavung des Menschen mit ökonomischen Mitteln. Früher wurden die Leute durch das Schwert niedergehalten und heute durch die Wirtschaft. Also in dieser Hinsicht sind wir ganz einer Meinung. Nur halte ich Ihre radikalen und übertriebenen Methoden für verkehrt. Aber wer weiß, vielleicht haben Sie auch recht. Ich bin kein Fachmann, ich kann hier nur meine persönliche Meinung aussprechen.

MODERATOR Genosse Gregorio Ortega bitte.

ORTEGA Sehen wir uns Ihren Nationalismus einmal ein wenig genauer an. Ich will gar nicht von der Nationalisierung Ihres Familienbesitzes sprechen. Aber halten Sie die Agrarreform,

d. h. die Nationalisierung der großen amerikanischen Güter, nicht auch für ein nationales Ziel?

RIVERO Doch.

ORTEGA Und die Nationalisierung der amerikanischen Elektrizitäts- und Telefongesellschaften?

RIVERO Alles, was dem eigenen Land zugute kommt, wenn es sein muß, auch zum Schaden des Auslandes, ist vom Standpunkt des Nationalismus aus gerechtfertigt. Aber ich möchte betonen, daß Ihre Art von Verstaatlichung nicht nur mit dem Privatbesitz und dem Privateigentum, sondern auch mit jedem Arbeitsanreiz für den einzelnen Schluß macht. Deshalb kann ich mit Ihren sozialistischen Vorstellungen nicht einverstanden sein. Sie sind mir zu radikal. Das ist meine persönliche Meinung. Unter Nationalismus verstehe ich etwas anderes. Ich verstehe darunter eine Haltung, die der Würde des Landes entspricht und ein Verhältnis von gleich zu gleich anderen Nationen gegenüber herbeiführt, ganz gleich, ob das die Amerikaner sind oder die Chinesen.

ORTEGA Aber genau das ist doch die Haltung der heutigen cubanischen Regierung, oder nicht? Cuba ist heute zum ersten Mal ein souveränes Land. Oder sind Sie anderer Meinung?

RIVERO Ich kann diese Frage nicht beantworten.

ORTEGA Und warum nicht?

RIVERO Sehen Sie, ich will Ihnen eines sagen: Ich war darauf gefaßt, daß wir es hier mit einem Heer von Russen und Chinesen zu tun bekämen, und daß sich die Milizen ganz und gar auf unsere Seite schlagen würden. Das ist nicht geschehen. Es sieht also ganz so aus, als hätte ich mich getäuscht, es sei denn, Sie hätten von vornherein gewußt, wo wir landen würden und hätten ein riesiges Täuschungsmanöver inszeniert. Es kann also gut sein, daß ich mich täusche. Andererseits – bitte lassen Sie mich ausreden! –, andererseits sieht es für mich immer noch so aus ... Wir dürfen doch nicht vergessen, daß es heute auf der Welt zwei Großmächte gibt, oder zwei Systeme, die einen Kampf um Leben oder Tod führen, und da scheint es mir, als hätte sich Cuba auf eine gefährlich einseitige Politik festgelegt. Ich glaube einfach nicht, daß das richtig ist.

ORTEGA Was meinen Sie denn, auf wessen Seite sich Cuba mit der Agrarreform, mit der Nationalisierung des ausländischen Eigentums, mit der Bewaffnung des Volks und mit der Wiedergewinnung der nationalen Souveränität geschlagen hat?

RIVERO Oberflächlich gesehen war das wohl eine nationale Sache, aber nicht, wenn man der Sache auf den Grund geht. Denn zur gleichen Zeit haben Ihre Führer eine ganze Reihe von Maßnahmen getroffen und Erklärungen abgegeben, die sich einer ganz bestimmten Seite zuneigen. Ich glaube also, hinter dem Schleier Ihres Nationalismus verbirgt sich etwas anderes, nämlich die Auslieferung des Landes an fremde Mächte. Diesen Eindruck hatte ich wenigstens von außen her.

MODERATOR Genosse Carlos Rafael Rodríguez bitte.

RAFAEL RODRÍGUEZ Eine ganz andere Frage. Sie haben gesagt, Sie hätten sich während der Zeit Batistas politisch völlig passiv verhalten. Sie haben also keinerlei Amt bekleidet?

RIVERO Doch.

RAFAEL RODRÍGUEZ Sie haben sich also in einem öffentlichen Amt passiv verhalten. Was war denn das für ein Amt?

RIVERO Die Pensionskasse suchte einen Präsidenten, und dieser Posten ist mir zugefallen. Gesucht wurde ein geeigneter Kandidat, gebraucht wurde jemand, der sich nicht, oder jedenfalls nicht von Anfang an ...

RAFAEL RODRÍGUEZ Ich verstehe. Man suchte jemand, gegen den keine Bedenken vorlagen.

RIVERO Pardon ... jemand, gegen den nichts vorlag. Also wurde der Posten mir angeboten. Ich nahm ihn an, weil ich mich langweilte, und weil ich mir sagte: In dieser Situation kannst du gute Arbeit leisten.

RAFAEL RODRÍGUEZ Und wieviel haben Sie an diesem langweiligen Posten verdient?

RIVERO Ich bekam 350 Dollars im Monat. Das war ziemlich bescheiden. Ich möchte dazu folgendes sagen: Der Pensionsfonds, mit dem ich es zu tun hatte, belief sich bei meinem Eintritt auf vier Millionen Dollar. Und bei meinem Ausscheiden . . .

RAFAEL RODRÍGUEZ Bitte verstehen Sie mich nicht falsch, ich habe nicht die Absicht, Ihnen Unterschlagungen vorzuwerfen. Sie brauchen also hier keine Rechenschaft abzulegen.

RIVERO Das nicht, aber ich möchte doch klarstellen . . .

RAFAEL RODRÍGUEZ Was *ich* hier klarstellen möchte ist vielmehr, daß Sie sich unter der Regierung Batistas keineswegs passiv verhalten haben, Sie waren vielmehr ein leitender Funktionär dieser Regierung. Ihre Passivität bestand einzig und allein darin, kein Sterbenswörtchen gegen Batista laut werden zu lassen. Statt dessen haben Sie sichs auf Ihrem guten Posten gemütlich gemacht.

RIVERO Aber mit den Regierungsangelegenheiten hatte ich nichts zu tun. Ich gebe ja gerne zu, daß ich mich aus der ganzen Sache herausgehalten habe . . .

RAFAEL RODRÍGUEZ Da bin ich anderer Meinung. Wer sich aus einer Situation heraushält, der kann auch keinen Nutzen aus ihr ziehen. Sie haben sich nicht herausgehalten, Sie haben sich dringehalten.

RIVERO Moment, Moment! Nicht so schnell. Ich glaube, auf meinem Posten eine nützliche Arbeit verrichtet zu haben. Wenn auf diesem Posten ein Dieb oder Betrüger gesessen hätte, wer weiß, was dann aus dem Pensionsfonds geworden wäre.

RAFAEL RODRÍGUEZ Sie haben mit anderen Worten die Schätze der Nation gehütet?

RIVERO Jedenfalls sind diese Schätze dort geblieben, wo sie waren. Wenn das Geld in andere Hände gefallen wäre . . .

RAFAEL RODRÍGUEZ Das Vaterland ist Ihnen also Dank schuldig?

RIVERO Aber ich bitte Sie, davon kann doch gar keine Rede sein. Jeder anständige Mensch hätte sich so verhalten. Sie an meiner Stelle hätten nicht anders gehandelt.

RAFAEL RODRÍGUEZ Jedenfalls haben Sie eine ganz besondere

Art von Passivität entwickelt. Aber lassen wir das und kehren wir zu den ideologischen Fragen zurück. Sie haben sich als Nationalisten bezeichnet und Sie haben gleichzeitig angedeutet, daß die Revolution Fidel Castros gegen die nationalen Interessen verstoßen hätte. Das ist es doch, was Sie der Revolution vorwerfen?

RIVERO Ich möchte es so formulieren: Die Revolution hat die nationalen Interessen auf eine Art und Weise vertreten, die für unser Land außerordentlich gefährlich ist.

RAFAEL RODRÍGUEZ Aber mit der Nationalisierung der Reichtümer des Landes haben Sie sich doch ausdrücklich einverstanden erklärt? Auch wenn sie zu Lasten der Vereinigten Staaten ging.

RIVERO Ich möchte das nicht auf die Vereinigten Staaten beschränken.

RAFAEL RODRÍGUEZ Aber die Reichtümer unseres Landes waren nun einmal in amerikanischen Händen.

RIVERO Gut. Aber schließlich geht es hier ums Prinzip. Und dieses Prinzip gilt für jedes Land, ob es nun die Vereinigten Staaten sind oder Indochina.

RAFAEL RODRÍGUEZ Nur, daß Indochina nicht die Produktionsmittel anderer Länder beherrscht. In Cuba dagegen, und von Cuba und seiner Revolution ist doch hier die Rede ... Nehmen wir einmal an, Sie hätten Ihre Bergwerke in Matahambre zurückerlangt und daraufhin eine Partei gegründet, und nehmen wir weiter an, auch wenn's schwerfällt, diese Partei wäre an die Macht gekommen. Welche Formen hätte Ihr Nationalismus dann angenommen?

RIVERO Wir hätten ja nicht gleich direkt an die Macht zu kommen brauchen ... Ein gewisser Einfluß, ein gewisses Mitspracherecht, ein gewisses Gewicht, das genügt doch bereits.

RAFAEL RODRÍGUEZ Gut, aber nehmen wir einmal an, Sie wären an der Macht. Schließlich haben Sie hier einen Mann kritisiert, der an der Macht ist, und ihm vorgeworfen, er hätte das Land in Gefahr gebracht.

RIVERO Ich habe Fidel Castro nichts vorgeworfen. Ich habe nur bemerkt . . .

RAFAEL RODRÍGUEZ Weichen Sie mir doch nicht fortwährend aus. Schließlich geht es hier um Machtfragen, und ich möchte von Ihnen gerne wissen, was Sie mit der Macht angefangen hätten, wenn sie Ihnen zugefallen wäre.

RIVERO Ich will gerne auf die Machtfrage eingehen, aber lassen Sie mich vorher eine Sache klarstellen. Ich werfe Fidel Castro nichts vor, sondern ich lege Ihnen nur dar, wie ich die cubanische Revolution sehe.

RAFAEL RODRÍGUEZ Gut. Also einmal angenommen, Sie wären an der Macht. Sie gehen genauso vor wie Fidel, Sie verabschieden ein Bodenreformgesetz. Dieser Schritt hat eine amerikanische Blockade zur Folge. Die Blockade führt zur Nationalisierung der amerikanischen Betriebe. Das ganze Volk stimmt dieser Maßnahme zu. Bis hierher waren Sie doch mit der Revolution einverstanden, oder nicht?

RIVERO Ja.

RAFAEL RODRÍGUEZ Unter diesen Umständen blieb dem amerikanischen Imperialismus, der, wie Sie selbst sagen, der traditionelle Feind unseres Landes ist, nur ein Mittel übrig, um die Revolution abzuwürgen. Dieses Mittel war die Einstellung der Petroleum-Lieferungen. Wenn Sie als der verantwortliche Führer des Landes oder irgendein anderer, wer auch immer an der Macht gewesen wäre, diese amerikanische Maßnahme passiv hingenommen hätten, so hätte das zur Lähmung des ganzen Landes und zur sicheren Niederlage der Revolution geführt. In dieser Situation kommt nun ein drittes Land ins Spiel, ein Land namens X, Y oder Z, es mag heißen, wie es will; ein Land, das in Cuba keinerlei Betriebe besitzt, das mit keiner einzigen Aktie an unseren Reichtümern beteiligt ist, das überhaupt keine ökonomischen Interessen in Cuba hat; und dieses Land verkauft uns nun Petroleum. Hätten Sie dieses Angebot angenommen oder nicht?

RIVERO Aber wenn Leute wie ich an der Macht gewesen

wären, so hätten wir vor allem darauf gesehen, daß Cuba sich nicht auf die Seite der Russen schlägt. Wir müssen doch bedenken, daß die beiden Großmächte, die beiden Systeme, einen Kampf auf Leben oder Tod führen. Den Vereinigten Staaten kommt es letzten Endes ganz bestimmt nicht auf ein paar Milliarden Dollars an. Worauf es ihnen ankommt, das ist die Rolle, die Cuba in der internationalen Politik spielt, und die Rolle Cubas in der internationalen Politik läßt sich unter anderem an den Abstimmungen in den Vereinten Nationen ablesen.

RAFAEL RODRÍGUEZ Sie hätten also darauf Wert gelegt, daß sich Cuba bei den Abstimmungen in den Vereinten Nationen wie bisher an die Ansichten der Vereinigten Staaten hält.

RIVERO Nein, ich hätte aber danach getrachtet, daß wir uns weder auf die russische noch auf die amerikanische Seite schlagen. Und ich hätte aus den Amerikanern herausgeholt, was nur herauszuholen war.

RAFAEL RODRÍGUEZ Mit dieser Art von politischem Opportunismus haben es bereits viele andere vor Ihnen versucht, und keiner hat sich auf die Dauer halten können. Die Welt gehört nicht den Opportunisten. Sie gehört denen, die bereit sind zu kämpfen.

RIVERO Es kann natürlich sein, daß ich mich täusche, aber . . .

RAFAEL RODRÍGUEZ Sicherlich täuschen Sie sich. Ihre Philosophie läuft auf den reinen Opportunismus hinaus und dieser Opportunismus führt zu nichts. Mitte 1959 hat die cubanische Regierung eine Erklärung über ihre internationale Politik abgegeben, in der es hieß, daß Cuba eine absolut unabhängige Politik führen werde.

RIVERO Ich weiß. Damals habe ich mir auch gesagt, vielleicht wäre es der Mühe wert, nach Cuba zurückzukehren.

RAFAEL RODRÍGUEZ Und was ist seitdem geschehen? Glauben Sie vielleicht, daß Cuba sich bei den Abstimmungen in den Vereinten Nationen unter Druck setzen läßt?

RIVERO Darüber kann ich mir kein Urteil erlauben.

RAFAEL RODRÍGUEZ Sie halten sich für einen gebildeten Menschen, Sie haben viel gelesen, Sie haben zwei Bücher geschrieben, aber ein Urteil über die Haltung Cubas in den Vereinten Nationen können Sie sich nicht erlauben?

RIVERO Nun, in der letzten Zeit im Ausbildungslager von Retalhuleu war es unmöglich, sich zu informieren. Das war praktisch ein Konzentrationslager.

RAFAEL RODRÍGUEZ Aber dort haben Sie doch nur einen knappen Monat zugebracht. Sie können doch in diesem Monat nicht Ihr Gedächtnis verloren haben. Schließlich leiden Sie nicht an einer totalen Amnesie. Können Sie mir auch nur eine einzige Abstimmung in den Vereinten Nationen nennen, bei der Cuba seine Stimme unter dem Druck einer fremden Macht abgegeben hätte?

RIVERO Ich kann das weder behaupten noch kann ich das ausschließen.

RAFAEL RODRÍGUEZ Verfolgen wir die Sache ruhig noch ein Stück weiter. Auf die russischen Öl-Lieferungen hin haben uns die Amerikaner die Zuckerquote gestrichen. Daraufhin haben wir uns nach Zuckermärkten in den sozialistischen Ländern umgesehen. Glauben Sie, wir hätten das unterlassen sollen?

RIVERO Keineswegs. Wir müssen unseren Zucker verkaufen, ganz gleich, an wen, ob es nun die sozialistischen Länder sind oder die Marsbewohner.

RAFAEL RODRÍGUEZ Also auch mit diesem Schritt sind Sie einverstanden?

RIVERO Das schon, aber die Streichung der Zuckerquote hätte um jeden Preis vermieden werden müssen.

RAFAEL RODRÍGUEZ Das hätte sich nur um den Preis einer Streichung unserer Souveränität vermeiden lassen. Das sehen Sie doch ein – oder haben Sie nicht einmal das aus der Geschichte gelernt?

RIVERO Ich habe die Geschichte ziemlich eingehend studiert und ich bin zu dem Schluß gekommen, daß eine Regierung verpflichtet ist, in erster Linie für die Sicherheit des Landes zu sorgen. Sehen Sie, es kann gut sein, daß der Kommunismus die vollkommenste Gesellschaftsform ist, die es gibt. Jedenfalls bin ich dieser Meinung. Wenn sich aber diese Gesellschaftsordnung nicht einführen läßt, weil sie automatisch zur physischen Vernichtung dieses Landes führen würde, dann, meine ich, ist es besser, einen so gefährlichen Schritt zu unterlassen. Wir sind schließlich ein kleines Land. Das darf man nicht außer acht lassen.

RAFAEL RODRÍGUEZ Die Außenpolitik, die Sie da vertreten, läuft früher oder später auf eine Kapitulation hinaus. Sie wollen dem Teufel den kleinen Finger geben und trösten sich damit, daß er ihn irgendwann einmal schon wieder loslassen wird. Aber ehe Sie sichs versehen, haben Sie diesem Teufel, der Vergleich stammt übrigens von Ihnen, nicht nur den kleinen Finger, sondern die Seele verkauft. Darauf läuft das Ganze doch hinaus. Sie haben keinerlei Beweis dafür erbringen können, daß unser Land seine Unabhängigkeit in internationalen Fragen aufgegeben hat.

RIVERO Ich bin nicht hierhergekommen, um mit Ihnen zu polemisieren. Ich wollte Ihnen nur meinen ganz persönlichen Fall als Kriegsgefangener erklären und Ihnen sagen, warum ich mich auf dieses Unternehmen eingelassen habe. Ich weiß, Sie können mich an die Wand stellen, wenn Sie das für richtig halten, oder Sie können mich einsperren.

RAFAEL RODRÍGUEZ Hier bei diesem Gespräch jedenfalls handelt es sich nicht darum, Leute an die Wand zu stellen.

RIVERO Sie können mich vor Gericht stellen, Sie können mit mir machen, was Sie wollen . . .

RAFAEL RODRÍGUEZ Aber dazu sind wir heute abend nicht hier.

RIVERO Bitte, lassen Sie mich meinen Gedankengang zu Ende führen. Sie können mir jede Art von Strafe auferlegen, die Sie für angemessen halten, aber von meinen Meinungen werden Sie mich nicht so leicht abbringen. Ich glaube nach wie vor, daß Ihre Politik von ganz falschen Voraussetzungen ausgeht.

MODERATOR Der Genosse Guillermo Jiménez bitte.

JIMÉNEZ Vielleicht können Sie mir einen Punkt genauer erklären, den ich nicht ganz verstehe. Sie haben hier gesagt, daß es Ihnen außerordentlich unangenehm war, sich mit Calviño, einem Mörder, einem der übelsten Kapos des Batista-Regimes, auf ein gemeinsames Unternehmen einzulassen.

RIVERO Selbstverständlich war mir das unangenehm. Außerdem möchte ich betonen, daß ich, von dem Posten, den ich inne hatte, einmal abgesehen, das Batista-Regime niemals unterstützt habe.

JIMÉNEZ Sie begreifen wohl nicht ganz, daß Sie diesen Posten Mördern wie Calviño oder Dieben wie Andrés Domingo und Morales del Castillo zu verdanken hatten.

RIVERO Damals kannte ich Calviño doch noch gar nicht.

JIMÉNEZ Sie hatten keine Ahnung davon, daß es Mörder wie Calviño waren, die Ihren Posten sicherten?

RIVERO Dazu möchte ich folgendes sagen: Auch unter der Regierung Prío Socarrás gab es Diebe und Mörder. Und damals habe ich Cuba verlassen. Eine andere Lösung war nicht in Sicht. Es gab nur die »Priisten« auf der einen Seite und die »Batistianer« auf der anderen. Mich interessierte weder das eine noch das andere, ich wollte einfach mein Leben leben. Der Posten wurde mir angeboten, ich sagte mir, gut, ich werde eine nützliche Arbeit leisten, und ich werde diesen Leuten zeigen, daß ich nicht einer ihresgleichen bin. Sie werden mir das natürlich nicht glauben.

JIMÉNEZ Und an dieser Invasion haben Sie sich also beteiligt, um später einmal eine Partei zu gründen, um dann . . .

RIVERO Nein, nein. Das nicht. Ich sehe mich nicht als Politiker. Ich hatte nicht vor, mich im Zentralpark auf eine Seifenkiste zu stellen und den Leuten zu predigen. Damals, zu Batistas Zeiten, hätte das auch nichts genützt. Wir waren seinerzeit auch nur zu viert oder zu fünft, lauter Gleichgesinnte. Wir waren ziemlich isoliert. Außerdem fühlte ich mich nicht zur Politik berufen. Es fehlte mir, wie die Franzosen sagen, das Metier. Ich war einfach ungeeignet für eine solche Aufgabe, und ich komme auf das zurück, was ich vorhin sagte: ich leugne nicht, daß das mein Fehler war. Ich habe mich einfach aus allem herausgehalten. Aber andererseits gab es Millionen von Cubanern, die sich damals genauso verhalten haben. Als die Bewegung vom 26. Juli die Parole ausgab, keine neuen Autos zu kaufen, haben die Leute nicht darauf hören wollen . . .

JIMÉNEZ Und Sie, hatten Sie keinen Wagen?

RIVERO Man hat einfach weitergemacht wie zuvor, ist ins Kino gegangen und hat sich nicht um die Bomben gekümmert. Später haben sich dann die meisten auf die Seite Castros geschlagen, aber in der Zeit davor wollte sich niemand einschränken. Ich will damit nur sagen, die Cubaner haben viele gute Eigenschaften, aber sie sind ein sehr bequemes Volk, oder waren es wenigstens. Und so stehe ich mit meinen Fehlern durchaus nicht vereinzelt da.

VALDÉS VIVÓ Erlauben Sie mir eine Frage an den Gefangenen.

MODERATOR Bitte, Genosse Valdés Vivó.

VALDÉS VIVÓ Ich möchte mich nicht auf eine Diskussion mit dem Gefangenen einlassen, ich möchte ihm lieber einige Fragen stellen. Zunächst möchte ich Ihnen sagen, daß ich den Dritten Weg, von dem Sie dauernd reden, nicht ernst nehmen kann. Am Strand von Girón stand eine Invasionsarmee in amerikanischer Uniform, mit amerikanischen Waffen, mit amerikanischer Ausbildung, unter amerikanischem Flottenschutz, organisiert von den Vereinigten Staaten aus, unter aktiver Mithilfe der Regierung Kennedy – am Strand von Girón stand diese Invasionstruppe unseren Milizsoldaten und den Soldaten unserer Rebellenarmee gegenüber, einer Rebellenarmee, die bereits früher ein Satellitenregime der Vereinigten Staaten, nämlich die Regierung Batista besiegt hat. Meine Frage ist die folgende: Glauben Sie, daß es zwischen jenen Invasionstruppen und unserer Miliz irgendeinen Dritten Weg gibt?

RIVERO Von wem sprechen Sie? Meinen Sie die geistigen Urheber der Invasion oder die Truppe?

VALDÉS VIVÓ Ich meine jetzt die Truppe.

RIVERO Wenn Sie meine Kameraden meinen, dann möchte ich Ihnen sagen, daß ich mich ausdrücklich von den Millionärssöhnen distanziere, von denen Sie immer sprechen und daß, obwohl sich gewisse finstere Figuren in unsere Reihen eingeschlichen haben, die Mehrzahl meiner Kameraden durchaus anständige Leute waren.

VALDÉS VIVÓ Aber immerhin ...

RIVERO Wenn Sie glauben, daß ich hergekommen bin, um meine Kameraden anzugreifen, weil mir hier die Erschießung droht, dann täuschen Sie sich. Denn nach alledem, was wir durchgemacht haben ...

VALDÉS VIVÓ Betrachten Sie Calviño als Ihren Kameraden?

RIVERO Wir haben einen Monat lang in einem Konzentrationslager zugebracht. Wir sind zum Angriff übergegangen, obwohl wir unsere Niederlage kommen sahen. Wir haben fünf Tage lang – und Sie kennen die Geschichte des 2. Bataillons, Sie wissen, wer das 2. Bataillon war –, unter Artillerie- und Granatwerferfeuer und unter fortwährenden Luftangriffen durchgehalten. Sie werden verstehen, daß mich in diesem Augenblick die Aussicht darauf, erschossen zu werden, höchstens im Gedanken an meine Familie traurig stimmen, aber daß sie mich weder erschrecken noch einschüchtern kann.

VALDÉS VIVÓ Nun, das alles ...

RIVERO Das eine kann ich Ihnen sagen, ich denke nicht daran, hier meinen Kameraden in den Rücken zu fallen, denn die Truppe hat sich ihrer Aufgabe durchaus gewachsen gezeigt. Es mag eine irregeführte, es mag eine Söldnertruppe gewesen sein, wie Sie es nennen, aber versagt hat sie jedenfalls nicht.

VALDÉS VIVÓ Und die Führer Ihrer Expedition, die davongelaufen sind, sobald sie den ersten Milizsoldaten rufen hörten »¡Viva Fidel!«, und Ihre großen politischen Chefs, die sich gar nicht erst an Land gewagt haben, und die in diesem Augenblick ganz offen die Intervention der Vereinigten Staaten in Cuba verlangen, waren die auch ihrer Aufgabe gewachsen?

RIVERO Das nicht, davon spreche ich nicht. In dieser Frage gebe ich Ihnen völlig recht.

VALDÉS VIVÓ Und all die Söldner, die sich weinend ergaben, die Söldner, die jetzt um Gnade betteln und ausgerechnet in diesem Moment behaupten, sie wären für einen Dritten Weg . . .

RIVERO Was mich betrifft, so habe ich mich keineswegs weinend ergeben. Ich habe mich ergeben, weil ich am Verdursten war.

VALDÉS VIVÓ Warten Sie nur, bis Sie die Aussage von Calviño hören. Sie können sicher sein . . .

RIVERO Aber mein Lieber, warum kommen Sie mir immer wieder mit diesem Calviño? Ich kenne diesen Calviño nicht.

VALDÉS VIVÓ Eines kann ich Ihnen jedenfalls prophezeien . . .

RIVERO Was denn?

VALDÉS VIVÓ Das kann ich Ihnen sagen. Ich sehe es jetzt schon kommen. Alle, alle ohne Ausnahme, werden behaupten, sie seien unschuldig. Calviño wird sich in aller Ruhe für den Dritten Weg erklären. Warten Sie nur, Sie haben nur noch nicht gehört, was er zu sagen hat.

RIVERO Glauben Sie, Calviño wüßte, was der Dritte Weg ist?

VALDÉS VIVÓ Natürlich wird sich Calviño auf den Dritten Weg hinausreden, um seine Verbrechen zu beschönigen. Und diese Verbrechen bestehen nicht nur darin, daß er gemordet und gefoltert hat, sondern auch darin, daß er mit einer Invasionstruppe im Dienst des amerikanischen Imperialismus hierhergekommen ist, damit sich die Herren ihre Güter, ihre Fabriken und ihre Bergwerke wiederholen können.

RIVERO Sie reden mit mir, als wäre ich es gewesen, der diese Expedition organisiert hat, und als hätte ich persönlich Calviño angeworben. Wie können Sie einen einfachen Soldaten wie mich dafür verantwortlich machen?

VALDÉS VIVÓ Das Verbrechen Calviños besteht ja auch nicht darin, daß er die Sache organisiert hat, sondern daß er in dieser

Invasionstruppe als Soldat gedient hat. Calviño ist keiner von den großen Bossen. Die großen Bosse haben sich nicht hierhergewagt.

RIVERO Sagen Sie mal, wen befragen Sie hier eigentlich, Calviño oder mich?

VALDÉS VIVÓ Ich habe Ihnen eine Frage gestellt, auf die Sie nicht antworten wollten.

RIVERO Ich weiß nicht, welche Frage Sie meinen, und deshalb kann ich Ihnen auch nicht antworten.

VALDÉS VIVÓ Ich habe Sie gefragt, ob es am Strand von Girón zwischen den Invasionstruppen und den Patrioten irgendeinen Dritten Weg gegeben hat oder nicht.

RIVERO Ich weiß nicht, was Sie in diesem Fall mit einem Dritten Weg meinen.

VALDÉS VIVÓ Aber Sie selbst haben doch erklärt . . .

RIVERO Der Dritte Weg ist eine dritte Position in der Weltpolitik, eine Position, wie sie meiner Ansicht nach Cuba einzunehmen hätte. Sie haben mich entweder nicht richtig verstanden, oder ich habe mich schlecht ausgedrückt. Ich behaupte nicht, daß die Mehrheit der Invasionstruppen meine Ansichten teilt. Es ist möglich, daß der eine oder andere hier den Dritten Weg erwähnen wird. Ich habe unter Kameraden viele Diskussionen darüber geführt. Nicht alle verstehen, was ich meine, andere sind nicht mit mir einverstanden. Sie aber haben offensichtlich nicht verstanden, wovon ich spreche und was ich meine, wenn ich sage: der Dritte Weg.

VALDÉS VIVÓ In meinen Augen sprechen Sie vom Dritten Weg, um Ihre Komplizenschaft mit den Feinden unseres Landes zu tarnen.

RIVERO Bitte, wie Sie wollen.

MODERATOR Genosse Franqui bitte.

FRANQUI Ich möchte versuchen, zu einer Konklusion zu kommen, nachdem wir bereits so lange diskutiert haben. Sie haben den Versuch gemacht, diese Befragung auf die Ebene der theoretischen und philosophischen Diskussion zu bringen.

RIVERO Ich habe keinerlei derartige Absicht verfolgt.

FRANQUI Verzeihen Sie, bitte lassen Sie mich ausreden und antworten Sie mir dann. Mir scheint Ihr Verfahren durchaus intelligent. Aber die Worte sind eine Sache und die Tatsachen eine andere, und deshalb möchte ich Sie am Schluß auf folgende Tatsachen hinweisen: Sie haben in den Vereinigten Staaten und in Cuba gelebt, Sie gehören, wie Sie selbst sagen, einer reichen, wohlhabenden Familie an, unter anderem besaßen Sie Aktien der Bergwerke von Matahambre. Solange dieser Zustand anhielt, sind Ihre nationalen Gefühle nicht wach geworden, und Sie haben weder den dritten noch den zweiten noch den ersten Weg gesucht. Sie haben auch nichts unternommen, um ihren Besitz an den Gruben von Matahambre gerecht aufzuteilen.

Unter der Regierung Batista haben Sie sich politisch nicht nur passiv verhalten, sondern sogar ein Amt als Präsident der Pensionskasse angenommen. Und schließlich sind Sie in Ihr eigenes Land zurückgekehrt, auf einem Weg, den Sie den dritten nennen, nämlich mit der Waffe in der Hand, mit der Unterstützung der Vereinigten Staaten, und so weiter und so weiter.

Zu diesem Schluß komme ich aufgrund von Tatsachen. Und so viele Worte Sie auch darüber verlieren mögen, diese Tatsachen bleiben bestehen.

RIVERO Nun gut, wenn das Ihre Ansicht ist.

MODERATOR Ich glaube, das genügt. Der Gefangene kann abtreten.

Zehntes Verhör. Der Mörder

(Ramón Calviño Insúa)

MODERATOR Ihr Name?

GEFANGENER Ramón Calviño Insúa. *(Erregung im Publikum.)*

MODERATOR Ramón Calviño Insúa. Welcher Einheit gehörten Sie an?

CALVIÑO Der Marine.

MODERATOR Sind Sie aus eigenem, freiem Willen hierhergekommen, um vor den Journalisten auszusagen?

CALVIÑO Ja.

MODERATOR Bitte, Genosse Carlos Franqui.

FRANQUI Erinnern Sie sich an den 9. April 1958?

CALVIÑO Ja.

FRANQUI Wissen Sie noch, was an diesem Tag geschehen ist?

CALVIÑO Damals ist es in Habana zu einer Art von Streik gekommen.

FRANQUI Sonst ist an diesem Tag nichts passiert?

CALVIÑO Doch. Ich erinnere mich an eine Schießerei im Vedado-Viertel.

FRANQUI Was geschah bei dieser Schießerei?

CALVIÑO Dabei ist Marcelo Salado umgekommen.

FRANQUI Und warum ist Ihnen diese Schießerei im Gedächtnis geblieben?

CALVIÑO Weil ich damals im Auto an der Stelle vorbeigefahren bin, wo es passiert ist, obwohl nicht ich es war, der auf ihn geschossen hat.

FRANQUI Wer saß noch in Ihrem Auto?

CALVIÑO Demetrio Clausell war dabei, und Francisco Mirabal, und der Leutnant Ramírez . . .

FRANQUI Und Ariel Lima?

CALVIÑO Nein, Ariel Lima ist nicht mit uns gefahren.

FRANQUI Sie wissen also nicht mehr, wann Sie da vorbeigekommen sind an der Ecke der 25. und der Straße G?

CALVIÑO Doch, doch, das weiß ich noch.

FRANQUI Wie spät war es da ungefähr?

CALVIÑO Es muß so um zwei Uhr nachmittags herum gewesen sein.

FRANQUI Zwei oder drei Uhr nachmittags?

CALVIÑO Ja.

FRANQUI Kannten Sie Marcelo Salado?

CALVIÑO Ich bin ihm nur ein einziges Mal begegnet. Gekannt haben ihn aber auch der Leutnant Sánchez und Demetrio Clausell.

FRANQUI Und diese beiden sind es gewesen? Die haben ihn umgebracht, oder?

CALVIÑO Wir fuhren die 25. Straße hinunter auf die Straße G zu, und da ist Demetrio Clausell ausgestiegen, um Marcelo Salado festzunehmen. Er war auch die ganze Zeit am Steuer.

FRANQUI Wer?

CALVIÑO Demetrio Clausell. Und der Leutnant Sánchez saß hinter mir auf dem Rücksitz.

FRANQUI Und Marcelo Salado, war er allein, oder erinnern Sie sich, wer ihn begleitet hat?

CALVIÑO Ich habe keine Begleiter gesehen.

FRANQUI Aber Marcelo war nicht allein. Seine Begleiter haben Sie erkannt.

CALVIÑO Natürlich muß mich jeder gesehen haben, der dabei war.

FRANQUI Sie sind dabei beobachtet worden, wie Sie Marcelo Salado hergewinkt haben.

CALVIÑO Ich soll Marcelo Salado hergewinkt haben? Ausgeschlossen.

FRANQUI Ausgeschlossen? Wieso? Sie saßen doch im selben Auto.

CALVIÑO Aber hergewinkt habe ich Marcelo Salado auf keinen Fall.

FRANQUI Sind Sie mit den vier Mördern, die Sie vorhin erwähnt haben, im selben Auto gefahren oder nicht?

CALVIÑO Ja, ich fuhr im selben Auto.

FRANQUI Sind Sie da als Tourist mitgefahren, oder als Chauffeur?

CALVIÑO Nein, nein, ich gehörte zur Besatzung des Wagens.

FRANQUI Zu welcher Besatzung?

CALVIÑO Das Auto war ein Polizeiwagen, und ich war damals Polizeibeamter.

FRANQUI Und wer hat dann Marcelo Salado an den Wagen herangewinkt? Waren das die anderen?

CALVIÑO Nein. Es war Demetrio Clausell.

FRANQUI Und Sie haben nicht auf Marcelo Salado geschossen?

CALVIÑO Nein.

FRANQUI Aber die Begleiter von Marcelo Salado, die den Mord gesehen haben, sagen aus, daß Sie das Opfer herbeiwinkten. Und sie sahen auch, wie Sie auf ihn geschossen haben.

CALVIÑO Ausgeschlossen. Das können sie doch nicht behaupten, denn als ich aus dem Auto stieg, lag Marcelo schon tot am Boden, und es war kein Mensch in der Nähe, außer uns.

FRANQUI Soll das heißen, daß Sie Salado zufällig tot am Boden vorgefunden haben?

CALVIÑO Nein, nein.

FRANQUI Das heißt, Sie haben ihn umgebracht?

CALVIÑO Das habe ich nicht gesagt. Kein Wort davon habe ich gesagt.

FRANQUI Also umgebracht haben Sie ihn auch nicht?

CALVIÑO Ich bin es nicht gewesen.

FRANQUI Erinnern Sie sich noch an den 15. Juni 1958?

CALVIÑO Sagen Sie mir bitte, um welchen Fall es sich handelt.

FRANQUI Nein, ich frage Sie, ob *Sie* sich an diesen Tag erinnern.

CALVIÑO Nein.

FRANQUI Anscheinend haben Sie mit so vielen Fällen zu tun gehabt, daß es Ihnen schwerfällt, sich zu erinnern.

CALVIÑO Nein, nicht deshalb. Die Schwierigkeit liegt darin, daß Sie hier von Sachen sprechen, mit denen ich nichts zu tun hatte und von denen ich nichts weiß. Das sind Fälle, in denen keinerlei Beweise gegen mich vorliegen. Ich möchte Beweise sehen.

FRANQUI Am 15. Juni 1958 hat der Chef des 9. Polizeireviers einen Mann festgenommen und verhört. Sie erinnern sich doch an Ihren Chef im 9. und im 5. Polizeirevier?

CALVIÑO Ja.

FRANQUI Und wie hieß der Mann?

CALVIÑO Ventura.

FRANQUI Sie erinnern sich nicht an Jorge Sánchez Villar?

CALVIÑO Ich weiß, daß er vom 5. Polizeirevier verhaftet worden ist.

FRANQUI Das wissen Sie also noch?

CALVIÑO Ja.

FRANQUI Aber Sie haben vergessen, daß Sie selbst, Ariel Lima und andere ihn im Morgengrauen zum Strand von Santa Fe geführt und dort niedergeschossen haben? Und daß Sie selbst die Leiche bei der Rettungsstelle von Santa Fe eingeliefert haben?

CALVIÑO Eingeliefert in Santa Fe?

FRANQUI Ja, mit zahlreichen Schußwunden am Kopf und am ganzen Körper.

CALVIÑO Nein, Herr Franqui, das kann nicht stimmen.

FRANQUI Aber in den Polizeiakten aus dieser Zeit, in einem Protokoll, das Sie selber aufgenommen haben, ist der Fall Sánchez Villar als Mordfall verzeichnet, und in diesen Mordfall waren Sie verwickelt. Ihre eigenen Protokolle ...

CALVIÑO Ich möchte das Protokoll sehen.

FRANQUI Nein, nein, nicht hier. Ich sage Ihnen doch, was darin steht. Keine Angst, Sie werden schon Gelegenheit bekommen, es zu sehen, und Sie werden Gelegenheit bekommen, noch ganz andere Sachen zu sehen.

CALVIÑO Gut, von mir aus gern.

FRANQUI Auch an Manuel Aguiar erinnern Sie sich nicht? Dieser Name sagt Ihnen nichts?

CALVIÑO Manuel Aguiar? Doch, natürlich. Ich erinnere mich sogar, daß man mich beschuldigt hat, ihn ermordet zu haben. Die Sache ist nur die, daß nicht ich es war, der »Manolito« Aguiar umgebracht hat.

FRANQUI Also auch das sind Sie nicht gewesen?

CALVIÑO Nein. Ich kann Ihnen sogar verraten, wer »Manolito« Aguiar erschossen hat.

FRANQUI Wahrscheinlich jemand, den wir längst an die Wand gestellt haben.

CALVIÑO Nein.

FRANQUI Dann einer, der im Gefängnis sitzt.

CALVIÑO Nein. Der Mörder ist bei einem Attentat vor dem Sturz Batistas umgekommen.

FRANQUI Und woher wissen Sie, daß er es war?

CALVIÑO Weil ich in diesem Fall der Einsatzleiter war. Wir hatten bei diesem Einsatz einen Spitzel bei uns im Wagen, der »Manolito« Aguiar verraten hat. Wir gingen bei dieser Sache sehr vorsichtig vor. Aber als meine Leute ausstiegen, um »Manolito« Aguiar zu schnappen, sprang dieser über eine Theke und fing sofort an, um sich zu schießen. Und da hat einer von den Unseren, der zusammen mit Ariel Lima ausgestiegen ist, »Manolito« mit einem einzigen Schuß niedergestreckt.

FRANQUI »Manolito« Aguiar war also nicht bei Ihnen im Auto?

CALVIÑO Nein. Nicht Aguiar. Wir hatten einen anderen Mann bei uns. Das war der Spitzel, der uns verriet, wo Aguiar sich versteckt hatte.

FRANQUI Sie waren der Leiter des Einsatzwagens?

CALVIÑO Ja.

FRANQUI Aber Sie haben Aguiar nicht erschossen?

CALVIÑO Nein. Daß ich Einsatzleiter war, heißt noch lange nicht, daß ich den Mann selber umgebracht habe.

FRANQUI Natürlich nicht. Sie trugen bei der ganzen Sache keinerlei Verantwortung. Sie waren schließlich nur der Einsatzleiter. Und genau wie damals im Fall Marcelo Salado saßen Sie nur zufällig im Auto. Aber Verantwortung hatten Sie keine.

CALVIÑO Im Fall Salado war ich aber nicht Einsatzleiter.

FRANQUI Nein, damals sind Sie nur so mitgefahren. Sie wissen, wo die Straßen Juan Bruno Zayas und Lacret liegen?

CALVIÑO Ja.

FRANQUI Woran erinnern Sie diese Straßen?

CALVIÑO Sagen Sie mir, um welchen Fall es sich handelt.

FRANQUI Es handelt sich um den 28. Juni 1958. Sagt Ihnen das nichts?

CALVIÑO Um welchen Fall handelt es sich?

FRANQUI Es war um 3 Uhr nachmittags. Sie erinnern sich nicht an diesen Mord?

CALVIÑO Nein. Um welchen Fall handelt es sich?

FRANQUI Es geschah vor dem Haus des Herrn Samalea, dieses Gewerkschaftsbosses, der ein Arbeiterverräter und ein Polizeispitzel war. Das wissen Sie nicht mehr?

CALVIÑO Es würde mich interessieren, zu erfahren, um welchen Fall es sich handelt.

FRANQUI Das will ich Ihnen sagen. Um Andrés Torres, einen jungen Mann, der dort umgebracht worden ist. Sie erinnern sich nicht?

CALVIÑO Nein, aber ich sehe schon, worauf Sie hinauswollen. Alle diese Fälle sollen jetzt plötzlich Calviño angehängt werden. Calviño ist es in jedem Fall gewesen.

FRANQUI Darum geht es hier nicht. Sie können hier Ihre eigene Version erzählen.

CALVIÑO Eben deshalb ...

FRANQUI Allerdings steht es fest, daß Sie zahlreiche junge Leute gefoltert und ermordet haben. Das ist Ihr Pech. Wenn Sie das nicht getan hätten, dann müßten Sie sich hier nicht ...

CALVIÑO Nein, ich sehe schon, hier geht es um was ganz anderes. Hier geht es darum, daß Calviño derjenige war, der ins Ausland ging, daß es Calviño war, der abgehauen ist, und deshalb werden jetzt alle diese Fälle mir in die Schuhe geschoben, und an allen Ecken und Enden heißt es, das war Calviño.

FRANQUI Wenn das alles nicht stimmt, was haben Sie dann auf dem 5. Polizeirevier gemacht?

CALVIÑO Ich war Wachtmeister, und weiter nichts.

FRANQUI Was hatten Sie dort zu tun?

CALVIÑO Was ich zu tun hatte? Ich habe dort gearbeitet.

FRANQUI Und worin bestand Ihre Arbeit?

CALVIÑO Ich hatte die Kriminalpolizeistelle unter mir.

FRANQUI Und was für eine Arbeit war das? Worin bestand Ihre Arbeit im 5. Polizeirevier?

CALVIÑO Ich habe dort ganz gewöhnliche Polizeiarbeit geleistet. Ich war bei der Kripo.

FRANQUI Bei der Kripo. Und die Folterungen und die Morde, die dort geschehen sind? War das auch Ihre ganz gewöhnliche Polizeiarbeit?

CALVIÑO Nein, das nicht. Ich habe niemand gefoltert.

FRANQUI Und Sie haben auch niemals gesehen, wie jemand gefoltert wurde?

CALVIÑO Nein, gesehen habe ich nichts. Und mit diesem Fall, den Sie erwähnt haben . . .

FRANQUI Sie hatten natürlich nichts damit zu tun?

CALVIÑO In diesem Fall . . .

FRANQUI Sie hatten mit keinem Fall etwas zu tun?

CALVIÑO Jedenfalls nicht mit dem Fall, den Sie eben erwähnt haben, und von dem ich tatsächlich nichts weiß. Sehen Sie, ich möchte wenigstens einen einzigen Fall sehen, in dem Beweise gegen mich vorliegen.

FRANQUI Und diesen Mann hier kennen Sie nicht?

(Das Mikrofon wird an den Zeugen Octavio Louit Cabrera übergeben.)

LOUIT Du behauptest also, du hättest niemand gefoltert? Du erinnerst dich wohl nicht mehr an mich?

CALVIÑO Sie sind Octavio Louit.

LOUIT Ah, du erinnerst dich. Du erinnerst dich, wie du auf mir herumgetrampelt bist? Du erinnerst dich, wie du mich aus der Zelle geholt und auf mich eingeschlagen hast? Auf den Kopf bist du mir getreten und ins Gesicht. Und du hast gesagt: »Wunderbar, diese Mulatten! Dieser hier gefällt mir ganz besonders, weil er so groß ist.« Weißt du das noch? Und wie du gesungen und gelacht hast? Und warum lachst du jetzt nicht? Ist dir das Lachen vergangen?

(Zunehmende Unruhe im Saal, die sich gegen Ende des Verhörs immer mehr steigert. Der Zeuge tritt ab.)

FRANQUI Erinnern Sie sich an Héctor Durrutia Díaz, der am 25. September 1958 ins 5. Revier eingeliefert wurde und der dort bis zum 4. Oktober geblieben ist? Er wurde dort mit Fahrradreifen und Armiereisen geschlagen, auf den Rücken und andere Körpergegenden. Unter den Folgen dieser Schläge leidet er heute noch. Er hat ein Geschwür am Rückenmark davongetragen. Und am gleichen Tag haben Sie eine Haussuchung bei seinem Vater durchgeführt, der Gebühreneinnehmer bei der Elektrizitätsgesellschaft war, und dort 359 Dollar mitgehen lassen.

CALVIÑO Dazu möchte ich nicht Stellung nehmen.

FRANQUI Und nach einem Monat haben Sie Durrutia Díaz in blutig geschlagenem Zustand auf die Straße gesetzt. Sie haben diesen Fall wohl vergessen?

CALVIÑO Das nicht, aber der Fall, von dem Sie sprechen, geht mich nicht persönlich an. Er betrifft das Revier im ganzen. Es war eine ganze Gruppe daran beteiligt.

FRANQUI Kennen Sie den Studenten Luis Fajardo Ramírez, der am 18. Februar 1958 verhaftet und ins 5. Revier eingeliefert wurde und dort bis zum 1. Januar des folgenden Jahres blieb? Sie und die anderen Handlanger Venturas haben diesen Mann brutal gefoltert.

CALVIÑO Ich?

FRANQUI Ja, Sie. Und an die Frau, die Sie nackt ausgezogen

und gefoltert haben, können Sie sich wohl auch nicht mehr erinnern?

CALVIÑO Nackt ausgezogen und gefoltert? Ich?

FRANQUI Eine Frau namens María Elena.

CALVIÑO Es stimmt, daß ich das Haus von María Elena betreten habe, um sie zu verhaften, aber ausgezogen habe ich sie nicht. Ich weiß, daß sie sich hier im Saal befindet, aber ich habe niemals ...

FRANQUI Einzig und allein deshalb, weil Sie wissen, daß sie hier im Saal ist, geben Sie auch zu, daß Sie in ihrem Haus waren. *(Die Zeugin tritt auf.)*

MARÍA ELENA Calviño, hier bin ich, María Elena. Kennst du mich noch? Du hast mir die Tür eingeschlagen und kaum warst du im Zimmer, hast du mir einen fürchterlichen Faustschlag versetzt, der mir das Brustbein zerbrochen hat. Dann hast du mir mit deinen Schlägen den ganzen Brustkorb kaputtgemacht. Seitdem habe ich einen Herzfehler. Dann hat er mir die Kleider heruntergerissen, denn die Verhaftung war um 4 Uhr morgens, und den Beweis habe ich mitgebracht. Ich habe nämlich alles aufbewahrt, denn ich habe mir geschworen, dir eines Tages gegenüberzutreten. Weißt du noch, Calviño, das habe ich dir damals vorausgesagt. Hier, das sind die Fetzen meines Pyjamas von damals. Sie sind immer noch voller Blutflecken. Und dies ist der Morgenrock, den ich mir übergestreift habe. Er ist über und über blutverschmiert, denn dieser da hat mir einen Fußtritt in den Unterleib versetzt, und ich hatte eine Blutung. Und das war ihm immer noch nicht genug. Als er mich ausgezogen hatte, übergab er mich nackt an Cano, an Alfaro und an alle seine Leute, damit sie mich beschimpfen und mißbrauchen konnten. Ich habe mich gewehrt, ich habe gekämpft wie eine Wilde. Sie haben mir zwei Rückenwirbel zerbrochen. Weißt du das noch? Die anderen, die dabei waren, sind alle erschossen worden, denn ich habe gegen sie ausgesagt. Nur du hast mir noch gefehlt. Du und der Leutnant Sánchez und Miguelito »El Niño«, die haben mir das Allerschlimmste angetan, was man einer Frau antun kann; denn die Schläge haben mir weniger weh getan als die Quälereien und die Schweinereien, die sie mit mir gemacht haben. Und dann, als ich schon ohnmächtig war und blutig am Boden lag, hast du noch Telefon mit mir gespielt, bis mir das Trommelfell geplatzt ist, so daß ich heute fast taub bin. Das alles hast du mit der größten Kaltblütigkeit gemacht, und als du mir die Tür einschlugst, sagtest du: »María Elena, der große Calviño ist da. Du hattest doch ein Attentat auf mich im Sinn, nicht wahr? Nun, ich bin gekommen, um dich kaputt zu machen.« Und das stimmt, ihr habt mich kaputt gemacht, denn als der Geheimdienst kam, um mich aus dem 9. Revier herauszuholen, war ich schon halb tot, und sie mußten mich zu einem Herzspezialisten bringen, weil ich am Verbluten war. Aber ich habe dir damals schon gesagt: Wir sehen uns wieder, einmal kommt der Tag, und es wird der schönste Tag meines Lebens sein. Und jetzt stehst du hier vor mir und bist nichts als ein Haufen Dreck, ein erbärmlicher Haufen Dreck. Und ich mit meinem kaputten Rücken und meinem kaputten Herz werde so lange gegen euch weiterkämpfen – »¡Patria o Muerte!« – bis keiner mehr von euch übrig ist.

MODERATOR Ich bitte das Publikum dringend, Ruhe zu bewahren.

MARÍA ELENA Und ich verlange, daß man mich zum Erschießungskommando einteilt, ich verlange das als cubanische Frau, denn ich weiß, wie viele du auf dem Gewissen hast. Ich weiß auch, daß du in der Bewegung des 26. Juli warst. Du bist einmal unser Genosse gewesen und danach bist du zum größten Henker geworden, den die illegalen Kampfgruppen je erlebt haben, und deshalb stimmt es ganz genau, was du damals gesagt hast von wegen dem Attentat. Ich wollte dich umbringen. Aber ein Genosse, ein Feigling von einem Genossen, hat mich verraten. Das war am 7. Oktober 1958. Und deshalb ist es nicht zu dem Attentat gekommen, deshalb haben wir dich nicht liquidiert. Aber diesmal kommst du uns nicht davon, diesmal werden wir dich liquidieren. Ich glaube, es hat keinen Sinn, dies Verhör fortzusetzen, denn das hier ist kein Mensch, das ist eine Hyäne, das ist das Schlimmste, was es auf der Erde gibt.

MODERATOR Genosse Franqui, haben Sie Ihr Verhör beendet?

FRANQUI Ja.

MODERATOR Der Genosse Carlos Rafael Rodríguez bitte.

RAFAEL RODRÍGUEZ Die einzige Frage, die ich Ihnen stellen möchte, Herr Calviño, ist die folgende: Sind auch Sie nach Cuba gekommen, um die Verfassung von 1940 zu verteidigen?

CALVIÑO Nein, das will ich nicht sagen. Ich bin hierhergekommen, weil man mich nach Strich und Faden getäuscht hat, weil ich ...

RAFAEL RODRÍGUEZ Aha. Auch Sie gehören also zu den Getäuschten und Betrogenen. Das genügt mir. Ich werde kein Wort mehr an Sie verlieren, denn mit Ihnen gibt es nichts zu diskutieren. Mit Ihnen werden die Gerichte sprechen. Das cubanische Volk wünscht sich nicht mit Ihnen zu unterhalten. Hier sind noch zwei andere Genossen, die sich an Sie erinnern. *(Ein weiterer Zeuge tritt auf.)*

MORALES Ich weiß, du leidest an Gedächtnisschwund. Sicherlich kennst du mich nicht wieder.

CALVIÑO Sagen Sie mir bitte, wie Sie heißen.

MORALES Arturo. Das ist mein Deckname. Mein wahrer Name ist Rafael Morales. Nun, was ist, erkennst du mich wieder? Weißt du nicht mehr, wie du mich um 2 Uhr morgens abgeholt hast? Weißt du nicht mehr, wie du mich gefoltert hast? Die Schläge mit der Pistole im 5. Revier? Und wie du mich mit einem Fuß an einem Eisengitter aufgehängt hast, den Kopf nach unten, eine ganze Woche lang, das hast du wohl vergessen?

CALVIÑO Eine Woche lang aufgehängt?

MORALES Du weißt nichts mehr, du hast Gedächtnisschwund, du willst nichts mehr davon wissen, aber ich bin hierhergekommen, um dein Gedächtnis aufzufrischen. Ich bin gekommen, damit du mir sagst, wie der Genosse hieß, den du vor meinen Augen umgebracht hast. Diesen Namen will ich wissen. Wer war der Mann? Es war nachts im Keller des 5. Reviers, und er trug eine weiße Drillhose, ein weißes offenes Hemd, schwarz-weiße Schuhe, und nach der ersten Tracht Prügel fiel er in die Knie, du hast ihm in die Leber getreten, und er ist mit dem Gesicht nach unten auf den Boden gestürzt, weißt du noch? Sei ein einziges Mal in deinem Leben anständig, nur ein einziges Mal. Ein einziges Mal, hörst du? Und sag mir, ob das die Wahrheit ist oder nicht.

CALVIÑO Aber hören Sie . . .

MORALES Sag, daß du ihn ermordet hast und sag, wer er war, damit wir wenigstens den Namen des Genossen wissen. Und dann hast du auf seinem Rücken herumgetrampelt und Wörter geschrien, die ich hier nicht wiederholen kann.

MODERATOR Gefangener Calviño, antworten Sie auf diese Frage. Sagen Sie uns, wie hat der Mann geheißen?

CALVIÑO Nein, nein, ich kann mich an diesen Fall nicht . . .

MORALES Er war groß, hatte blondes Haar. Dabei waren außer dir noch Sánchez, Rafaelito Salgado. Die anderen haben wir längst erschossen.

CALVIÑO Sehen Sie, ich war gar nicht allein, es war eine ganze Gruppe. Also warum hacken Sie dann auf mir herum?

MORALES Das stimmt, ihr wart alle zusammen dabei, aber die Fußtritte waren deine Fußtritte, das weiß ich, denn ich lag in diesem Moment in der Ecke. Sie haben mich zu zweit mit einem Autoreifen geschlagen, bis ich hinfiel. Und dann haben sie mich dort in der Ecke liegen lassen. Wie hat der Genosse geheißen? Und bevor sie ihn heraustrugen, bist du noch mit beiden Füßen auf ihm herumgetrampelt und hast ihn beschimpft. Und dann hast du gesagt: »Wie tief dieser Kerl schläft. Er merkt nicht einmal, daß ich auf ihm herumtrample.« Und nachdem du ihn ermordet hast, hast du ihn noch beschimpft.

MODERATOR Gefangener Calviño, was haben Sie dazu zu sagen?

CALVIÑO Also, um die Wahrheit zu sagen, obwohl ich schon sehe, daß ich der Sündenbock sein soll, aber von diesem Fall weiß ich absolut nichts.

MODERATOR Sie kennen den Zeugen überhaupt nicht?

CALVIÑO Doch, jetzt fällt es mir wieder ein. Ich erinnere mich an sein Gesicht.

MODERATOR Hier ist ein weiterer Zeuge.

(Der Zeuge wird hereingeführt.)

ALVAREZ DE LA CAMPA Kennst du mich noch, Calviño?

CALVIÑO Ja, natürlich.

ALVAREZ DE LA CAMPA Heute weiß ich alles über dich. Aber damals, als du mit uns Kontakt aufnahmst, wußten wir nicht, daß du zu einer Gangsterbande gehört hast. Das war vor dem 10. März. Danach hast du die Bauta-Bank überfallen und bist zu sechs Jahren Gefängnis verurteilt worden. Im Gefängnis warst du Zellenkapo bei den Verrückten. Dort hast du die Verrückten geschlagen. Du bist ein geborener Mörder, ein Ungeheuer; als Zellenkapo hast du sogar deine Mitgefangenen mißbraucht. Und nach deiner Entlassung ist es dir geglückt, dich in die Bewegung einzuschleichen. Ein unzuverlässiger Genosse hat dich eingeschleust. Weißt du das alles noch?

CALVIÑO Ja, ich erinnere mich.

ALVAREZ DE LA CAMPA Du erinnerst dich auch, wie sie dich erwischt haben? Du bist immer schon ein Metzger gewesen. Und nach deiner Verhaftung hast du dich sofort umdrehen und zum Spitzel Venturas machen lassen. Du bist zu Ventura übergelaufen und hast um einen Tschako und einen Revolver gebettelt. Und von da an hast du deine früheren Genossen verraten, weil du sie alle vom Untergrund her kanntest, und hast sie ans Messer geliefert. Alle Kontakte, die du kanntest. Weißt du das noch?

CALVIÑO Nein, das ist nicht wahr. Nicht ich habe die Kontakte verraten, sondern umgekehrt. Ich bin selber verraten worden.

ALVAREZ DE LA CAMPA Weißt du nicht mehr, wie du Morúa totgeschlagen hast und viele andere Genossen? Im 5. Revier hast du einen Genossen umgebracht, der aus der Sierra Maestra kam als Kurier, und bis heute wissen wir nicht, wer dieser Genosse war. Er hat versucht, aus dem Revier zu fliehen, und du hast ihn mit der Maschinenpistole zusammengeschossen.

MARIA ELENA Das war Emiliano Corrales.

ALVAREZ DE LA CAMPA Dafür haben wir Zeugen, Genossen von uns, die im Revier gefangen waren. Sie haben dich gesehen. Sie haben gesehen, wie du nach dem Mord deine Wut an diesem Opfer der Diktatur ausgelassen hast. Zwei Genossen von der Widerstandsgruppe Vedado hast du ermordet, die sich bereits ergeben hatten, auf offener Straße. Und in Santa Fe hast du einen Genossen vor den Augen seiner Frau und seines Sohnes erschossen, zusammen mit Ariel Lima. Du weißt das wohl nicht mehr, Calviño? Und mich kennst du sicherlich auch nicht mehr?

CALVIÑO Doch, ich erinnere mich an Sie, aber mit den Fällen, die Sie erwähnt haben, hatte ich nicht das geringste zu tun, das kann ich Ihnen versichern.

ALVAREZ DE LA CAMPA Und diese Frau hier, Pilar? Kennst du sie oder kennst du sie nicht?

CALVIÑO Pilar? Kenne ich nicht. Sind wir uns früher irgendwann einmal begegnet?

PILAR Du hast mich doch selber verhaftet! *(Sie schluchzt.)*

CALVIÑO Und wo soll das gewesen sein?

PILAR Vor meinen Augen hast du einen Menschen umgebracht. Ich habe es gesehen. Das Liebste, was ich in diesem Leben hatte.

CALVIÑO Vor Ihren Augen?

PILAR Ich habe es gesehen, mit meinen eigenen Augen. Du hast ihn erschossen, und du hast lachend zugesehen, wie er starb.

CALVIÑO Entschuldigen Sie, aber ...

PILAR Es war in der Straße Avellaneda Nr. 106, am 6. Oktober, um 7 Uhr abends. Und sag mir bloß nicht, sag mir bloß nicht, sag mir jetzt bloß nicht, daß ich lüge. Acht Tage nach dem Mord an Morúa hast du mich verhaftet und hast dich vor mich hingesetzt und mir den Mord in allen Einzelheiten noch einmal geschildert. Sag mir bloß nicht, sag mir bloß nicht, Calviño, daß das nicht wahr ist. *(Die Zeugin ist einem Nerven-zusammenbruch nahe.)*

CALVIÑO Darauf kann ich nicht antworten.

MODERATOR Bitte führen Sie die Genossin hinaus. Hat noch jemand weitere Fragen?

ORTEGA Ich möchte zu diesem Fall nur eines sagen. Wir sind hier einem typischen Vertreter der repräsentativen Demokratie und der amerikanischen Freiheit begegnet. Wir haben es mit einem typischen Werkzeug des Imperialismus zu tun. Dieser Mensch ist mit einer Bande von Söldnern hierhergekommen, um die Reihe seiner Verbrechen fortzusetzen. Wer weiß, vielleicht hatte ihn die CIA sogar als Polizeichef vorgesehen. Und auch für diesen Mörder haftet uns Kennedy. Kennedy hat selbst gesagt, daß er für die Landungsoperation verantwortlich ist, und er ist auch dafür verantwortlich, daß er Calviño hierhergeschickt hat. Wir haben es gesehen. Jetzt wissen wir, wer am Strand von Girón gelandet ist.

MODERATOR Gefangener Calviño, Sie haben die Anschuldigungen gehört, die hier gegen Sie vorgebracht wurden. Sie haben alle diese Anschuldigungen zurückgewiesen und haben behauptet, Sie hätten keines der Verbrechen, derer Sie hier bezichtigt wurden, begangen.

CALVIÑO Ich möchte die Beweise sehen ...

MODERATOR Gefangener Calviño, welches waren Ihre Verbrechen? Sagen Sie endlich die Wahrheit! Gestehen Sie hier, vor dem cubanischen Volk, welche Verbrechen Sie begangen haben.

CALVIÑO Kein einziges. Jedenfalls nicht direkt. Ich bin ...

MODERATOR Kein einziges? Sie sind unschuldig? Ganz und gar unschuldig?

Hiermit erkläre ich die Befragung für beendet.

Appendix I. Fidel Castro spricht mit den Gefangenen

Vorbemerkung. Die folgenden Dialoge hat der cubanische Rundfunk am Abend des 26. April 1961, neun Tage nach dem Beginn der Invasion, in einer Sporthalle der Ciudad Deportiva in Habana aufgenommen. Es handelt sich um Auszüge aus einem stundenlangen Gespräch, das Fidel Castro mit den gefangenen Söldnern führte.

FIDEL CASTRO Wißt ihr eigentlich, daß wir damals während der Guerilla über tausend Gefangene gemacht haben? Allein bei Batistas Offensive gegen uns, im Frühjahr 1958, waren es fünfhundert. Wir haben die Verwundeten gepflegt und haben sie freigelassen. Möglicherweise ist sogar einer der Gefangenen oder der Verwundeten von damals unter euch. Der Zufall macht manchmal seltsame Sprünge.

GEFANGENER Um die Wahrheit zu sagen: Wir hatten Angst, die Milizsoldaten würden uns, wenn wir uns erwischen ließen, sofort an die Wand stellen. Also was mich betrifft, ich bin nie in diesem Ausbildungslager gewesen, habe auch der Brigade nicht angehört, ich kam als Matrose auf einem Schiff. Ich habe mich in Miami anheuern lassen als Matrose, ich habe nie etwas mit der Kriegsmarine zu tun gehabt.

Ich möchte Ihnen aber jetzt eine andere Sache erklären. Ich bin früher beim Militär gewesen und habe immer mein Auskommen in Cuba gehabt. Ich hatte es nicht nötig, auszuwandern. Mir gefällt es im Ausland nicht. Meine ganze Familie ist hier, alles Cubaner, und ich wollte eben auch gern nach Cuba zurück. Aber andererseits, wenn man die eigenen Landsleute immer wieder sagen hört, »Nein, mit dir wollen wir nichts zu tun haben, denn du warst unter Batista beim Militär« ... Obwohl ich doch gar kein Batista-Mann war! Ich war nie ein Batista-Mann und bin es auch heute nicht. Ich höre auf keinen Batista.

FIDEL CASTRO Aber du erinnerst dich an deine Militärzeit?

GEFANGENER Ja, natürlich.

FIDEL CASTRO Du erinnerst dich, wie viele Leute sie damals umgebracht haben?

GEFANGENER Ja.

FIDEL CASTRO Erinnerst du dich auch an die Foltergeschichten, an die vielen Leute, die auf den Straßen ermordet worden sind, weißt du das nicht mehr?

GEFANGENER Doch, ich weiß.

FIDEL CASTRO Und seitdem haßt das ganze Volk das Militär, auch wenn sich nicht alle Soldaten schuldig gemacht haben. Das Militär hat den Staatsstreich vom 10. März gemacht und sich der Republik bemächtigt. Das Militär hat das Regime Batistas sieben Jahre lang verteidigt, und seitdem will das Volk vom Militär nichts mehr wissen. So erklärt sich die Stimmung, die nach dem Sieg der Revolution herrschte. Aber wer war an diesem Zustand schuld? Das Volk?

GEFANGENER Nein.

FIDEL CASTRO Du erinnerst dich also an diese Dinge? Nun gut, da hast du die Erklärung.

GEFANGENER Ich glaube aber, Sie hätten es in der Hand, für dieses Problem, das Tausende von früheren Soldaten betrifft, eine Lösung zu finden.

FIDEL CASTRO Wenn ihr Radio gehört hättet – vor ein paar Tagen habe ich eine Rede gehalten und dabei von einem ehemaligen Soldaten gesprochen, der nach dem Sieg der Revolution eine Pension bekam. Heute ist er ein mustergültiger Arbeiter. Allerdings, in den ersten Monaten war es nicht leicht, eine Lösung für das Problem zu finden. Überall hat man die Soldaten verdächtigt, aber im Laufe der Zeit hat sich das etwas gelegt. Außerdem handelt es sich für uns nicht bloß darum, diesen Leuten Arbeit zu geben, sondern Hunderttausende von Cubanern zu beschäftigen, die früher arbeitslos waren.

Du sagst also, du hast dir Sorgen gemacht, weil du als früherer Angehöriger des Militärs immer wieder auf eine feindselige Haltung gestoßen bist.

GEFANGENER Ja. So war es.

FIDEL CASTRO Aber indem du mit dieser Invasionsarmee nach Cuba kamst, hast du ganz bestimmt nicht dazu beigetragen, dieses Mißtrauen gegen die alten Militärs zu zerstreuen. Ganz im Gegenteil.

GEFANGENER Ja, das sehe ich ein.

FIDEL CASTRO Und was, meinst du, soll nun geschehen?

GEFANGENER Nun, man könnte das Problem lösen . . .

FIDEL CASTRO Welches Problem? Dein Problem?

GEFANGENER Nein, es ist ein Problem für das ganze Land.

FIDEL CASTRO Und das Problem der Invasionen und Übergriffe? Wie würdest du das lösen?

GEFANGENER Ich wüßte schon wie.

FIDEL CASTRO Und wie?

GEFANGENER Ich würde jedem Cubaner geben, was ihm zusteht.

FIDEL CASTRO Das ist es, was die Revolution tut.

GEFANGENER Dann wird es bald Schluß sein mit den Invasionen. Ich bin dagegen, daß so etwas vorkommt.

FIDEL CASTRO Du bist gegen diese Invasionen?

GEFANGENER Ich habe mit dieser Konspiration nichts im Sinn, weder gegen die Regierung noch gegen die Rebellenarmee noch gegen sonst jemanden. Konspirieren liegt mir nicht. Ich möchte meinem Land dienen und nicht einzelnen Leuten.

FIDEL CASTRO Da hast du aber deinem Land einen schlechten Dienst erwiesen.

GEFANGENER Ich habe immer meinem Land gedient.

FIDEL CASTRO Das bildest du dir ein. Wer hat denn diese Diebesbande verteidigt, die viele hunderttausend Millionen Dollar in ihre eigenen Taschen gewirtschaftet hat?

GEFANGENER Diesen Leuten konnte gar nichts passieren. Sie waren immer gedeckt.

FIDEL CASTRO Und wer hat sie gedeckt?

GEFANGENER Wer sie gedeckt hat? Die parlamentarische Immunität.

FIDEL CASTRO Und wer hat diese Immunität geschützt? Die bewaffnete Gewalt. Und wer war die bewaffnete Gewalt? Das wart ihr. Das war das Militär. Ihr habt nicht eurem Land gedient, sondern dieser Betrüger- und Räuberbande, ob ihr es gewollt habt oder nicht.

GEFANGENER Ich war jedenfalls nur ein einfacher Soldat.

FIDEL CASTRO Du und 49 999 andere. Gegen diese ganze bewaffnete Gewalt hatten wir zu kämpfen. Und als es soweit war, haben sie euch hereingelegt und im Stich gelassen und sind mit ihren ganzen Millionen davongelaufen. Und was machen sie jetzt? Sie fangen einen neuen Krieg gegen uns an. Diesmal sind sie übers Meer gekommen.

GEFANGENER Ich bin nicht gekommen, um Krieg zu führen.

FIDEL CASTRO Du bist nicht gekommen, um Krieg zu führen? Und wozu bist du dann gekommen?

GEFANGENER Ich war nur einer von der Besatzung des Schiffes, mit dem die Truppen gekommen sind.

FIDEL CASTRO Du hast geholfen, sie zu befördern.

GEFANGENER Ja.

FIDEL CASTRO Und das Transportwesen, gehört das nicht zu einer Armee?

GEFANGENER Nicht in diesem Fall.

FIDEL CASTRO Glaubst du, daß eine militärische Streitmacht ohne Transport auskommen kann?

GEFANGENER Nein, aber in diesem Fall haben die Schiffe nicht . . .

FIDEL CASTRO Ich verstehe nicht, was du meinst. Gut. Geben wir auch den anderen eine Chance, zu Wort zu kommen.

GEFANGENER Aber gern.

(Ein weiterer Gefangener tritt vor.)

ANSAGER Wie heißen Sie bitte?

GEFANGENER Carlos Fernández. Herr Dr. Castro, ich möchte Ihnen erklären, was uns bewogen hat, an dieser Expedition teilzunehmen. Wir sind Idealisten. Wir sind hierhergekommen, um für unsere Ideale zu kämpfen. Ich persönlich bin vor allem gegen den Kommunismus. Mein Ziel war es, daß das Land demokratisch regiert wird, daß innerhalb von 18 Monaten freie Wahlen ausgeschrieben werden, und daß die Konstitution von 1940 wieder eingeführt wird. Ich bin auch für die freie Wirtschaft und dafür, daß die Rechte der Bürger gewahrt bleiben. Mit diesen Idealen sind wir hierhergekommen und dafür haben wir gekämpft. Wir haben verloren, und wir müssen die Konsequenzen tragen. Aber für diese Ideale lohnt es sich, das Leben aufs Spiel zu setzen. Und diese Ideale werden uns auch überleben. Wenn wir gescheitert sind, dann liegt es daran, daß mit unseren Plänen irgend etwas schiefgegangen ist und nicht daran, daß wir getäuscht worden wären. Denn jedenfalls ich für meinen Teil wußte ganz genau, daß es hier in Cuba 100000 Milizsoldaten gibt. Die gab es schon, als ich Cuba verlassen habe. Wir sind mit dem Recht der Vernunft hierhergekommen und dieses Recht ist auf unserer Seite. Das ist alles, was ich Ihnen sagen wollte. Vielen Dank.

FIDEL CASTRO Hören Sie, mein Herr, ich weiß nicht, ob Sie sich unter Ihren Mitgefangenen richtig umgehört haben. Sie haben hier das Wort ergriffen, um Ihre Gefühle auszudrücken, und vielleicht werden diese Gefühle auch von einigen anderen geteilt. Aber wissen Sie, daß Sie hier zum ganzen cubanischen Volk sprechen und daß das ganze Volk Ihnen zuhört und das Ausland auch? Wir wollen ganz offen sprechen, und ich möchte Ihnen die folgende Frage stellen: Glauben Sie, daß die Geschichte einen Präzedenzfall für das verzeichnet, was hier geschieht?

GEFANGENER Einen Präzedenzfall?

FIDEL CASTRO Einen Fall wie diesen. Ist es jemals in der Geschichte vorgekommen, daß ein Kriegsgefangener wie Sie mit all seinen Kameraden, nachdem man sie mit frischen Kleidern versorgt und ihnen Gelegenheit gegeben hat, sich auszuruhen und von ihrer Niederlage zu erholen, daß ein Kriegsgefangener wie Sie zu dem Volk sprechen darf, das er überfallen hat? Viele von Ihnen haben ausgesagt, sie hätten gedacht, wir würden sie einfach an die Wand stellen. Stimmt das, oder stimmt das nicht? Sagt mir doch, ob das stimmt.

(Die Gefangenen rufen: »Ja, das stimmt.«)

FIDEL CASTRO Hat man euch hungern und dursten lassen? Ich möchte euch alle miteinander fragen, und nicht nur einen einzelnen. Denn hier soll ein jeder zu Wort kommen. Was hat euch die Erfahrung gezeigt? Ist es so gekommen, wie ihr dachtet?

(Die Gefangenen rufen: »Nein«.)

Ich stehe hier als euer Gegner vor euch. Aber ich habe unsere Fernsehkameras mitgebracht, damit ihr reden und uns sagen könnt, was ihr denkt. Wir haben euch diese Möglichkeit gegeben, weil dieser Kampf Opfer auf beiden Seiten gefordert hat, und weil das Volk von Cuba wissen will, aus welchen Gründen dieses Blut vergossen worden ist. Ob dieses Blutvergießen gerechtfertigt war oder nicht und welche Absichten sich hinter diesem Kampf verbargen. Als wir unseren Guerilla-Krieg führten, hat man unsere gefangenen Genossen gefoltert und ermordet, und nicht einmal einem Leutnant wäre es eingefallen, mit ihnen zu diskutieren. Wir hingegen vertreten das Volk und stellen uns der Meinung des Volkes. Wir geben nichts auf die Hierarchie, und wir lassen unseren Rang außer acht. Wir kommen hierher, um mit euch zu diskutieren, ohne zu fragen, wer ihr seid. Wir wissen nur, daß wir hier mit einem jener Fallschirmjäger sprechen, die eines Morgens aus einem amerikanischen Flugzeug über unserem Territorium abgesetzt worden sind. Dieser Herr hier wird zugeben müssen, daß er der erste Kriegsgefangene der Welt ist, der den Vorzug hat, mit dem Chef der Regierung zu sprechen, die zu stürzen er gekommen ist, vor der ganzen cubanischen Öffentlichkeit und vor der ganzen Welt. Geben Sie das zu oder nicht?

GEFANGENER Ja, das gebe ich zu. Herr Doktor, erlauben Sie mir eine Frage. Sie haben immer gesagt, daß man für das kämpfen muß, woran man glaubt. Ich möchte nun fragen . . .

FIDEL CASTRO Auch ich möchte Sie etwas fragen: halten Sie

sich für unfehlbar? Viele Ihrer Kameraden haben uns gesagt, daß Sie im festen Glauben in Cuba gelandet sind, die Miliz und die Rebellenarmee würden zu Ihnen überlaufen. Hat man euch das weisgemacht oder nicht?

(Die Gefangenen rufen: »Ja«.)

Und wenn man euch das gesagt hat und es ist nicht geschehen, heißt das nicht, daß Ihr hereingelegt worden seid?

(Die Gefangenen rufen: »Ja«.)

Sie sehen, Ihre eigenen Kameraden widersprechen Ihnen. Ich kann nicht annehmen, daß alle Ihre Kameraden Lügner sind. Der Herr hier behauptet, er sei nach Cuba gekommen, um für seine Ideale zu kämpfen. Aber er muß gleichzeitig zugeben, daß die Herren, die ihm dabei geholfen haben, ihre Söldnertruppe belogen und hereingelegt haben. Und so, wie in diesem Fall, arbeiten diese Leute auch sonst, nämlich mit Betrug.

(Ein anderer Gefangener tritt vor.)

GEFANGENER Herr Dr. Castro, ich möchte nur das eine klarstellen: Im Exil gab es die verschiedensten politischen Tendenzen und die verschiedensten ideologischen Auffassungen. Ein großer Teil der Exil-Cubaner war früher auf seiten der Revolution und hat früher für diese Revolution gekämpft. Und diese Leute haben in der Presse der Vereinigten Staaten geschrieben und dem amerikanischen Volk und auch uns erklärt, daß die Revolution verraten worden sei. Und so ist es gekommen, daß die Exilzeitung *Diario de la Marina* und ihr Herausgeber Pepin Rivero uns immer wieder von neuem beschuldigt hat, wir seien Fidelisten ohne Fidel und Helfershelfer der Kommunistischen Internationale, deren Herrschaft wir nach Ihrem Sturz in Cuba aufrichten wollten. Ich will damit sagen, es gab unter uns viele Leute, die keineswegs Reaktionäre waren. Ich z. B. glaube von mir sagen zu können, daß ich keineswegs reaktionär denke, und ich bin auch nicht hierhergekommen, um irgendwelche privaten Interessen zu vertreten oder irgendeinen Gutsbesitz zurückzuerlangen.

FIDEL CASTRO Glauben Sie dann, daß es richtig war, gegen eine

Revolution zu kämpfen, die die Kasernen des Landes in Schulen verwandelt hat?

GEFANGENER Ich bin nicht gekommen, um solche Maßnahmen zu bekämpfen.

FIDEL CASTRO Sie sind damit einverstanden, daß aus den Kasernen Schulen gemacht werden?

GEFANGENER Ja.

FIDEL CASTRO Und Sie wußten auch, daß in Cuba auf dem flachen Land mehr als 10 000 Schullehrer gefehlt haben.

GEFANGENER Ja, das wußte ich.

FIDEL CASTRO Wußten Sie, daß es eine halbe Million Kinder gab, die nie eine Schule von innen gesehen haben? Wußten Sie, daß unsere Revolution 10 000 Lehrer aufs Land geschickt hat? Habt ihr das alle gewußt?

(Die Gefangenen rufen: »Nein«.)

Wer es nicht gewußt hat, möge den Arm heben.

(Die Mehrheit der Gefangenen hebt die Hand. Ein anderer Gefangener tritt vor.)

GEFANGENER Erlauben Sie, Comandante, darf ich eine Frage stellen? Man hat uns in den Ausbildungslagern unter anderm auch gesagt, Ihre Regierung sei durch und durch kommunistisch. Ich möchte wissen, ob das wahr ist.

FIDEL CASTRO Man hat euch gesagt, diese Regierung sei kommunistisch. Na und? Und wenn es so ist? Gibt euch das ein Recht, dieses Land zu überfallen? Haben die Amerikaner das Recht, uns ein kapitalistisches Regime, ein Regime der Monopole, aufzuzwingen? Oder hat unser Volk das Recht, diejenige Regierungsform zu wählen, die ihm paßt? Was geht das die Vereinigten Staaten an? Und was Sie betrifft, glauben Sie nicht, daß die Mehrheit des Volkes auf der Seite der Revolution steht?

GEFANGENER Nach dem, was ich bisher gesehen habe ...

FIDEL CASTRO Sie haben es also gesehen.

GEFANGENER Ja.

FIDEL CASTRO Sie haben die Arbeiter und die Bauern gesehen,

die auf der Seite der Revolution sind? Und wenn das cubanische Volk den Kommunismus haben will, wem gibt das auch nur das geringste Recht, dieses cubanische Volk zu überfallen? Dieses Volk kann das Regime wählen, das es haben will. Das ist sein gutes Recht.

GEFANGENER Erlauben Sie, aber könnten Sie bitte meine Frage beantworten und mir sagen, ob dieses Regime kommunistisch ist oder nicht?

FIDEL CASTRO Ich kann Ihnen sagen, daß dieses Regime sozialistisch ist. Wissen Sie, was Sozialismus ist?

GEFANGENER Ja.

FIDEL CASTRO Das wissen Sie. Möchten Sie, daß ich Ihnen erkläre, was die revolutionäre Regierung getan hat?

GEFANGENER Wenn Sie so liebenswürdig sein wollen.

FIDEL CASTRO Diese Regierung hat 100 000 Pächtern, Siedlern und Grenzbauern zu ihrem eigenen Land verholfen. Haben Sie das nicht gewußt?

(Die Gefangenen verneinen das.)

Haben Sie gewußt, daß eine einzige amerikanische Gesellschaft in Cuba 230 000 Hektar Land besessen hat? Das war die Atlantica del Golfo. Eine andere Gesellschaft, die United Fruit Company – haben Sie von dieser Gesellschaft gehört?

(Einige Gefangene rufen: »Ja, in Guatemala.«)

Sie haben in Guatemala von der United Fruit gehört? Nun, in Cuba besaß diese Gesellschaft 135 000 Hektar Land. Es gab auch einige Gutsbesitzer, die nicht Amerikaner waren, die aber ebenfalls über ungeheure Ländereien verfügten, wie zum Beispiel Julio Lobo. Julio Lobo besaß dreizehn Zuckerwerke und ungefähr 190 000 Hektar Land. Heute haben sich auf diesen Ländereien Genossenschaften organisiert, und die Bauern und Landarbeiter sind Herr über ihr eigenes Land geworden. Die Regierung hat ihnen landwirtschaftliche Maschinen gegeben, sie hat ihnen Kredite eingeräumt und mit allen Mitteln geholfen. Das alles hat die Revolution getan. Die Revolution hat die Elektrizitätsgesellschaften sozialisiert. Was haben Sie früher für den Strom bezahlt? Ist Ihnen nie der Strom abgesperrt worden?

GEFANGENER Nein, mir nicht.

FIDEL CASTRO Sie haben immer die Rechnung bezahlt?

GEFANGENER Ja.

FIDEL CASTRO Wissen Sie, wieviel diese Gesellschaften Jahr für Jahr verdient haben? Zwanzig Millionen Dollars.

GEFANGENER Hätte man nicht ein Gesetz machen können, nach dem jedem Arbeiter der Elektrizitätswerke eine gewisse Beteiligung an diesem Gewinn zustünde?

FIDEL CASTRO Wir haben ein besseres Gesetz gemacht. Wieviel Prozent Gewinnbeteiligung, glauben Sie, hätte den Arbeitern zugestanden?

GEFANGENER Sagen wir 30 oder 40 Prozent.

FIDEL CASTRO 40 Prozent für alle Arbeiter?

GEFANGENER Ja.

FIDEL CASTRO Und die anderen 60 Prozent?

GEFANGENER Die wären dem Betrieb zugeflossen.

FIDEL CASTRO Das heißt der amerikanischen Gesellschaft?

GEFANGENER Der Gesellschaft, ja.

FIDEL CASTRO Nun gut, wir haben eine bessere Lösung gefunden. Wir haben dem cubanischen Volk 100 Prozent gegeben...

GEFANGENER Aber sind diese 100 Prozent an die Arbeiter ausbezahlt worden? Oder hat sie der Staat kassiert?

FIDEL CASTRO Sie fließen dem ganzen cubanischen Volk zu. Keine ausländische Gesellschaft kann dieses Geld für sich herausholen. Und auch wir stecken uns keinen Pfennig davon in die eigene Tasche. Wir haben nicht einmal ein Bankkonto. Diese zwanzig Millionen Dollars werden heute in neue Fabriken und in die Entwicklung der Landwirtschaft gesteckt. Wir investieren sie in Schulen, Straßen, Krankenhäuser und genossenschaftliche Wohnungen. Außerdem haben wir die Stromtarife herabgesetzt. Scheint es dir nicht gerechter, die Stromtarife herabzusetzen? Das ist eine Maßnahme, die allen Arbeitern im Lande zugute kommt. Wissen Sie, was ein Elektrizitätsarbeiter hier früher verdient hat? Er hat viel mehr verdient als ein Bau- oder Straßenarbeiter; und vergessen Sie eines nicht, die Stromarbeiter hatten feste Arbeitsplätze. Haben Sie gewußt, daß es in Cuba früher eine halbe Million Arbeitslose gegeben hat?

GEFANGENER Ja.

FIDEL CASTRO Und heute arbeitet hier in Cuba jeder Mann. Sogar die Minister müssen zur Zuckerernte gehen und Zucker schneiden. Haben Sie je zuvor einen cubanischen Minister Zucker schneiden sehen?

GEFANGENER Nein, natürlich nicht.

(Ein anderer Gefangener tritt vor.)

GEFANGENER Herr Dr. Castro, Sie haben vorhin gesagt, dies sei ein sozialistisches Regime, kein kommunistisches, sondern ein sozialistisches. Nun bin ich der Meinung, daß ein wirklich demokratisches System dem Volk ebenso große Vorteile gebracht hätte. Warum hat dann die Revolution statt einer wirklichen Demokratie den Sozialismus als Grundlage gewählt?

FIDEL CASTRO Und wer sagt Ihnen, daß das, was die Yankees Demokratie nennen, wirklich Demokratie ist?

GEFANGENER Aber ich spreche nicht von dem, was die Amerikaner Demokratie nennen, sondern von der wirklichen Demokratie.

FIDEL CASTRO Und wer sagt Ihnen, daß unsere Revolution nicht demokratisch ist? Allein die Tatsache, daß Sie hier mit dem Premierminister der revolutionären Regierung diskutieren können! Ich möchte wissen, welcher von den zahllosen Cubanern, die die Amerikaner eingesperrt haben, von Kennedy empfangen worden ist, um mit ihm zu diskutieren.

GEFANGENER Ich gehe natürlich von dem aus, was Sie vorhin selbst gesagt haben, nämlich daß dies ein soziales Regime ist.

FIDEL CASTRO Ich möchte Ihnen ein praktisches Beispiel geben. Wir hatten hier in Habana einmal ein großes Meeting – das war zu einer Zeit, wo die Feinde der Revolution anfingen, sich nach und nach hervorzuwagen, und diese Leute brachten die

ganze Zeit die Frage der Wahlen aufs Tapet. Und zu dieser
Frage gab ich damals eine Erklärung ab. Zu meiner Überraschung und zur Überraschung aller Anwesenden – ich
nehme an, einige von Ihnen sind dabeigewesen, es war am
13. März 1959 – hat die versammelte Menge auf dem Platz
sehr eigentümlich und sehr entschieden reagiert, und zwar mit
einem Protest gegen parlamentarische Wahlen in jeder Form.
Das hat uns erstaunt, denn damals waren die Wahlen das Ge-
sprächsthema Nr. 1. Alle Welt hat davon geredet, und wir
hatten schon befürchtet, die Leute seien darauf hereingefallen.
Sie wissen doch, keine der früheren Regierungen hat wirklich
etwas für das Volk getan, und kein Wechsel der Abgeordneten
und der Senatoren hat dem Volk wirklich genützt. Sie wissen
doch, daß der Kongreß eine Spielwiese für Leute war, die rasch
zu ein paar Millionen kommen wollten. Nun sagen Sie mir,
kennen Sie irgendein Mitglied der Revolutionsregierung, das
auf seinem Posten reich geworden wäre, geschweige denn Millionen in die eigene Tasche gewirtschaftet hätte?
GEFANGENER Es heißt aber, Sie, Herr Dr. Castro, hätten Millionen über Millionen auf einer Bank in der Schweiz.
FIDEL CASTRO In der Schweiz? Schade, daß Sie mir nicht erzählen können, wo dieses Geld versteckt ist. Wir könnten mit
diesen Millionen allerhand anfangen. Ich will Ihnen etwas
sagen, diese Millionen schenke ich Ihnen. Natürlich werde ich
mich nicht dazu herbeilassen, eine solche Frage ernsthaft mit
Ihnen zu diskutieren. Nicht einmal im Ausland hat jemand
solche Behauptungen aufgestellt, von Cuba ganz zu schweigen.
Vielleicht gibt es irgendeine obskure Zeitung, die einen solchen
Blödsinn druckt, aber hier in diesem Land gibt es niemanden,
absolut niemanden, der an der vollständigen Ehrlichkeit aller
Mitglieder der revolutionären Regierung zweifelt. Sie haben
es hier mit einem anderen Menschenschlag zu tun, mit Leuten,
die ihren Lebenszweck darin sehen, für das Volk zu kämpfen.
Wir interessieren uns nicht für Geld, und ich will Ihnen auch
sagen warum. Wir stammen alle miteinander aus ziemlich be-

güterten Familien, ob uns das nun paßt oder nicht. Und einzig und allein aus diesem Grund war ich damals in der Lage, zu studieren, eine Möglichkeit, die Tausenden von anderen Jungen meiner Generation verschlossen war. Ich habe mich nie in meinem Leben für Geld interessiert.

Wenn wir Politiker von der Art wären, die sich für Geld interessieren, hätten es die Amerikaner nicht nötig gehabt, Millionen von Dollars in diese Landungsoperation zu stecken. Wissen Sie, was die Amerikaner dann gemacht hätten? Sie hätten diese Regierung gekauft. Sie hätten sie ebenso gekauft, wie sie zahllose andere Regierungen in der cubanischen Geschichte und in der Geschichte Lateinamerikas gekauft haben. Die Sache war nur die, daß wir nicht verkäuflich waren. Wer in der Welt hat mehr Gold und mehr Dollars als die Yankees? Und was glauben Sie wohl, was diese kleine Invasion gekostet hat mit ihren ganzen Flugzeugen, Schiffen, Waffen, mit ihrer Verpflegung, ihrem Nachschub, ihrer Ausrüstung, ihren Uniformen, ihren Schuhen, ihren Lufttransporten, ihren Froschmännern und so weiter und so weiter? Das ganze Ding muß mindestens 10 Millionen Dollars gekostet haben. Glauben Sie mir, die Amerikaner hätten mit Freuden 500 Millionen Dollars aufgebracht, um uns zu kaufen. Und warum haben sie das nicht einmal versucht? Weil sie ganz genau wissen, daß wir nicht bestechlich sind und daß man uns mit keiner Summe auf der Welt kaufen kann. Das seht ihr doch ein, oder habt ihr daran irgendwelche Zweifel?

(Die Gefangenen verneinen das.)

Die Sache ist doch einfach die, wir lassen uns von den Amerikanern weder mit Geld einkaufen, noch lassen wir uns von ihnen durch Gewalt einschüchtern. Ich möchte den schärfsten Gegner der Revolution, der sich hier unter euch befindet, fragen, ob er mir einen Mann in der revolutionären Regierung nennen kann, der diesem Land auch nur einen einzigen Pfennig gestohlen hätte. Fragt wen ihr wollt in diesem Land, und ihr werdet feststellen müssen, daß die bewaffneten Arbeiter und

Bauern Cubas sich nicht mehr länger von Dieben regieren lassen. Oder glaubt ihr vielleicht, die Cubaner hätten ihr Leben riskiert, um einen Haufen von unehrlichen Leuten zu schützen?

GEFANGENER Entschuldigen Sie, aber Sie haben meine Frage nur zum Teil beantwortet.

FIDEL CASTRO Was war es noch, was Sie wissen wollten? Ach ja. Nun gut, ich werde Ihnen ein praktisches Beispiel geben. Wie haben die Menschen hier auf dem Lande gelebt? Wissen Sie das? Haben Sie je auf dem Land gelebt?

GEFANGENER Kaum.

FIDEL CASTRO Nein? Irgendein anderer hier? Wie wenig Bauern es hier gibt!

GEFANGENER Ich bin vom Land.

FIDEL CASTRO Sie haben auf dem Land gelebt? Und wie ist es den Leuten dort gegangen?

GEFANGENER Die Taglöhner haben einen Dollar am Tag verdient und das Essen, oder 1,25 Dollar ohne das Essen.

FIDEL CASTRO Und wie hat ein Mensch von einem Dollar fünfundzwanzig am Tag leben können? Wovon hat er sich Essen gekauft, Kleider, Schuhe und Medizin?

GEFANGENER Ich habe es selber oft genug versucht und habe es nie geschafft. Ich weiß selber nicht, wie das zugegangen ist.

FIDEL CASTRO Und was meinen Sie, begreifen Ihre Mitgefangenen das? Begreifen sie, daß man von einem Dollar fünfundzwanzig am Tag nicht leben konnte?

GEFANGENER Das muß doch jeder Mensch einsehen.

FIDEL CASTRO Und was ist passiert, wenn einer auf dem Land keine Arbeit gefunden hat?

GEFANGENER Einer, der keine Arbeit bekam, den haben sie von der Farm verwiesen. Der mußte mit seiner ganzen Familie verschwinden.

FIDEL CASTRO Und was haben die Landjäger mit ihm angefangen?

GEFANGENER Sie haben ihn eingesperrt, wenn er sich dem Gutsherrn widersetzte.

FIDEL CASTRO War es den Landarbeitern erlaubt, eine Waffe zu führen?

GEFANGENER Nein.

FIDEL CASTRO Und wer hatte auf dem Land den Revolver in der Tasche?

GEFANGENER Die Gutsbesitzer.

FIDEL CASTRO Haben Sie je etwas von dem Plan der langen Messer gehört? Wissen Sie, daß es in unserem Land einen solchen Plan gegeben hat?

GEFANGENER Ja, das weiß ich.

FIDEL CASTRO Und wer hat mit dem Buschmesser zugeschlagen?

GEFANGENER Das waren die Landjäger.

FIDEL CASTRO Und auf wen haben sie eingeschlagen?

GEFANGENER Auf die Bauern.

FIDEL CASTRO Und was folgt daraus? Wie standen die kleinen Bauern da?

GEFANGENER Sie waren letzten Endes nichts weiter als Sklaven.

FIDEL CASTRO Und wie ist es bei den Wahlen zugegangen? Für wen haben die Bauern gestimmt?

GEFANGENER Meistens haben sie ihren Stimmzettel schon vor dem Wahltag verkauft.

FIDEL CASTRO Und warum haben sie ihren Stimmzettel verkauft?

GEFANGENER Weil sie das Geld brauchten, oder weil man sie dazu gezwungen hat.

FIDEL CASTRO Oder sie haben für die Partei gestimmt, die der Gutsherr ihnen sagte, oder nicht?

GEFANGENER Das stimmt.

FIDEL CASTRO Oder sie haben für den Kandidaten gestimmt, der ihnen einen Empfehlungsbrief gab, damit sie ihre Kinder ins Krankenhaus schicken konnten, denn ohne Empfehlungsbrief gab es auch kein Krankenhaus. Stimmt das oder ist das gelogen?

GEFANGENER Das stimmt.

FIDEL CASTRO Und wenn einer eine Arbeit beim Straßenbau haben wollte, so kostete ihn das gleich seinen Stimmzettel.

GEFANGENER Das stimmt.

FIDEL CASTRO Wenn es also ans Wählen ging, dann mußte er jedesmal seine Stimme dem geben, auf dessen Gefälligkeit er angewiesen war.

GEFANGENER Das stimmt.

FIDEL CASTRO Wer will da den Bauern noch weismachen, daß das eine Demokratie war? Und daß die Revolution die Demokratie abgeschafft hat? Wissen Sie, daß die revolutionäre Regierung sich fortwährend mit den Arbeitern trifft und mit ihnen spricht? Wissen Sie, daß die revolutionäre Regierung die ganzen Pläne für die Zuckerproduktion und für die Zuckerernte nicht mit irgendwelchen Gutsbesitzern besprochen hat, denn wir haben hier keine Gutsbesitzer mehr, sondern mit den Kleinbauern, mit den Genossenschaften und mit allen, die im Zucker arbeiten. Wissen Sie, daß das Volk in seinen Gewerkschaften, auf den volkseigenen Gütern und in den Kooperativen fortwährend über seine eigenen Angelegenheiten diskutiert und selbst darüber zu entscheiden hat? Wer von Ihnen hat die Stirn, hierherzukommen und den Bauern zu erzählen, die Demokratie bestünde darin, daß Herr Tony Varona im Senat sitzt, während sie selber in einer Hütte aus Palmblättern hausen und von den Landjägern und von der Landpolizei malträtiert werden? Wer wagt es, diese Art von Demokratie den Bauern gegenüber in Schutz zu nehmen? Kein Wunder, daß die Bauern Ihnen einen blutigen Empfang bereitet haben!

Wißt ihr, wie es früher in der Gegend ausgesehen hat, wo ihr gelandet seid? Dort lebten Tausende von armen Köhlerfamilien. Diese Köhler haben das ganze Jahr lang Bäume gefällt und Gestrüpp geschnitten, um Kohle daraus zu machen. Und dafür mußten sie dem Herrn Montalvo, der in jener Gegend 12 000 Hektar Land besaß, und der sich jetzt hier unter euch befindet, auch noch Grundzins bezahlen. Und wenn er Glück hatte, wurde er seinen Sack Holzkohle für eineinhalb Dollar an die Zwischenhändler los, und die Zwischenhändler trugen die Kohle in die Hauptstadt und verkauften sie dort für zwei bis drei Dollars. Wißt ihr, daß diese Köhler heute ihre eigenen Lastwagen haben und ihre Holzkohle direkt auf den Markt bringen, daß sie keinerlei Grundzinsen mehr zu zahlen haben, und daß es heute in den Sümpfen von Zapata zweihundert Kilometer Straßen gibt, die die Revolution gebaut hat? Daß es heute in dieser Gegend Badestrände und Hotels gibt, daß die revolutionäre Regierung dabei ist, die Sümpfe von Zapata auszutrocknen, daß sie innerhalb von wenigen Monaten diese vergessene und vernachlässigte Region zu einer Attraktion für ganz Cuba gemacht hat? Daß in den Sümpfen heute zweihundert Lehrer arbeiten, um die Bevölkerung zu alphabetisieren? Und ausgerechnet diese Gegend habt ihr euch für euer Landemanöver ausgesucht. Ihr habt wohl gedacht, diese Bauern und Köhler würden Leute wie Tony Varona und Miró Cardona mit offenen Armen empfangen, um sie zu ihren Abgeordneten und Senatoren zu machen? Versteht ihr jetzt den Empfang, der euch am Strand von Girón zuteil geworden ist?

(Die Gefangenen rufen: »Ja!«)

Der Gefangene gibt an, daß er am 20. Mai 1960 zusammen
mit seiner Frau und seinen Kindern in Miami angekommen
ist. Er versuchte dort eine Beschäftigung zu finden und war
bereit, jede beliebige Arbeit anzunehmen. Das war nicht leicht,
weil im Süden der USA Mangel an Arbeitsplätzen herrschte.
Die Schwierigkeit, einen Lebensunterhalt zu finden, führte
dazu, daß sich unter den Exil-Cubanern politische Fragen und
persönliche Interessen, also Geldfragen, miteinander zu ver-
mischen anfingen. Varona, Artime, Carrillo, Rasco und andere
politische Figuren hielten sich damals bereits in Miami auf.
Das konspirative Treiben war allgemein, es war unmöglich,
ihm zu entgehen. Nach und nach langte in Miami eine Reihe
von exilierten Journalisten der Zeitung *Prensa Libre* an, deren
Chefredakteur der Gefangene in Habana gewesen war:
Redakteure, Angestellte, Büropersonal usw. Ihre ökonomische
Lage war äußerst schwierig. Bei der alten Geschäftsführung
der Zeitung ist dann der Gedanke aufgekommen, eine Exilaus-
gabe erscheinen zu lassen; auf diese Weise hätte man vor allem
den Lebensunterhalt der Angestellten und der Chefs sichern
können. Es fehlte an Geld. Keiner hatte genug, um sein Essen
und seine Miete zu bezahlen. [...]
Rasco, Artime, Varona usw. gaben in der nordamerikanischen
Presse fast täglich neue Erklärungen ab. Sehr bald zeichneten
sich interne Machtkämpfe ab. Von einem gemeinsamen Enga-
gement im Kampf gegen die cubanische Regierung war nichts
zu spüren; dagegen um so mehr von einem subalternen Streit
darum, wer nach dem Sieg Präsident werden sollte. Die Zer-
splitterung nahm mit jedem Tage zu. Die Polemik in der
spanischsprachigen Zeitung *Diario de las Américas* nahm
geradezu ekelhafte Formen an. Wie gewöhnlich teilten sie die

Beute unter sich auf, noch ehe das Wild erlegt war. Während die Politiker sich stritten, wurde ein Büro eröffnet, um Freiwillige für den Kampf in Cuba anzuwerben. Die CIA kümmerte sich anscheinend überhaupt nicht um die internen Zwistigkeiten. Was die Amerikaner brauchten, war einfach Kanonenfutter, und es war ihnen gleich, woher sie es bekamen. Die Exil-Cubaner meldeten sich nach und nach fast alle freiwillig, weil das politische Spiel sie enttäuscht hatte, oder aus Verzweiflung, oder auch aus einem falschen Ehrgefühl heraus. Mit der Demokratischen Front, die sich bereits gebildet hatte, wollte niemand etwas zu tun haben: das war ein Sammelbecken des Ehrgeizes und des Ressentiments, ein deprimierender Anblick. Viele bildeten sich ein, »die Amerikaner würden die Sache schon hinkriegen«, und ließen jeden nationalen Gedanken und jedes Selbstgefühl fahren. Das ist monatelang so gegangen. Die Amerikaner setzten sich mit Hilfe der CIA immer mehr durch, und die Cubaner hatten immer weniger zu sagen. Gedemütigt und verzweifelt sahen sie sich gezwungen, von den Almosen und Unterstützungen der amerikanischen Regierung zu leben. Für dieses bißchen Geld mußten sie an den Zahlstellen, dem sogenannten Refugee Center, Schlange stehen. Es war eine sehr peinliche Situation. In Miami lief ein gewisser Bender herum, von dem es hieß, er sei der CIA-Chef zur besonderen Verfügung von Allan Dulles. Er traf sich mit einigen der erwähnten Cubaner. Ich habe ihn niemals kennengelernt, auch meine Familie hatte keinen Kontakt mit ihm, aber ich wußte, wer er war: die graue Eminenz der ganzen konspirativen Unternehmungen. Von ihm kam auch das Geld für die Demokratische Front, die ihr Büro an der Ecke Siebzehnte Straße und Biscayne eingerichtet hatte, und für die geheimen Ausgaben der Untergrundorganisation der Front in Cuba. Wer die Gelder der Front verwaltete und auf welche Weise, das wußte kein Mensch. Der Gefangene jedenfalls kann darüber nichts sagen. Ein Teil davon soll aber nach Cuba gegangen sein, und zwar ist dieses Geld über einen gewissen Francisco gelaufen, der die

Leitung der Operationen in Cuba übernommen hatte. Der Gefangene hat als Journalist, als Beobachter also, an einer Sitzung der Demokratischen Front teilgenommen, bei der auch Varona anwesend war. Solche Sitzungen fanden zwei- oder dreimal in seinem Beisein statt. Beschlüsse sind dabei nicht gefaßt worden. Es war immer dasselbe: die Politiker befaßten sich nicht mit konkreten Plänen für den Umsturz in Cuba, sie fielen übereinander her und trugen ihre Meinungsverschiedenheiten aus. Der Gefangene erinnert sich, daß bei einer dieser Gelegenheiten ein Teil der Angehörigen der Front (dazu gehörten Rasco, Artime, Sardiña und Monolo Cobo von der Organisation Triple A Independiente) mit einer sogenannten »These der jungen Generation« herauskamen; sie erklärten öffentlich, die zukünftige Regierung Cubas müsse aus jungen, fortschrittlichen, revolutionären usw. Leuten bestehen. Das Ganze war eine Art Staatsstreich gegen Varona und Carrillo. Über diese Frage konnte sich Varona mit Rasco natürlich nicht einigen; das hätte doch seine politische Pensionierung bedeutet. Von diesem Moment an war die Front nur noch ein Gespenst. Sie beschränkte sich darauf, ihre Spesen zu verbrauchen und ihre Funktionäre auszuzahlen. Das ging eineinhalb Monate lang so weiter, bis Manuel Ray in Miami ankam. Damit begann ein neuer Krieg nach innen. Ray forderte eine totale Reorganisation der Front und beanspruchte für sich allein die Hälfte aller Delegiertensitze. Er wollte eine neue Organisation schaffen, in der alle oppositionellen Gruppierungen aufgehen sollten. Es gab ihrer damals bereits über zweihundert. Die Abkürzungen der Geheimorganisationen, die in Miami vertreten waren, schossen wie Unkraut aus dem Boden und vermehrten sich mit jedem Tag. Ray fand Unterstützung in Washington, in Kreisen des State Department, vermutlich durch Vermittlung von Muñoz Marín und des neuen Unterstaatssekretärs Morales Carrión, der aus Puerto Rico stammte. Mit ihrer Hilfe stand Ray plötzlich als der Größte da. Nicht einmal die CIA konnte ihn bremsen. Anscheinend wollte Mr.

Kennedy eine neue cubanische Gegenregierung von einer vorgeblich progressiven Schattierung vorschieben. Dazu konnten sie Manuel Ray brauchen. Der Front paßte diese Veränderung nicht, aber vor die Wahl gestellt, Ray zu akzeptieren oder die finanzielle und militärische Unterstützung der Nordamerikaner einzubüßen, schickten sie sich in das Unvermeidliche und schlossen ein Abkommen mit Ray, die »Punkte der Übereinstimmung«, die das folgende Programm vorsahen: Ausschreibung von Wahlen in Cuba innerhalb von 18 Monaten; Wiederherstellung der Verfassung von 1940; Restitution der Privatwirtschaft; und »Verteidigung der Interessen der westlichen Hemisphäre«, d. h. Unterstützung der USA als der führenden Macht. Als Übergangskandidat wurde Miró Cardona bestellt. Das war ein Kompromiß zwischen Manuel Ray und der Front. Cardona, Ray und die Mitglieder der Front hielten geheime Besprechungen mit den CIA-Leuten ab, die immer nur mit Decknamen auftraten. Wenn sie einen Namen nannten, war es immer ein Pseudonym. Das Ganze hatte etwas Kindisches; denn in Miami wußte jeder, daß die USA über die CIA für die Kosten der Widerstandsaktionen innerhalb und außerhalb Cubas aufkamen. Nur daß die Amerikaner die militärischen Pläne, die sie vorbereiteten, vor den Cubanern, und zwar auch vor den politischen Führern des Exils, sorgfältig geheimhielten. *Niemand wußte etwas davon,* weder Varona, noch Miró Cardona selbst. Man versprach ihnen einfach, das cubanische Problem werde gelöst werden, und daß ihre Sache mit Hilfe eines erheblichen militärischen Apparates triumphieren werde, aber über die Einzelheiten wurden sie nicht informiert. ... Insgesamt war dieses ganze Treiben in Miami eine Mystifikation. Alle hielten sich für eingeweiht, aber in Wirklichkeit wußte niemand Bescheid. Im Grunde vertrauten alle diese Leute blindlings auf Onkel Sam, der die Kosten ihrer Revolution schon bestreiten würde.

Appendix III. Aufruf an das Christliche Volk
von Cuba

Vorbemerkung. Der folgende Text wurde unter den Papieren des Söldnerpriesters Ismael de Lugo gefunden. Er sollte nach dem Gelingen des Landeunternehmens und nach der Bildung eines Brückenkopfes über den Rundfunk verbreitet werden. Zu dieser Sendung ist es niemals gekommen. Fidel Castro hat den Aufruf in seiner Rede vom 1. Mai 1961 öffentlich bekanntgemacht.

Hier spricht der Oberste Militärseelsorger der Sturmbrigade. Der ehrwürdige Pater Ismael de Lugo vom Orden der Kapuziner wendet sich mit diesen Worten in seinem eigenen und im Namen der übrigen Feldkapläne an das katholische Volk von Cuba.

An alle cubanischen Katholiken. Achtung, Achtung!

Die Befreiungsstreitkräfte sind an der cubanischen Küste gelandet. Wir sind hierher im Namen Gottes, im Namen der Gerechtigkeit und im Namen der Demokratie gekommen, um das mit Füßen getretene Recht, die erniedrigte Freiheit sowie die verfolgte und verleumdete Religion wiederherzustellen. Wir sind gekommen nicht von Haß, sondern von der Liebe beseelt, um dem Land den Frieden zu bringen, auch wenn dieser Frieden mit der Waffe in der Hand erkämpft werden muß. Unsere Sturmbrigade besteht aus Tausenden von Cubanern, die bis zum letzten Mann katholische Christen sind. Ihre Moral ist die Moral der Kreuzzüge. Sie sind gekommen, um jenen Prinzipien wieder Geltung zu verschaffen, die einst der Herr in seiner Bergpredigt niedergelegt hat. Vor der Landung haben unsere Soldaten die Heilige Messe gehört und die Heiligen Sakramente empfangen. Sie wissen, wofür sie kämpfen. Sie möchten, daß die Heilige Schwarze Jungfrau der Caridad von Cobre, unsere Schutzpatronin, in ihrem Heiligtum nicht länger so viel Gottlosigkeit erdulden und so viel Atheismus und Kommunismus mit ansehen muß.

In dieser Stunde sind wir auf die Hilfe aller cubanischen Katholiken angewiesen. Wir bitten Sie alle, für unseren Sieg zu beten. Wir flehen auf unsere Soldaten den Schutz Gottes herab. Wir fordern Sie alle auf, Ihre Wohnungen nicht zu verlassen, und wir beten zu dem Herrn der himmlischen Heerscharen, auf daß unser Kampf ein kurzer sei und auf daß so wenig Blut – brüderliches und cubanisches Blut – wie möglich vergossen werde.

Unser Kampf ist der Kampf all derer, die an Gott glauben und die bereit sind, das göttliche Sittengesetz gegen den Materialismus zu verteidigen. Unser Kampf ist der Kampf der Demokratie gegen den Kommunismus. Diese Ideologie kann nur besiegt werden durch eine andere Ideologie, die ihr überlegen ist, und die einzige Ideologie, die den Kommunismus besiegen kann, ist das Christentum. Um dieses Zieles willen sind wir aufgebrochen, und für dieses Ziel kämpfen wir. Katholische Cubaner, unsere Stärke ist unüberwindlich und nichts kann ihr widerstehen. Aber noch größer als unsere militärische Stärke ist unser Glaube an Gott, an seinen Schutz und an seine Hilfe.

Cubanische Katholiken, ich grüße und umarme Euch im Namen aller Soldaten der Befreiungsarmee. Ich grüße und umarme in ihrem Namen alle Angehörigen und Freunde. Bald werdet Ihr Euch alle wiedersehen. Ihr könnt fest darauf vertrauen, daß der Sieg unser sein wird, denn Gott ist mit uns. Die Heilige Jungfrau von Caridad wird ihre Söhne nicht im Stiche lassen. Katholische Christen Cubas, es lebe das freie demokratische und katholische Cuba, es lebe Christus unser König im Himmel, es lebe unsere glorreiche Schutzpatronin!

Der ehrwürdige Pater Ismael de Lugo als Oberster Militärseelsorger der Sturmbrigade gibt Euch seinen Segen.

Appendix IV. Urteil des Revolutionären
Gerichtshofes vom 7. April 1962

Gegeben in La Habana, am siebenten April neunzehnhundert-
undzweiundsechzig.

Vor dem Revolutionären Gerichtshof, bestehend aus den
Comandanten Augusto R. Martínez Sánchez, Vorsitzender,
Juan Almeida Bosque, Sergio del Valle Jiménez, Guillermo
García Frías und Manuel Piñeiro Losada, Beisitzer, sowie dem
Hauptmann Narciso A. Fernández Suárez, Schriftführer, und
unter Mitwirkung von Dr. Santiago Cuba Fernández, Staats-
anwalt, und Dr. Antonio Cejas Sánchez, Offizialverteidiger,
ist im Schnellgerichtsverfahren die Strafsache 111/1962 wegen
Verbrechens gegen § 128 des Gesetzes zum Schutze der Gesellschaft in Verbindung mit § 5 des Gesetzes Nr. 425 vom 7. Juli
1959 gegen die im folgenden genannten Angeklagten verhandelt worden:

(Es folgt die Namensliste der 1113 angeklagten Söldner.)

Tatbestand

Am frühen Morgen des 17. April 1961 hat eine von der Regierung der Vereinigten Staaten von Amerika ausgerüstete,
bewaffnete, bezahlte und ausgebildete Truppe unter der Bezeichnung Sturmbrigade 2506, bestehend aus etwa 1500 Mann,
unter denen sich die in dieser Strafsache Angeklagten befanden, von Puerto Cabeza in der Republik Nicaragua kommend,
um 2 Uhr 30 Ortszeit begonnen, an der Südküste der Provinz
Las Villas im Sumpfgebiet von Zapata an Land zu gehen.

Den Dokumenten zufolge, die bei den Angeklagten vorgefunden und beschlagnahmt worden sind, sah der Invasions-
plan der Söldnertruppe ein dreifaches Landungsunternehmen
vor: Die Besatzung der *Aguja* sollte am Breiten Strand, Deckname »Roter Strand«, die Besatzung der Schiffe *Ballena* und
Tiburón am Strand von Girón, Deckname »Blauer Strand«,
und die Besatzung der Schiffe *Marsopa, Barracuda* und *Atún*
an der Grünen Bucht, Deckname »Grüner Strand«, an Land

gehen. Gleichzeitig sollte ein Fallschirmjäger-Bataillon Positionen nördlich des Breiten Strandes und des Strandes von Girón in der Umgebung von San Blas und Sopillar besetzen, um die Landungs- und Operationszone abzuriegeln, und zwar in der Absicht, einen festen Brückenkopf zu schaffen, der als Sitz einer Provisorischen Regierung dienen und den Beginn und weiteren Verlauf eines Abnutzungskrieges ermöglichen sollte, um den Interventionsplänen der imperialistischen Regierung der Vereinigten Staaten von Amerika Vorschub zu leisten.

Gegen den Widerstand kleinerer Einheiten der Revolutionären National-Milizen gelang es der Söldner-Brigade, am Strand von Girón und am Breiten Strand zu landen, ihre Panzerfahrzeuge auf das Festland zu bringen, ihr Fallschirmjäger-Bataillon nördlich von Girón abzusetzen und dadurch die Landstraße zum Zuckerwerk Australia abzuschneiden. Sechzehn Flugzeuge vom Typ B-26 flogen unter dem Begleitschutz nordamerikanischer Jagdflieger mehrere Bombenangriffe auf das Gebiet und eröffneten dabei das MG-Feuer auf die Zivilbevölkerung, wodurch es zum Tod wehrloser Frauen und Kinder und zu zahlreichen Verlusten kam. Einheiten der nordamerikanischen Kriegsmarine, darunter zwei Zerstörer, die als Eskorte der Transportschiffe der Söldnertruppe dienten, und ein Flugzeugträger hielten sich in der Nähe des Operationsgebietes auf. Der heimtückische und verbrecherische Angriff der Söldner führte außerdem zu Sachschäden im Wert von mehreren Millionen Pesos.

Die Revolutionären Streitkräfte haben in heldenhaften Kämpfen die Invasion der Söldnertruppen innerhalb von 64 Stunden niedergeschlagen, deren Angehörige fast ausnahmslos im Kampf getötet oder gefangengenommen, ihre Waffen erbeutet, ihre Panzerfahrzeuge vernichtet oder übernommen, ihre Seefahrzeuge zum Teil versenkt und ihre Luftwaffe fast vollständig zerstört worden sind.

Die Söldner-Brigade verfügte über die folgende Ausrüstung.

Schiffe: *Houston*, Deckname *Aguja; Atlantic*, Deckname *Tiburón; Rio Escondido*, Deckname *Ballena; Caribe*, Deckname *Sardina; Lake Charles*, Deckname *Atún; Blagar*, Deckname *Marsopa; Barbara J.*, Deckname *Barracuda;* ferner zwei umgebaute und mit Waffen versehene Landungsfahrzeuge vom Typ LCI, drei Landungsfahrzeuge vom Typ LCU zur Beförderung von fünf Panzern M-41 und der mit MGs ausgerüsteten Fahrzeuge des Panzerbataillons Nr. 4; vier Landungsfahrzeuge vom Typ LCPV für den Transport von Truppen. Flugzeuge: 16 vom Typ B-26; 8 vom Typ C-46; 4 vom Typ C-54. Panzerfahrzeuge: 5 Sherman-Panzer vom Typ M-41 mit 76-mm-Kanonen. Bewaffnung: Mörser vom Kaliber 4,2; rückstoßfreie 75-mm-Geschütze; Gewehre vom Typ Garand M-1; Pistolen und Panzerfäuste. Das gesamte Kriegsmaterial ist beschlagnahmt worden und steht dem Generalstab der Revolutionären Streitkräfte zur Verfügung.

Die Angehörigen der Söldner-Brigade sind unter der Leitung von amerikanischen Instruktoren auf militärischen Basen in den Vereinigten Staaten von Amerika, in Guatemala und in Puerto Rico ausgebildet worden. Die Regierung der Vereinigten Staaten hat an sie monatliche Zahlungen für den Unterhalt ihrer Angehörigen geleistet und zu diesem Zweck eine Summe von fünfundvierzig Millionen Dollars bereitgestellt.

Der Präsident der Vereinigten Staaten, John F. Kennedy, hat im April 1961 öffentlich erklärt, er übernehme die Verantwortung für die hier dargestellten Ereignisse.

Die Invasoren hatten die Absicht, die Herrschaft der nordamerikanischen Monopole über die cubanische Wirtschaft wiederherzustellen, ohne Rücksicht auf die nationale Souveränität und zum Schaden des Kampfes, den die Völker Lateinamerikas führen, um sich vom Joch des Imperialismus zu befreien.

Entscheidungsgründe

Der obenbezeichnete Sachverhalt erfüllt den Tatbestand des Hochverrats gemäß § 128 des Gesetzes zum Schutze der Gesellschaft in Verbindung mit § 5 des Gesetzes Nr. 425 von 1959. Es ist Hochverrat, wenn eine bewaffnete Gruppe wie die Angeklagten im Interesse einer fremden Macht in das nationale Hoheitsgebiet in der erklärten Absicht eindringt, die Unabhängigkeit des Landes zu beseitigen und es von neuem der imperialistischen Herrschaft Nordamerikas auszuliefern.

Die Tatsache, daß die Regierung einer fremden Macht ausdrücklich die volle Verantwortung für die hier dargestellten Ereignisse übernommen hat, befreit die Angeklagten nicht von der individuellen Verantwortung, die sie für ihre erwiesene Teilnahme an dieser Unternehmung tragen. In ihrer großen Mehrheit gehören die Angeklagten den ausbeuterischen Klassen und der militärischen Hierarchie der Batista-Diktatur an. Es war ihre Absicht, mit gewaltsamen Mitteln die Reichtümer wiederzuerlangen, die die Revolution dem arbeitenden Volk übergeben hat. Als Werkzeuge des Imperialismus wollten sie den Latifundienbesitzern ihren Grundbesitz, den alten Ausbeutern ihre Fabriken und Mietshäuser zurückgeben, das Glücksspiel, die Prostitution und den Rauschgifthandel wiedereinführen und die Herrschaft der einheimischen Oligarchie und der ausländischen Monopole wiederherstellen, die sechs Jahrzehnte lang die Arbeiter, Bauern und anderen Werktätigen des Landes um die Früchte ihrer Arbeit gebracht hatten.

In der Schlacht von Girón wurde das Söldnerheer vernichtend geschlagen; der nordamerikanische Imperialismus erlitt eine beschämende Niederlage; die siegreiche Revolution hat die Integrität des Vaterlandes verteidigt und die Macht des Volkes konsolidiert, ohne daß diese Ziele es nötig gemacht hätten, im gegenwärtigen Augenblick zu den schwersten Strafen zu greifen.

Die Soldaten des Volkes haben mit exemplarischem Gleichmut und entsprechend den historischen und legalen Normen des

Rebellenheers aus der Zeit des bewaffneten Kampfes gegen Batista die physische Unversehrtheit ihrer Gefangenen garantiert. Diese Haltung drückt den Großmut des revolutionären Volkes von Cuba aus, und von ihr muß sich auch dieser Gerichtshof bei seiner Urteilsfindung bestimmen lassen, um so mehr, da die revolutionäre Regierung ihre Bereitschaft zu erkennen gegeben hat, eine Entschädigung für die materiellen Verluste zu akzeptieren, die durch die Aggression gegen Cuba entstanden sind, und im Gegenzug die Freilassung der Gefangenen zu verfügen.

Dieser Gerichtshof, der das ganze cubanische Volk in dieser Sache zu vertreten hat, kann mithin in seiner Großmut so weit gehen, von der Verhängung der Todesstrafe abzusehen – einer Strafe, die die Strafgesetze für das Verbrechen des Hochverrates, das die Angeklagten als Komplizen einer fremden Macht begangen haben, zwingend vorsehen. Er kann jedoch nicht davon absehen, die Angeklagten mit Geldstrafen in Höhe derjenigen Schäden zu belegen, die sie mit ihrer ehrlosen und durch nichts zu rechtfertigenden Tat verursacht haben, ganz zu schweigen von den Verlusten an Leib und Leben, die unersetzlich sind.

Niemals werden die Angeklagten, als treue Diener des nordamerikanischen Imperialismus, sich von dem Ruf befreien können, daß sie ihr Land verraten haben. Diesen Ruf haben sie durch ihr verbrecherisches Verhalten vollauf verdient. Er wird sie bis zu ihrem Tod begleiten.

In Anbetracht der Tatsache, daß den Angehörigen der Invasionstruppe die Verantwortung für ihr Unternehmen nicht zu gleichen Teilen zukommt, wird sich ihre Bestrafung nach dem Grad ihrer subjektiven Schuld und nach dem Gewicht der wirtschaftlichen Interessen richten, die ihre Handlungen motiviert haben.

Urteil

Der Revolutionäre Gerichtshof hat für Recht erkannt:

Die Angeklagten in der Strafsache 111/1962 werden im Sinne der Anklage für schuldig befunden. Die cubanische Staatsangehörigkeit wird ihnen, soweit sie in ihrem Besitz sind, aberkannt. Die Angeklagten werden zu einer Geldstrafe in der nachstehend bezeichneten Höhe, ersatzweise zu einer dementsprechenden Zuchthausstrafe bis zu einem Höchstmaß von 30 Jahren für den Fall verurteilt, daß die verhängte Geldstrafe nicht erlegt wird.

(Es folgt eine Liste aller Verurteilten, bei der in jedem Fall die Höhe der Geldstrafe verzeichnet ist. Hier werden nur diejenigen Namen aufgeführt, die im Verhör von Habana vorkommen.)

Einhunderttausend Dollars: José Andreu Santos, Fermín Asla Polo (alias Ismael de Lugo), Lincoln Babún Franco, Teófilo Omar Babún Franco, Santiago Babún Franco, Fabio Freyre Aguilera, Felipe Rivero Díaz.

Fünfzigtausend Dollars: Angel Fernández Urdanivia, Pablo Organvides Parada, Manuel Pérez García, Carlos Manuel de Varona Segura-Bustamante.

Eine Kopie dieses Urteils ist allen staatlichen Stellen zuzustellen, die mit seiner Vollstreckung betraut sind.

Gegegeben, ausgefertigt und unterschrieben:

Comandante Augusto R. Martínez Sánchez, Vorsitzender
Comandante Sergio del Valle Jiménez, Beisitzer
Comandante Guillermo García Frías, Beisitzer
Comandante Juan Almeida Bosque, Beisitzer
Comandante Manuel Piñeiro Losada, Beisitzer

Nachbemerkung. Das Urteil führte zu politischen Verwicklungen in den USA. Die Verurteilten und ihre Angehörigen waren selbstverständlich nicht in der Lage, die Geldstrafen, die sich auf insgesamt 62 Millionen Dollars beliefen, selbst zu bezahlen. Es kam zu erbitterten Kontroversen, ob und in welchem Sinn mit den Cubanern verhandelt werden, und wer die Rechnung begleichen sollte. Erste Geheimverhandlungen über die Lieferung von Lebensmitteln und Traktoren im Gegenwert der Geldstrafen zerschlugen sich. Der Corporation Lawyer James B. Donovan, international bekannt durch seine Mitwirkung am Nürnberger Gerichtshof und an den sowjetisch-amerikanischen Verhandlungen, die zum Austausch der Spione Abel und Powers führten, schlug eine Entschädigung in Form von Medikamenten vor, die in Cuba dringend gebraucht wurden. Er reiste während des Jahres 1962 mehrmals nach Habana und verhandelte mit Fidel Castro. Im Oktober war das Abkommen nahezu perfekt. Die Karibische Raketenkrise verzögerte seinen Abschluß. Im November 1962 wurden die Verhandlungen wieder aufgenommen. Im Dezember schaltete sich das American Red Cross ein. Die pharmazeutische Industrie spendete große Mengen von Präparaten, und die amerikanische Regierung garantierte mit einer Bürgschaft von 53 Millionen Dollars für die Einlösung der amerikanischen Verpflichtungen. Am 24. Dezember 1962 flog eine Maschine der Pan American die letzten Gefangenen von Habana nach Miami. In der Orange Bowl begrüßte John F. Kennedy, zusammen mit Miró Cardena, die heimgekehrte »Sturmbrigade« und versprach den versammelten Konterrevolutionären: »Ihre Flagge wird einst über einem freien Habana wehen.«
Nach cubanischen Angaben haben die Amerikaner ihre Lieferungen mit stark überhöhten Preisen versehen und die zugesagte volle Entschädigung nie bezahlt.
Ein zweites Gerichtsverfahren war bereits in einem frühen Stadium der Ermittlungen von dem Hochverratsprozeß abgetrennt worden. Es galt den eindeutig kriminellen Teilnehmern

an der Invasion. Vierzehn Mörder und Folterknechte des Batista-Regimes saßen auf der Anklagebank. Fünf von ihnen, darunter Ramón Calviño, wurden am 8. September 1961 in Santa Clara zum Tode, die übrigen neun zu dreißig Jahren Gefängnis verurteilt. Die Todesurteile wurden sofort vollstreckt.

Appendix V. Nachweise und Lebensläufe

Carlos Franqui. Bauernsohn aus der Provinz Oriente. Ging nach Habana und publizierte dort als junger Mann surrealistische Gedichte. Schloß sich um das Jahr 1944 herum dem PSP (Partido Socialista Popular), der kommunistischen Partei Cubas, an. Redigierte zuerst das Feuilleton, später den politischen Teil der kommunistischen Tageszeitung *Noticias de Hoy*. Seine Freundschaft mit Fidel Castro geht auf die Zeiten vor dem Angriff auf die Moncada (1953) zurück; er hat mit ihm zusammen auch an der mißglückten Expedition von Cayo Confite gegen das Trujillo-Regime in der Dominikanischen Republik teilgenommen. Schon vorher hatte er Schwierigkeiten mit der Partei, wurde zum Korrektor des Blattes degradiert und schließlich um die Mitte der fünfziger Jahre ausgeschlossen. In der Sierra war er Comandante des Rebellenheeres. Auf diesen Rang hat er später verzichtet, weil ihm die militärische Laufbahn nicht zusagte. In der Guerilla hat Franqui den Sender Radio Rebelde sowie die illegale Zeitung *Revolución* gegründet und geleitet, die bald zum offiziellen Organ der Bewegung des 26. Juli wurde. Nach dem Sieg der Revolution geriet Franqui neuerdings in Schwierigkeiten. Zu einer ersten Krise kam es wegen der Montagsbeilage der Zeitung, dem berühmten *Lunes de Revolución* (1959-1962). Dieses Blatt wurde eingestellt, weil seine Kulturpolitik der Regierung allzu freizügig schien. Auch hat sich Franqui konsequent gegen die Diskrimination der Homosexuellen in Cuba gewendet. 1963 ging er nach Europa, besuchte auch China; für die Zeitung wurde ein Interims-Direktor bestellt. Als schließlich *Revolución* und *Hoy* in der Neugründung *Granma* aufgingen (1964), begnügte sich Franqui damit, die Leitung des Historischen Archivs der Präsidialkanzlei zu übernehmen. Er wurde zum Geschichtsschreiber der cubanischen Revolution. Heute lebt Franqui fast ständig im Ausland.

Comandante Guillermo Jiménez. Mitglied des Directorio Revolucionario im Kampf gegen Batista. Nahm teil am Sturm auf das Präsidenten-Palais und war später Guerilla-Führer in den Escambray-Bergen. Als Anführer der Studentenbewegung gab er die illegale Zeitung *13 de Marzo* heraus. 1959-1962 war er Gründer und Herausgeber der Zeitung *Combate,* des offiziellen Organs des Directorio. Jiménez spielt heute in der cubanischen Politik keine Rolle mehr; er arbeitet als Abteilungsleiter in der Nationalbank.

Jorge Ricardo Masseti. Gebürtiger Argentinier, von Beruf Journalist. Kam 1958 nach Cuba und schrieb ein Buch über die Guerilla: *Los que luchan y los que sufren* (Buenos Aires 1969). Gründete 1959 die offiziöse cubanische Nachrichtenagentur Prensa Latina und leitete sie bis 1962. Dann wurde er wegen »bürgerlichem Objektivismus« abgesetzt. Er erfuhr in Cuba und in der Sowjetunion eine militärische Ausbildung, kehrte dann nach Argentinien zurück und kämpfte in der Guerilla von Salta, wo er 1964 den Tod fand.

Gregorio Ortega. Journalist und Rechtsanwalt. 1947-1954 leitender Funktionär der Juventud Socialista, der Jugendorganisation der Kommunistischen Partei (PSP). Mitarbeiter der Zeitung *Revolución.* 1964 Vizeminister für Arbeit. 1965 Korrespondent der Agentur Prensa Latina in Italien. Veröffentlichte zwei Romane, lebt heute noch als Journalist und Korrespondent, größtenteils im Ausland.

Carlos Rafael Rodríguez. Rechtsanwalt und Journalist. Stieß schon in den dreißiger Jahren zur Kommunistischen Partei und war Mitglied des Zentralkomitees der alten PSP. Im Auftrag der Partei trat er 1940 als Minister ohne Portefeuille in die erste Regierung Batista ein. 1944, beim Sturz dieser Regierung, wurde er Direktor der Parteizeitung *Noticias de Hoy.* Nach der Revolution nahm er diese Tätigkeit wieder auf, bis er 1963 zum Präsidenten des Instituto Nacional de la Reforma Agraria ernannt wurde, eine Stellung, in der er praktisch für die gesamte cubanische Landwirtschaft verantwortlich war. Von diesem Posten trat er bald zurück. Heute ist er wiederum Minister ohne Portefeuille, Mitglied des Zentralkomitees und des Parteisekretariates der PCC, außerdem Vorsitzender der Kommission für wissenschaftliche und technische Zusammenarbeit, alles in allem einer der einflußreichsten Politiker des Landes.

Lionel Soto. Rechtsanwalt. In den fünfziger Jahren führender Kopf der Juventud Socialista, nach der Revolution Direktor der Escuelas Basicas de Instrucción Revolucionaria, Theoretiker des »Manualismus« und Herausgeber der Zeitschrift *Teoría y Práctica.* In den Parteischulen und in seiner Publikation vertrat er die marxistische Orthodoxie. Vor einigen Jahren wurde er seiner Ämter enthoben. Heute soll er in der Provinz leben und in der Landwirtschaft beschäftigt sein.

Raúl Valdés Vivó. Journalist. Begann seine politische Laufbahn in der alten Kommunistischen Partei (PSP). 1959 wurde er Subdirektor der Parteizeitung *Noticias de Hoy.* Später verbrachte er fünf Jahre in der Sowjetunion. Heute ist er cubanischer Botschafter bei der Provisorischen Regierung von Südvietnam.

Louis Gómez Wangüemert. Journalist. In den dreißiger Jahren sympathisierte er mit dem Kommunismus und gehörte verschiedenen intellektuellen Splittergruppen der Linken an. In den fünfziger Jahren wurde er zum erfolgreichsten Fernseh-Moderator des Landes. Dabei ging er eine Reihe von politischen Kompromissen ein. Sein Sohn ist beim Angriff auf das Präsidenten-Palais gefallen. 1959-1963 war Wangüemert Direktor der Tageszeitung *El Mundo.* Er leitet heute noch eine Sendereihe im cubanischen Fernsehen, aber seine politische Bedeutung ist stark zurückgegangen.

Biographische Angaben über die im Text erwähnten Personen

Roberto Agramonte. Professor für Soziologie an der Universität Habana, wurde nach dem Selbstmord von Eduardo Chibás, der die Partei 1946 gegründet hatte, Präsidentschaftskandidat des Partido Ortodoxo ·für die Wahlen von 1952, denen Batista durch einen Staatsstreich zuvorkam. Agramonte verhielt sich in den Jahren der Diktatur passiv, was ihm bei den Politikern den Spitznamen »die Sphinx«, beim Volk aber die Bezeichnung »maso boba« (blöder Knödel) eintrug. Erst 1957 ging er ins Exil nach México. Nach der Flucht Batistas kehrte er zurück und wurde zum ersten Außenminister der revolutionären Regierung ernannt. Er blieb bis 1961 in Cuba und emigrierte dann von neuem, diesmal in die USA. Heute lehrt er an der Universität von Puerto Rico.

Fulgencio Batista. Unteroffizier und Diktator von Cuba, brachte am 4. September 1933, nach dem Sturz des Diktators Machado, mit Hilfe revolutionärer Studentengruppen durch einen nächtlichen Coup die cubanischen Streitkräfte unter seinen Oberbefehl. Schon wenige Monate später verriet er die revolutionäre Bewegung, die ihm zur Macht verholfen hatte. Von 1934–1940 war er praktisch unumschränkter Herrscher des Landes, das er durch Marionetten-Präsidenten seiner Wahl (insgesamt sieben verbrauchte er in ebensoviel Jahren) regierte. Er sicherte sich in dieser Zeit einerseits die Unterstützung des amerikanischen Imperialismus, andererseits die der cubanischen Gewerkschaftsbürokratie. 1940 verkündete er eine neue Verfassung und schrieb Wahlen aus, bei denen er prompt gewählt wurde. Dagegen verlor er die Wahlen von

1944 und hielt sich fortan im Hintergrund, bis er 1952 durch einen Staatsstreich von neuem an die Macht kam. Er errichtete eine Militärdiktatur mit parlamentarischer Fassade. Sein Regime wurde von Jahr zu Jahr korrupter und terroristischer. Der Kampf gegen Batista, 1953 von Fidel Castro begonnen, wurde schließlich zum Volkskrieg. Am 1. Januar 1959 floh Batista, am folgenden Tag zog Fidel mit seiner Guerilla-Armee in La Habana ein. Batista ist immer noch am Leben, er verzehrt in den USA und in Spanien sein gestohlenes Kapital.

José Miró Cardona. Rechtsanwalt des amerikanischen Großkapitals im vorrevolutionären Cuba. Stand dem liberalen Partido Revolucionario Cubano (Auténtico) nahe. Politisch ist er bis 1959 kaum hervorgetreten. Nach dem Sieg der Revolution wurde er Premierminister unter der Präsidentschaft von Manuel Urrutia, bis ihn im Februar 1959 Fidel Castro ablöste. Cardona wurde als cubanischer Botschafter nach Madrid entsandt. Im Juli 1960 suchte er in der argentinischen Botschaft zu Habana um Asyl nach, sagte sich von der Revolution los, ging in die USA und wurde dort zum Haupt der Konterrevolution. Die Amerikaner hatten ihn zum Präsidenten der geplanten Gegenregierung designiert. Während der Invasion isolierte ihn deshalb die CIA von der Außenwelt; er war praktisch ihr Gefangener. Miró Cardona setzt seine konterrevolutionäre Tätigkeit bis auf den heutigen Tag in Miami fort.

Aníbal Escalante. Altkommunist, Mitglied des Zentralkomitees des PSP und Herausgeber der kommunistischen Tageszeitung *Noticias de Hoy.* Schloß 1940 den Pakt der Kommunisten mit Batista. Nach der Revolution, bei der Vereinigung der Bewegung des 26. Juli, des Directorio Revolucionario und der alten KP wurde er zum Ersten Sekretär der neuen Sammelpartei ernannt (ORI, Organizaciones Revolucionarios Integradas, 1961-1963). In der sogenannten Periode des Sektarismus begünstigte er die alten Kommunisten und brachte sie systematisch in Schlüsselpositionen. Nachdem sich Castro gegen diese »Politik der harten Hand« erklärt hatte, ging Escalante 1962 in die Verbannung nach Moskau, wo er als Korrektor bei der spanischsprachigen Propagandazeitung *Novedades de Moscú* arbeitete. Er kehrte 1964 nach Cuba zurück und wurde mit der Verwaltung eines Staatsgutes betraut. Im Frühjahr 1968 bezichtigte ihn die Partei einer Konspiration gegen Castro. Er wurde daraufhin als Haupt der sogenannten Mikrofraktion zu fünfzehn Jahren Gefängnis verurteilt.

César Escalante. Bruder Aníbals, Abgeordneter des PSP und Mitglied des Zentralkomitees 1944-1952. Lehnte noch 1958 den bewaffneten Kampf gegen Batista ab, schloß sich aber dem städtischen Widerstand an, nachdem der Diktator anfing, gegen die Kommunisten vorzugehen. Nach der Revolution organisierte er die Ideologische Kommission der neuen Kommunistischen Partei (COR) und leitete den Staatsrundfunk (Instituto Cubano de Radiodifusión). Er starb 1964.

Andrés Domingo Morales de Castillo. Richter aus Santiago de Cuba, später Stadtrat von Habana. 1952 machte ihn Batista zu seinem Vizepräsidenten. Ende der fünfziger Jahre wurde er als Strohmann des Diktators durch Dekret Präsident der Republik. Der stets weißgekleidete Staatsmann war ein berüchtigter Dieb und machte mit Batistas Frau Schwindelgeschäfte im Stile Trujillos. Am 1. Januar 1959 flüchtete er mit Batista und mit fünfzig Millionen Dollars in die USA. Dort und in Portugal verbringt er seinen Lebensabend.

Joaquín Ordoqui. Eisenbahngewerkschaftler, in den fünfziger Jahren Sekretär und Abgeordneter des PSP. Ging 1957 nach México ins Exil und hatte keinen Anteil an der Revolution. 1959 kehrte er nach Cuba zurück, trat in die Rebellenarmee ein und beteiligte sich am Kampf gegen die Konterrevolution im Escambray. Er wurde zum Comandante befördert und schließlich zum Vizeminister für die Revolutionären Streitkräfte ernannt. Im Prozeß gegen Marcos Rodríguez von 1964, bei dem mancherlei alte Rechnungen aus vorrevolutionären Zeiten beglichen wurden, bezichtigten ihn einige Zeugen, er habe im Exil Verbindungen zur CIA angeknüpft. Die Zeitung *Noticias de Hoy* kündigte damals einen Prozeß gegen Ordoqui an, der jedoch nie stattgefunden hat. Der Vizeminister wurde abgesetzt und degradiert. Ordoqui lebt heute unter Hausarrest in Habana.

Carlos Prío Socarrás. Von kleinbürgerlicher Herkunft. Nahm als Jura-Student an der revolutionären Bewegung gegen den Diktator Machado teil (1930), wurde später Vorsitzender des Partido Revolucionario Auténtico, einer liberalen Gruppierung, die 1944 an die Macht kam und die lateinamerikanische Politik Roosevelts reflektierte. Prío wurde zunächst Finanz-, dann Arbeitsminister, schließlich, 1948–1952, amtierte er als letzter legal gewählter Präsident Cubas. Er war berühmt für seine finanzielle Skrupellosigkeit und seinen sagenhaften Nepotismus; allein im Senat saßen drei seiner Geschwister. Nach Batistas Staatsstreich suchte er in der mexikanischen Botschaft um Asyl nach. Im Exil gründete er eine Widerstandsgruppe gegen Batista, die Organización Auténtico, die zwar wenig ausrichtete, jedoch die Guerilla in der Sierra Maestra mit Geld und Waffen versorgte. Nach dem Sieg der Revolution kehrte Prío nach Cuba zurück. Er arrangierte sich zunächst mit Castro, aber als dieser ihn mit einer Sonderbotschaft nach México entsandte, blieb er im Ausland. Er suchte Kontakt mit der CIA und beteiligte sich aktiv an der Vorbereitung der Invasion von 1961. Prío lebt nach wie vor in den Vereinigten Staaten.

José Ignacio Rivero. Vor der Revolution Herausgeber und Eigentümer der erzreaktionären Zeitung *Diario de la Marina*, eines Sprachrohrs der cubanischen Oligarchie und der katholischen Kirche. Er weigerte sich, das Land zu verlassen und seine Zeitung aus der Hand zu geben. 1960 wurde das Blatt verboten, und Rivero wanderte nach Miami aus, wo er seine alte journalistische Arbeit hartnäckig fortsetzt und auf dem rechten Flügel der Konterrevolution tätig ist.

Blas Roca. Von Beruf Schuhmacher. Mitbegründer der alten Kommunistischen Partei in den zwanziger Jahren. Gewerkschaftliche Tätigkeit. Unter Batista war er, als Abgeordneter des PSP, der einzige Farbige im cubanischen Senat. 1940 veröffentlichte er das erste Lehrbuch des Marxismus in Cuba. Er brachte es bis zum Generalsekretär der Partei. Unter Batista ging er nach Prag ins Exil. 1963-1964 fungierte er als Herausgeber der Zeitung *Noticias de Hoy.* Heute ist er Mitglied des Zentralkomitees und Vorsitzender der Verfassungskommission der Partei.

Luís Somoza Debayle und *Anastasio »Tachito« Somoza Debayle.* Söhne von Anastasio »Tacho« Somoza, der Nicaragua zwanzig Jahre lang als unumschränkter Sklavenhalter regiert hat, bis er 1956 an einer Kugel im Bauch gestorben ist. Die Säuglingssterblichkeit in diesem Land liegt bei 102 Promille; jeder hundertste Bürger verfügt über eine abgeschlossene Volksschulbildung; 60 % aller Todesfälle sind auf Infektionskrankheiten zurückzuführen. Die beiden Söhne teilen sich als Präsident und als Oberbefehlshaber der Nationalgarde die Macht und die Beute. »Tachito« entsandte als einziger lateinamerikanischer Staatschef ein Truppenkontingent nach Vietnam.

Manuel Antonio de Varona. Gutsbesitzer und Advokat aus Camagüey. Schloß sich als Gegner Machados 1930 der Partei der Auténticos an und wurde 1948 Premierminister unter Prío Socarrás. Seine Unfähigkeit und seine riesenhaften Unterschlagungen sind legendär. Die Feindschaft zwischen ihm und Batista glich der zweier Gangster, die miteinander rivalisieren; sie bewog »Tony« Varona, Fidel Castro finanziell zu unterstützen. Nach dem Sieg der Revolution trat Varona zusammen mit Prío in Cuba auf, verließ wie dieser das Land, ging in die Vereinigten Staaten und setzte seine Hoffnungen auf die Konterrevolution. Die CIA hat ihn bei der Invasion von Girón als künftigen Ministerpräsidenten von Cuba vorgesehen.

Esteban Ventura Novo. Sohn armer Eltern, von Beruf Polizist. Brachte es unter Batista zum Chef des Sicherheitsdienstes. Mordspezialist mit unbegrenzten Vollmachten. Trat immer als weißgekleideter Dandy auf. Floh 1959 zusammen mit Batista und lebt in den USA, wo er bei den endlosen internen Streitereien der konterrevolutionären Gruppierungen eine undurchsichtige Rolle spielt. Er hat vor einigen Jahren ein kurioses Buch über Batista und die cubanische Revolution veröffentlicht.

Miguel Ydígoras Fuentes. Guatemalteke. Nach dem Krieg der United Fruit Company und der CIA gegen die legal gewählte Reformregierung Arbenz, den Guatemala verlor und der das Land einer Militärdiktatur auslieferte, gewann der Armeegeneral Ydígoras 1958 die Präsidentschaftswahlen, die unter der Aufsicht seiner Truppen stattfanden, und stellte die Herrschaft der Monopole, die traditionelle Korruption und die von der Bodenreform bedrohten Vorrechte der Oligarchie wieder her. Die CIA ließ ihren Schützling 1962 fallen, nachdem er ihr bei der Invasion am Strand von Girón gute Dienste geleistet hatte, und ersetzte ihn durch andere uniformierte Strohmänner.

William Appleman Williams, *The United States, Cuba and Castro*. New York 1962.

Historia de una agresión. Declaraciones y documentos del juicio seguido a la brigada mercenaria organizada por los imperialistas yanquis que invadió a Cuba el 17 de abril de 1961. La Habana 1962.

Haynes Johnson, *The Bay of Pigs*. London 1965.

Charles J. V. Murphy, *Cuba: The Record Set Straight*. In: *Fortune*, New York. September 1961.

Playa Girón. Derrota del imperialismo. Vier Bände. La Habana 1961 f.

León Rozitchner, *Moral burguesa y revolución*. Buenos Aires 1963.

Arthur Schlesinger, *A Thousand Days of John F. Kennedy in the White House*. Boston 1965.

Günter Schumacher, *Operation »Pluto«. Die Geschichte einer Invasion*. Berlin 1966.

Theodore Sorensen, *Kennedy*. New York 1965.

Tad Szulc und Karl E. Meyer, *The Cuban Invasion*. New York 1962.

David Wise und Thomas B. Ross, *The Invisible Government*. London 1965.

Zum Dank an geduldige Helfer

Zu den Urhebern dieses Buches gehören viele cubanische Freunde und mehrere Institutionen, die mir bei der Beschaffung von schwer erreichbarem Material und mit vielen einzelnen Auskünften geholfen haben. Ich danke besonders María Rosa Almendros (Casa de las Américas), der Biblioteca Nacional José Martí, Edmundo Desnoes (Comisión de Orientación Revolucionaria), José García (Prensa Latina), der Oficina de Asuntos Históricos de la Presidencia, Heberto Padilla, und Alfredo Viñas (Radio Habana).

H. M. E.

Abbildungen

Verzeichnis der Abbildungen

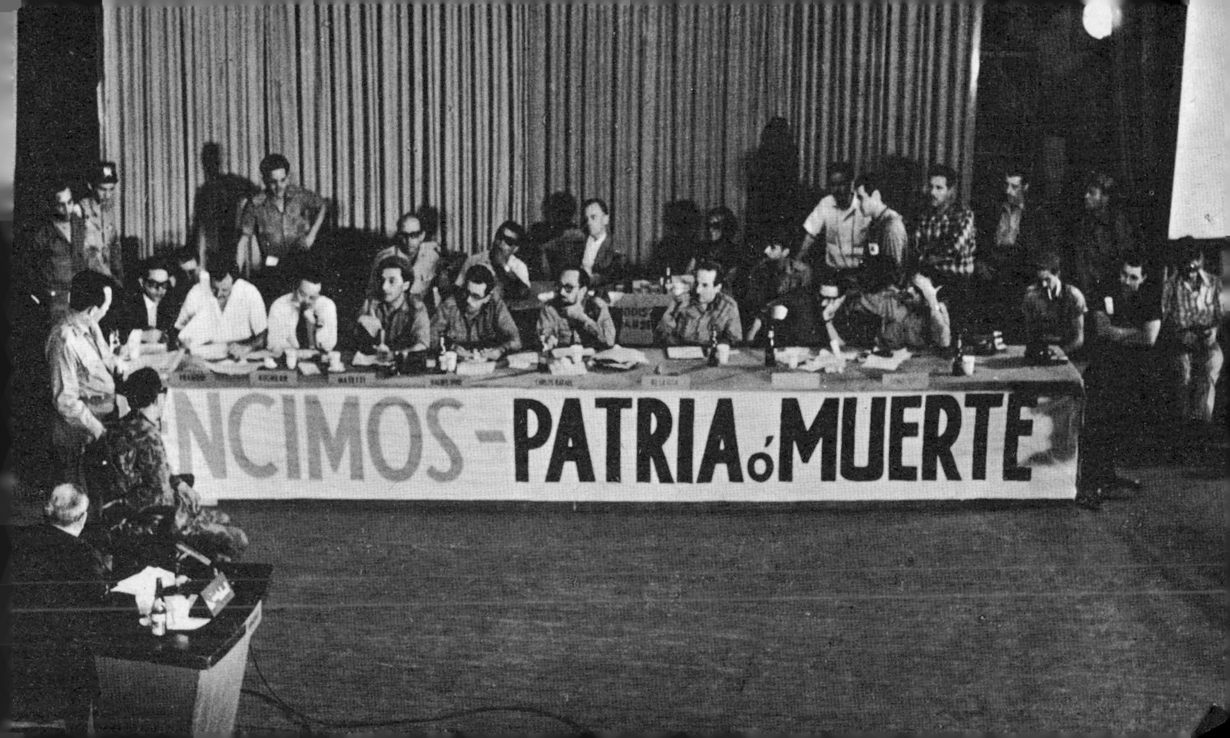
NCIMOS - PATRIA ó MUERTE

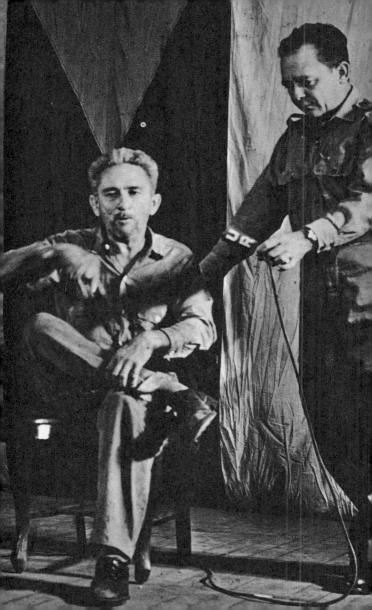

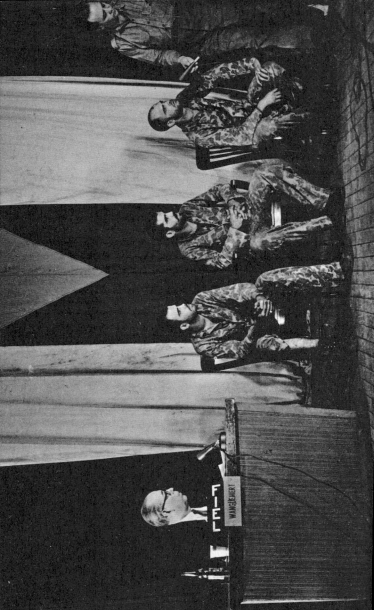

Von Hans Magnus Enzensberger
erschienen im Suhrkamp Verlag

verteidigung der wölfe. *gedichte* 1957
landessprache. *gedichte* 1960
Einzelheiten. *Essays* 1962
blindenschrift. *gedichte* 1964
Politik und Verbrechen. *Essays* 1964
Das Verhör von Habana. *Szenische Dokumentation* 1970
Der kurze Sommer der Anarchie. Buenaventura Durrutis
Leben und Tod. *Roman* 1972
Mausoleum. *Siebenunddreißig Balladen aus der
Geschichte des Fortschritts* 1975

in der edition suhrkamp

Gedichte. Die Entstehung eines Gedichts, 20
Einzelheiten I. Bewußtseins-Industrie, 63
Einzelheiten II. Poesie und Politik, 87
Deutschland, Deutschland unter anderm. Äußerungen
zur Politik, 203
Blindenschrift. *Gedichte*, 217
Landessprache. *Gedichte*, 304
Das Verhör von Habana. *Szenische Dokumentation*, 553
Palaver. *Politische Überlegungen (1968–1973)*, 696
Augenzeugen: Der Weg ins Freie. 759

in den suhrkamp taschenbüchern

Gedichte 1955–1970, 4
Freisprüche. Revolutionäre vor Gericht, 111
Der kurze Sommer der Anarchie. Buenaventura Durrutis Leben und
Tod, 395

Hans Magnus Enzensberger als Herausgeber

Museum der modernen Poesie 1960
Allerleirauh. Viele schöne Kinderreime 1961
Freisprüche. Revolutionäre vor Gericht 1970
Alexander Herzen, Die gescheiterte Revolution.
Denkwürdigkeiten aus dem 19. Jahrhundert 1977

Hans Magnus Enzensberger liest Gedichte
Suhrkamp Sprechplatte

Über Hans Magnus Enzensberger
Herausgegeben von Joachim Schickel
edition suhrkamp 403

Von Hans Magnus Enzensberger sind in diesem Band abgedruckt: die *Rede vom Heizer Hieronymus*, der Aufsatz *Klare Entscheidungen und trübe Aussichten*, sein *Offener Brief an den Präsidenten der Wesleyan University*, die Antwort an *Peter Weiss und andere* und sein *Briefwechsel* mit Hannah Arendt über *Politik und Verbrechen*.

Der Band enthält Arbeiten über Hans Magnus Enzensberger von Alfred Andersch, Herbert Heckmann, Hans Egon Holthusen, Reinhold Grimm, Rudolf Krämer-Badoni, Peter Rühmkorf, Martin Walser, Paul Noack, Werner Weber, Peter Schneider, Madeleine Gustafsson, Dieter Schlenstedt, Reinhard Baumgart, Hellmuth Karasek, Hans-Albert Walter, Jürgen Habermas, Johannes Gross, Richard Schmid, Nicolò Pasero, Yaak Karsunke, Gunter Schäble, Gerd Fuchs, Christoph Funke, Peter Weiss, Peter Hamm und Karl Heinz Bohrer.

Er wird beschlossen durch eine umfangreiche *Bibliographie 1956 bis 1970* von Thomas Beckermann.

edition suhrkamp

Alphabetisches Verzeichnis der edition suhrkamp